股市财务自由之路

董建锋◎著

地震出版社
Seismological Press

图书在版编目（CIP）数据

股市财务自由之路/董建锋著．—北京：地震出版社，2023.5（2025.4 重印）

ISBN 978－7－5028－5551－2

Ⅰ.①股…　Ⅱ.①董…　Ⅲ.①股票市场—研究　Ⅳ.①F830.91

中国国家版本馆 CIP 数据核字（2023）第 046891 号

地震版　XM5986/F(6374)

股市财务自由之路

董建锋◎著

责任编辑：王亚明
责任校对：凌　樱

出版发行：地震出版社
北京市海淀区民族大学南路 9 号　　邮编：100081
发行部：68423031　68467993　　传真：68467991
总编办：68462709　68423029
编辑室：68426052
http://seismologicalpress.com
E-mail:dzpress2023@163.com
经销：全国各地新华书店
印刷：河北文盛印刷有限公司

版（印）次：2023 年 5 月第一版　2025 年 4 月第二次印刷
开本：710×1000　1/16
字数：300 千字
印张：17.25
书号：ISBN 978－7－5028－5551－2
定价：88.00 元

序 言

您能打开此书，说明和我一样，是不安分之人，是有理想，并愿为之不懈奋斗之人。人生在世，总有些事值得我们拼搏一次，去拼了命地搏一次！也许是为自由，为不被金钱束缚的自由；也许是为价值，证明给别人看，我行；也许是为孩子，让他们无忧无虑，想不干什么就不干什么；也许是为家庭，让自己的家庭和睦幸福。

财务自由，是的，要财务自由！应该要为此拼了命地搏一次！

但谈何容易，以个体之力实现财务自由更是难上加难。幸运的是，有这样的场所，有这样的方式，更有过来人踏雪留痕的脚印！股市是公平的，不讲究背景，不讲究人际关系，更不讲究闻道先后、论资排辈；股市是公开的，一招一式，一笑一颦，一起一落，一进一出，尽收眼底；股市更是公正的，强弱者之间，得失标准一致，途径一致，纵有万般手段也终归一处。没错，股市就是凭一己之力搏战理想之所！

作为风旅之人，我将途中脚印编辑成册，成就此书。我的第一本书《股市赢家密码》，是业余到职业的过渡，本书则讲的是专业操作，从小资金直到财务自由，统一操作方式。

书中只讲实盘操作，即买卖下单时的最后依据。它包含一个中心，两个支撑。一个中心指股价运行的本质：波动性。我用一句话总结为“股价走势终将完整”。一个支撑是“资金与级别的匹配”，另一个支撑是“滚动操作”。其实，《股市赢家密码》中也有一个中心、两个支撑。一个中心指的是股价运行的第一个本质，即“多空力量之间的对比”；一个支撑是“操作周期”，另一个支撑是“净资产走势图”。这是基础，本书也适用。

操作方法，一定要在股市中通用——不同个股的操作方法一样，不同级别上的方法也一样。分析大盘是用这个方法，分析基金和个股也是用这个方法。大级别上的买卖点是这个条件，小级别上的买卖点也是这个条件，所以本书第一章就讲“一法通则万法通”。这很重要，唯如此，小资金在实现财务自由过程中才能适应大资金的操作，也才能最终实现财务自由。

在第二章中，有四个操作体系，专门为小资金设立，是日线及分时级别操作的依据。当你按照本书中的方法，利用30分钟级别操作时，会发现资产增值非常迅速且高效。第三章是本书的理论核心，是所有操作的最底层逻辑。对第三章的深刻理解，是你坚决落实操作的信念之源。第四章讲的是买卖条件，其中第一节“股价走势反映一切信息”要反复阅读并能清醒认识。第五章讲的滚动操作，是获利的根本，尤其按照不同级别进行的正向和逆向滚动操作，是在牛市中获得超额利润，在熊市到来前及时规避风险的必经之路。这也是大资金能够拿住大牛股的最有效方法。第六章讲的是大级别操作，是小资金变成大资金后的操作方式，其方法无异，只是关注的级别不同！

写作本书的目的是教会投资者如何实现财务自由，从小资金到达千万级别资金，并具备年收入300万元的能力。将目标框定。通过努力，不断完成细化后的目标，持之以恒，决不放弃，定能实现理想。鲁迅说：“世上本没有路，走的人多了，也便成了路。”更何况，此路被反复证明行得通，为什么路上之人不能再多你一个呢？

本书出版之时，新的牛市周期已然开启，注册制改革全面落地必然导致中国股市的长牛周期，阅读此书之人千万好好把握！预祝每一个怀揣理想之人都能如愿！

董建锋

2023年2月28日于杭州

目录

第一章

一法通则万法通

十年时间，在股市实现财务自由，需要有一种方法。它能跨越牛熊，无论资金多寡，始终适用；它可复制，不因个股不同而改变，不因操作级别不同而迥异；它能确保最终赢利，不必因怀疑或担心而不敢执行。这种方法没有所谓的成功率，它必须且只能是百分之百赢利。它从股价运行的本质出发，有最底层的逻辑支撑，简单却包罗万象，易懂又无懈可击。这种方法化繁为简，返璞归真，可谓一法通则万法通。

总结此方法，十六个字：先大后小，精准买卖；降低成本，滚动操作。

“先大后小”指分析顺序，或者选股策略，要从大级别到小级别依次进行。级别指 K 线所在的时间周期，分为月线、周线、日线、30 分钟 K 线、5 分钟 K 线和 1 分钟 K 线。资金量很大的还会看季线和年线。

“精准买卖”指操作方法，在买点和卖点出现时才可操作，否则不操作。精准是对操作条件的要求，指不能胡乱交易，必须在买点或者卖点满足条件后再进行。将“精准”理解为买进就涨、卖出就跌是极错误的，这就像猜测明天会发生什么，是不可能长期做到的。对买点和卖点含义的正确认识，是投资者获利的关键要素，很多人不赚钱也是对此有误解造成的。

“降低成本”是交易目的。低成本是最终获利的保障，也是赚大钱的必然要求。鼎盛期个股的持有，是在低成本基础上进行的，通过静等大周期的买点和在不同操作级别上用匹配资金滚动操作完成成本的降低。

“滚动操作”是核心思想。无论资金大小，滚动操作都是主要手段。小资金在小级别上滚动操作，大资金在较大级别上滚动操作。将资金与各操作级别合理匹配，并在各级别满足买进或者卖出条件后进行对应资金的操作，是滚动操作的本质。

方法统一了，再把实现财务自由的总目标分解成若干小目标，并将小目标放在适当的时间周期内，使其更容易完成。发扬“不积跬步，无以至千里”的精神，认真完成每一个小目标，并持续行动。如此，蓦然回首间，财务自由依稀可见了。要先清晰定义我们的总目标，并指出实现时间，使其具有可操作性。

十年财务自由，即用十年时间，在股市里实现财务自由的目标。什么是财务自由？财务自由是指家庭的收入主要来源于主动投资，而不是被动工作，是一种让你无需为生活开销而努力为钱工作的状态。

实现财务自由的标准是什么？各地略有不同，但大致可从两方面定义：

①流动资产；②赚钱能力。

对于流动资产，在我看来，在有房有车的情况下，拥有1000万元流动资金可算实现财务自由。不过，这只是最低门槛。在股市中，这1000万元流动资金可实现理想的净值收益，满足生活中的正常开销，不必再纠结钱的问题。有人说，1000万元资金在股市中还不够亏损的呢！没错。所以，真正的财务自由，资金只是一方面，赚钱能力不可或缺。有资金没能力，则迟早贫穷；有能力没资金，只能望眼欲穿！有人说："有能力的人可以用别人的钱赚钱啊?!"是的。不过，这种做法的目的也是让自己有钱，是实现财务自由的另一种方式。不同的是，用别人的钱赚钱，你没有自由，无法掌握自己的命运。当然，在你用别人的钱积累到1000万元后，用这笔初始资金，凭借自身能力，掌控自己的命运，那也算通过曲线救国的方式实现财务自由了。

我们的目标是用十年时间，在股市中将资产积累到1000万元，从而跨入财务自由的门槛！这能实现吗？当然能！不信，你给自己制订个十年计划，按照我说的一步一个脚印地实施，十年后看看你的资产，超过1000万元是极可能的。不仅在资产上，在能力上同样如此，你既然能赚到1000万元，还不能说明你的能力吗?!

在我看来，衡量赚钱能力的指标是一年能否实现300万元以上的收入。这基本上能实现生活上的消费自由了。在股市里拥有1000万元的流动资金，并有能力实现年入300万元以上，你就可以自豪地说实现财务自由了。之后，凭借自己的能力，在股市中，你的资产会逐年增加，当资产上亿元，年入3000万元以上时，你便实现了高层次的财务自由。如何用十年时间，在股市中将资产做到1000万元呢？

你只要做到如下两点，便能完成。

首先是拥有启动资金，我们将其定为10万元。在股市中，10万元资金并不高。如果你是新股民，初始资金只有几万元，那你可以将十年后实现的目标同比例缩小。比如你有一万元本金，那么可以先将目标定为十年后资产积累到100万元。有了这十年能力的增长，100万元的目标实现了，1000万元的目标还远吗？

其次，两个月让资产增值10%。如果你是老股民，可能看到这句话后都有点不屑一顾。是的，你没有看错，两个月只让你的资产增值10%即可。

你可以算笔账，10 万元本金，如果两个月增值 10%，一年将增值约 77%；十年时间，你的 10 万元本金将增值到约 3000 万元！这远超出我们实现财务自由的目标了。即便我们为操作失误留出空间，实现十年拥有 1000 万元的目标也绰绰有余了。这就是股市中复利的伟大之处！所以，你所有的努力、学习、坚持，都是为了这两个月 10% 的资产增值，你连续做到的时间越久，财务自由的目标便越近。所有老股民都知道，实现这个目标并不难！那么，为什么实现财务自由的人没几个呢？因为做到一次容易，甚至远不止 10% 的收益，但长期保持这个收益就难了。我的目的就是让大家把连续实现两个月赢利 10% 的收益目标变得容易起来。

只要你对钱有足够的渴望，对实现财务自由的决心无比坚定，同时拥有矢志不渝、不达目的誓不罢休的信念，那十年后，财务自由者必将再多出你一位！

马云说："梦想还是要有的，万一实现了呢？"我们有十年实现财务自由的梦想，但和马云的说法有些不同，这个梦想是一定能够实现的。为此，我们要做好规划，把阻碍目标实现的一切障碍扫除。这就需要做到志存高远和脚踏实地。没有一步一个脚印地坚实前行，任何梦想都仅是空想。

如何实现这个远大梦想呢？如上所述，将目标任务分解成触手可及的子任务，并坚持把每一个子任务完成。如此，那些看似不可能完成的任务，分解后放在合适的时间周期内，都能一一完成。分解得越细，实现的难度越小，实现的可持续性就越强。可持续性是股市中体现复利的唯一途径，而只有复利，才能使我们的资产呈几何倍数增加，也才能使我们在较短时间内实现财务自由的目标。所以，连续完成子任务，持续地实现我们每一个阶段的收益目标，这是最终实现财务自由的根本，也是最终实现目标的主要参考。抓住这个核心，就掌握了一切工作的关键。

将总目标分解成两个月资产增值 10% 的子任务，我们的所有工作都围绕这个子任务展开，并解决持续性完成的问题，是资金积累初期主要的操作方式。这时因为资金量小，灵活性好，可以日线为主要操作级别，并在分时级别中滚动操作，能最大限度地提高资金使用率，并让资产快速增值。如果认真执行操作计划，收益率会远超两个月 10% 的资产增值目标。

为了完成这个子任务，我们可以采用多种方式，根据资金量的大小选择最适合自己的方式。具体如下。

（1）将两个月作为一个整体操作周期，谋篇布局，通过资金管理，在控制风险的前提下，滚动操作，最终完成收益目标。

此种方式下，操作的目标股只有一个，风险控制通过资金的聚集和分散完成。具体交易方式是：小单试错，拒绝补仓，顺势跟进，敢于重仓。只做一只股票，有利于集中精力，少犯错误。两个月时间，绝大部分股票都会波动10%以上的幅度，叠加上选股时的精细化，只选处于上升初期的股票，大大增强了完成目标的可靠性。操作时先小单试错，以此判断自己买入的节点是否合适。如果买入后上涨，证明自己判断正确，则可顺势跟进，加大操作仓位；如果上涨态势十分明确，要敢于重仓参与，这是迅速完成10%收益的关键。反之，如果小单买进后，股价不涨反跌，则证明判断失误，此时要拒绝补仓，直到下一个买点出现，重新开始布局操作。其间由于是小单买进，损失可以忽略不计，如果分析认为该股仍具有操作价值，则可不必卖出小单，通过滚动操作，不断降低持仓成本，直到上涨节奏的来临。在选股时，可从大级别走势中排除存在风险的股票，所以不必担心股价持续下跌的问题。我的第一部著作《股市赢家密码》是对这一操作周期的完整阐释，不妨详细阅读。

采用这种方式时目标股单一，容易集中精力，是入门级操作。必须强调，如果你想实现财务自由，这是第一步。和其他操作方式比，这种方式最简单，对精细化操作要求不高，容易做到。但这种方式也是绝大多数投资者的命门。好高骛远，这山望着那山高，见异思迁，对自己的能力没有定位，等等，是众多投资者亏损的原因。如果能抛弃杂念，在所选股票上从一而终，实现每一个收益目标，你便走稳了实现财务自由的第一步。有人说："如果所选个股不涨，岂不浪费了时间，也降低了资金使用效率？"我要说，如果遇到此问题，那就想办法解决问题，比如解决选股的问题，或者解决操作中的问题，从而做到即便股价下跌，也能在相应周期内实现收益目标。去完善操作体系，而不是改变操作方向，否则即便换股，你能确保赢利吗？股价走势本有涨跌，不解决肯定出现的下跌问题，就无法真正稳定获利。如果连这最简单的操作方式都操作不好，应用其他操作方式会更糟糕。

（2）操作周期仍为两个月，操作目标股可最多为五只，使每只个股在两个月时间内资产增值最少2%，即可完成目标。如此分解，会让最终目标的实现显得更加容易，但对操作的要求其实更高。操作中对买点的精准度要求很高，因为没有时间给你小单试错。如果一只股票长时间不赢利，那么当最终实现赢利2%时，你的时间成本和收益是不成比例的。一旦你卖出，可能就错失了后面的上涨，因为在股票操作中时间就是价值。我们发现，如果一只股票跌的时间很久，涨起来也会很快。这是资金的运作周期决定的，这也就是第一种操作方式存在的基础。可是，如果我们赢利2%后不卖出，继续操作，就成了第一种操作方式。

按照第二种方式——五只股票、两个月时间，每只股票赢利2%即可完成目标，那么只要我们提高操作的精准度，不仅会轻松完成收益目标，还会提高目标完成的可持续性，甚至提高收益幅度。如果经常做到两个月赢利超过10%，那岂不是可以提前完成财务自由的总目标了？退一步讲，至少可以为后面的操作腾出容错空间。

这种方式下，对买点的把握，不仅要看周线和日线走势图，更要看分钟级别的走势图，比如30分钟、5分钟和1分钟走势图。周线是用来防范风险的，即所买进的股票一周内必须有赢利2%以上的可能，如果没有这种迹象，则不参与。满足这种要求的个股，周线必须稳健上涨，这是保障。日线上，选择上涨初期或调整结束的股票，绝不可追涨，即排除连续上涨的个股，不能赌其第二天接着涨。具体买入时间是按照30分钟走势图确定的，即在30分钟走势图中出现买点才可操作，其间甚至可以参考5分钟或者1分钟走势图中的买点信号；卖出操作基本参考5分钟和1分钟K线走势图中的卖点，甚至还会参考分时走势图。

由于提高了对精准度的要求，所以一旦发现买进信号，当天收盘前可以全仓买进。当然，具体执行时，可以在盘中逐步买进，这样买价会比收盘价低些。从第二天开始，做好随时卖出的准备，只要赢利超过2%，原则上可立即卖出。在实际操作中，如果完成目标后，5分钟K线或者1分钟K线上涨正盛，则可等待其出现卖出信号时再卖出。需要注意的是，除非出现涨停板或者5分钟K线未出现卖出信号，再或者30分钟K线上涨正猛时收盘，否则只要完成2%的收益目标，收盘前就要卖掉，结束本次操作。为了解决舍不得卖出的问题，我们平时的工作就是寻找出现买点后可以立刻买进的股票，如此，有那么多可以买进的股票，也就不会留恋已经完成收益目标的股票了。

这里有个问题，与其说两个月操作五只股票，不如说两个月完成五次操作，这样更精准些。操作过的股票卖出后重新出现买进信号，没理由不继续操作，这样做成功率会更高，因为熟悉了股性。所以，实际操作中不必事先选出五只目标股进行跟踪，而是要选当天出现买进信号、符合买进条件的个股，如此才可随时操作。为了提高选股效率，可以把可能会出现买点的股票归为一类，把当天出现买点的股票归为另一类，以便及时操作。

（3）将操作周期定为一个月，收益目标是 5% 以上。这种方式下，可操作五只目标股，每只收益超过 1% 即可。

很显然，和第二种方式比，每只股票 1% 的收益目标肯定比 2% 的收益目标更容易完成，因为几乎所有的股票每天的波动幅度都会超过 1%。也就是说，我们有很大的可能第二天就完成收益目标，如此风险继续降低了。每个股民都知道，持股时间越久，不可预知风险越大。在我们积累财富的阶段，极限降低风险是最好的选择。这里有个资金规模的前提条件，因为你正在积累资金，所以资金规模不大，可以灵活转身，有助于你全仓买进，并随时卖出。这就可以解释为什么大规模资金都会持股很长时间而不惧风险，资金规模越大，抗风险能力越强。比如你有 10 亿元的资金，买进了 1000 万元的某股票，你还会担心股价波动吗？当然不会。强大的后续资金自然可以抵御风险的来临。对这些人来讲，需要的是资产稳定增值，他们不需要限定增值比例，哪怕一年只增值 10%，绝对值都是极可观的。比如，10 亿元的资金增值 10%，就是增值了 1 亿元。当然，大资金无法灵活掉头，这也是他们必须长期持股的客观原因。

一只股票赢利 1% 即可，一个月的时间完成五次交易是很容易的。如此，一个月收益 5% 以上，两个月收益超过 10%。而且这种用极短时间就可实现阶段收益目标的操作，从根本上控制了风险，其可持续性是最强的，同时不惧牛熊市。无论牛市还是熊市，每天都有很多处于短期上涨阶段的股票，买进后持股一周以内出现向上波动 1% 的机会无处不在，所以第三种操作方式可以消除熊市中可能出现的完不成目标的困扰。

实际操作中，一个月完成七八次，甚至十次这种操作的情况十分常见。比如一周完成两次操作，一个月即可最低完成八次操作，收益就有 10% 了。一周能有两次操作机会吗？当然有，而且这种机会还很多。比如，你周一买进，周二或者周三就可卖出，卖出时必然已经选好下一只可买进的股票，那么周三买进，周四或者周五卖出，这是很轻松的事。甚至，如果第二天就可以卖出，一周三次这样的机会都不觉得紧张。所以，第三种操作方式下，一个月完成10%的收益也是稀松平常的。当然，这是资本积累阶段，随着资金规模的增大，这种高频交易必然不可持续，比如拥有1000万元以上的资金时，因为能使这么多资金全仓进出而不受阻碍的本没有多少只股票，况且这些股票还都是不怎么活跃的股票，那就需要用其他办法了，比如第四种交易方式。

（4）将操作周期定为一个月，收益目标6%以上。这样每只股票收益0.5%即可完成目标，不硬性设定操作次数，只要有精力，每天操作都可以。操作时不一定换股，因为几乎每只股票第二天都有向上波动0.5%的机会，尤其要选择成交量较大，比较活跃，且处于上涨过程中的股票。

这种操作属于高频交易，收益稳定、可靠，且风险极小。操作中选择日线走势好的股票，尤其是处于上涨初期的个股，然后寻找30分钟级别的买点，在收盘之前全部买进；第二天只要向上波动超过0.5%就做好卖出准备，可根据5分钟和1分钟K线的卖出信号操作。只要按照上述方式操作，有99.9%的可能每天完成收益目标，甚至会超额完成。在实际操作中，如果所买股票赢利超过2%，只要当天没有跌破2%的迹象，便可不必卖出，直至收盘，等待第二天的运行。同样，第二天仍旧是向上波动0.5%即可随时卖出。

需要强调的是，当天买进的价格不能高于收盘价。如果担心买点不够精确，宁可等收盘集合竞价时买进。但是，既然勇于做高频交易，那么精确把握盘中低点是基本功，所以如何捕捉30分钟买点，甚至5分钟或者1分钟买点，要认真学习，并争取精准把握。我们不必把握好每一个买点，但要确保严格按照买点介入。

有无可能第二天股价无法向上波动0.5%，甚至低开低走，导致不能完成目标？理论上当然可能，只是这种可能性极小。万一遇到这种情况，可采用两种方式解决。第一，持股一到两天。因为所选的目标股本身就是日线走好的股票，所以即使受突发信息影响，第二天股价低开低走，基本也会在两天内恢复，或者至少会给向上波动0.5%的机会。第二，如果确实事件严重，判断可能会持续下跌，那要先将大部分卖出，只留100股，因为在事件过后还要继续操作，挽回损失。从一个月操作时间的角度看，这种卖出对最终收益影响不大，在原有个股上多操作几次便可挽回损失，所以卖出时可坚决些，不必犹豫。

方式四操作思想的精髓是：每天赢利一点点。所以，实际操作中不必纠结于0.5%的上涨幅度。如果一只股票波动较小，或者其他原因导致向上波动不到0.5%就开始回落，那么哪怕赚0.3%也可以卖出，甚至只要赚钱就可以卖出。如何得到股价无法再上涨的判断呢？通过观察5分钟K线和1分钟K线便可知。如果在股价上涨0.5%以内时，5分钟或者1分钟K线便出现卖出信号，同时分析30分钟K线，如果也出现不利于多方的情况，为了控制风险，先走为上，哪怕之后再涨上去也没关系，对一个月内完成收益目标也没影响。

第四种交易方式是将实现财务自由的最终目标分解到极致的最根本的交易方式，其他交易方式基本都可以由此推导得出，都是应用第四种交易方式叠加操作的结果。通过这种对总任务的分解我们可看出，只要我们认真做好每一笔交易，不断累积利润，持续行动，最终实现财务自由是水到渠成的事，甚至可以提前完成。在实际操作中，可以根据资金情况以及自己的操作性格，选择和自己匹配度较高的操作体系，坚持做好每一笔交易，实现每一个子任务，那么财务自由就成为必然结果了。

第二章

操作体系

将总任务分解成轻松完成的子任务后，真正的考验才开始。完成一个子任务不难，但是，连续十年，不间断地成功完成每一个子任务，是非常考验耐心和毅力的。所以说，没有一个人是随随便便成功的。每一个成功者必有过人之处，都付出了常人难以承受或者不愿承受的痛苦。

好在实现财务自由的过程是快乐的，当你通过努力，看到自己账户中的市值每天、每周、每月都在稳步增加，那种成就感、那种满足感、那种自豪感，会驱走你坚持时的寂寞，更会给你无穷的动力。完成子任务的次数越多，时间越久，我们实现财务自由的信心会越坚定。

两个月 10% 的资产增值是将实现财务自由的总目标分解后形成的子任务。完成这个子任务有四种操作方式，如前文所述，实际上是四个操作体系。每个操作体系在操作思想、选股思路、交易策略、买卖点的选择，以及资金管理方面都有所不同。我们要熟悉每一种操作方式，根据自己的资金状态和交易习惯，选择适合自己的操作方式。操作方式越适合自己，完成子任务越轻松；对操作方式越熟悉，在实际操作中遇到具体问题，需要对操作方式进行转化时越得心应手。操作方式虽然有四种，但买卖点的根本逻辑是一样的，只是采用不同的组合方式进行交易而已。

第一节　第一操作体系

操作要点：目标股一只，操作周期两个月，收益目标为资产增值 10%。从以下几方面具体实施。

一、操作思想

整体布局，只关心两个月后收益目标是否实现，不在意其间的市值波动。

在此思想指导下才有资金管理的概念，即将计划参与资金分为基础仓位和滚动资金。基础仓位用来控制风险；滚动资金能确保主动性，也能使盈利得到保障。整体布局是第一操作体系的最明显特点，同时也是大资金运作的必然选择。当你还不是职业投资者时，第一操作体系可使你踏入职业操作的门槛，可以确保控制风险，稳定赢利；当你真正实现财务自由后，进入大资金投资者行列，发现又回归到了第一操作体系，只不过操作级别不同，运作时间周期不同，但操作方法一致，且同样遵循整体布局的思想，正所谓“看山是山，看水是水；看山不是山，看水不是水；看山还是山，看水还是水”。

这种操作体系的时间周期是两个月，以日K线为操作的主要依据，收益目标定为资产增值10%。在这两个月中，重点操作一只股票，并以随时可操作的另外两只股票为辅助，以收益目标完成为操作结束标志。若两个月周期已到，但收益目标还未完成，经分析后认为该股还具有操作价值，可适当延长时间。两个月操作周期的本意有两个，一是绝大部分个股都会在两个月内波动超过10%，这给了我们完成收益目标的机会，尤其是进行右侧交易时；二是将两个月作为一个整体思考布局，这样不会介意短暂的股价波动，也就是浮亏的出现，甚至可以通过资金合理地聚集与分散，利用股价的波动，提前完成收益目标，或者超额完成收益目标。

二、选股思路

选择周线级别至少出现第一类买点或者第二类买点（具体内容见第四章）的个股，不参与股价的下跌或区间整理阶段。这基于的是先大后小的操作思想，日线级别的操作要在更高级别确保安全的情况下进行。

为确保在相应周期内完成目标收益，要尽量避免浪费时间的情况发生。由于只操作两个月的时间，在下跌或区间整理阶段对时间不好掌控，如果周线级别已经出现买点，则日线级别便被释放了绝大部分风险，包括时间风险，所以出现日线级别上涨10%的情况就容易得多。这类个股买进后即便没有立刻上涨，也可以利用调整的时候进行滚动操作，因为更高级别的买点出现，出现资金骗线的可能大幅降低，所以日线级别的调整反而成了滚动操作的买进机会。

在选股时，股价所处位置是首要考量。月线级别以上的第一类买点只会出现在股价低位，周线及以下级别的第一类买点都可能会出现在大涨后的调整阶段，所以，选择低位出现周线级别第一类买点或第二类买点的股票，是对风险的最大释放。坚持如此选股，不仅对小资金有利，对于实现财务自由后的大资金而言，也是必须要这么操作的，否则无论资金规模多大，都可能被股市吞噬，全还回去。

通过均线系统进行分类，很容易判断股价所处的位置。从日线级别角度看，年线由长期下跌转为走平，股价站上年线，但距离年线较近，即低位；中位指的是股价开始回升后，未向上突破下跌过程中或底部区间整理时所形成的临近的重要高点，这个高点也是股价回升时的第一条颈线位。这意味着股价上涨还未真正展开，这样的股票是重点对象。

以均线系统为分类标准选出个股，仍然从日线级别角度看，具体如下。

（1）250 日均线由下跌转为走平，且股价站上 250 日均线。

（2）成交量放大，股价交投活跃，波动幅度较大。

（3）股价处于上涨初期或者启动阶段，未脱离均线系统，或者说均线系统未明显发散。

（4）60 日均线由长期下跌转为走平。

这里的均线系统指的是由 60 日均线、30 日均线和 10 日均线组成的系统。250 日均线不直接参与操作决策，它是选股用的。由于操作周期只有两个月，所以 60 日均线是操作的核心参考。

在实际操作中会有部分变形，比如股价还未站上年线，但年线已经走平，表明股价只是在围绕年线波动。底部明确，60 日均线也已经由长期下跌转为走平，且股价出现明显低点后，第二次下跌不再创新低，即所谓的双底形态出现，对这样的个股也可以逐步建仓，进入可操作区间。

为了和我的第一部著作《股市赢家密码》相衔接，上述条件是从日线角度出发的，有点复杂。看完本书后，可将均线系统统一为 5 日均线和 10 日均线系统，从先大后小的各级别角度观察，便能得到更简洁的操作条件，即第三类买点和第三类卖点（具体内容见第四章）。比如，日线级别的 250 日均线，就约等于月线级别的 10 日均线；日线级别的 60 日均线就约等于周线级别的 10 日均线。将每个级别的均线系统统一为由 5 日和 10 日两条均线组成，则上述条件可统一表述为月线级别的均线系统金叉和周线级别的均线系统金叉。这是高级别买点出现的条件，或者表明买点出现不久，股价处于上涨初期。

三、交易策略

采用“小单试错，拒绝补仓，顺势跟进，敢于重仓”的交易方式和“重点操作一只股票，并以随时可操作的另外两只股票为辅助”的操作策略。

关于交易方式，前文已有说明；“重点操作一只股票，并以随时可操作的另外两只股票为辅助”的操作策略，具体为：除重点操作一只股票外，有两只股票可随时进入操作程序。

“重点操作一只股票”是指一只股票贯穿整个操作周期，在两个月中始终跟踪操作这只股票。“随时可操作的另外两只股票”是指两只可随时进行买进操作的股票，这两只股票可以随时调换，其判断标准是出现买进信号。在实际操作中，任何股票都不可能一直上涨，在其调整期间，资金闲置是一种对时间和资金的浪费，所以需要选出立刻可操作的股票，以备不时之需。

这两只股票需要满足如下特点。

（1）第二天有极大向上波动的可能。可通过观察其历史走势，判断其股性，那种绝大部分交易日都有向上波动走势的个股可作为重点目标。

（2）日线走势必须良好，没有第二天低开低走的风险，或者这种风险极低。有些个股习惯第二天低开低走，这样的股票少碰，或者要踏准这些股票的波动节奏，比如在股价下跌收阴的时候收盘买进。所选个股已处于上涨阶段，立刻逆转趋势的可能性不大，所以股价低开低走最多是主力趁势洗盘而已，这是一些主力的操作习惯。这时通过仔细研究其走势，熟悉主力的操作习惯，然后顺势跟进即可。我们要的只是短线波动利润，所以第二天只要向上波动便可卖出走人，抓住了主力运作的特点，便很容易完成操作目标了。

（3）交投活跃。只有成交量放大、交投活跃的股票波动幅度才大，也才比较容易出现向上波动，进而给我们获利卖出的机会。这是操作“随时可操作的另外两只股票”的目的所在。

（4）30 分钟 K 线出现第一类买点或者刚进入持股状态。这是日线级别的下一个级别，在一天中可出现 8 根 30 分钟 K 线，对短线操作来讲，可寻找到几天内的低点。这是短线操作非常重要的参考，不仅适用于第一操作体系，对于另外三个操作体系也是核心参考。

为了保持资金的主动性，确保主要操作的目标股在出现新的买入信号时能够及时参与，这两只股票只能做短线交易，买进后第二天即可卖出，不能持股超过三天，所以选股时必须满足上述操作要求。同样，卖出时对个股上涨幅度的期望不能太高，否则容易被股价粘住，错失主要目标股的操作节奏。通过长期实践操作和对个股波动区间的深入研究，我们发现，几乎所有的个股在超过90%的交易日第二天都存在向上波动0.5%的机会，这还包含下跌的情况，所以，我们把第二天的收益目标定为0.5%是一个非常好的选择。当日收盘价买进，次日股价向上波动0.5%即满足卖出条件，可随时准备卖出。如果股价涨势良好，可持有获得超额利润，而且这种情况存在于大部分交易日中。卖出时可观察分钟级别K线走势，比如5分钟K线走势，甚至是1分钟K线走势，出现第一类卖点后便可执行卖出操作。

由于这两只随时可操作的股票起辅助作用，目的是提高资金利用率，同时保持资金良好的流动性和操作的主动性，所以只要有波动收益机会便可卖出，这也是卖出时观察5分钟和1分钟K线的原因。当然，如果是完全的短线交易者，可根据30分钟的买卖信号操作，比如，第一类买点处小单试错，等收盘前确认可重仓参与。这是考虑到T+1交易规则，这里不做展开探讨！

不要小看这0.5%的收益，由于此种操作风险极低——这是因为出现的频率太高，加上上述所选目标股的四个特征，股票完成第二天收益目标的概率会很大，这会导致累计收益非常可观，甚至在两个月时间中可能会超过主要目标股的收益，所以要特别重视两只随时可操作的股票的操作。既然如此，只采用这种操作方式不好吗？其实这种操作方式有一个天然缺陷，那就是必然会错过大牛股，而抓住大牛股才是实现财务自由的最重要方式，因为大牛股是资产利用率最高和绝对收益最丰厚的，而且随着资产量的增加，这种短线操作会越来越困难，适用的目标股会越来越少，股票的盘子会越来越大，波动幅度会相应越来越小，所以最终还是要转换成重点操作某一只个股。甚至，当资金规模达到一定程度后，操作周期都要换成周线或者月线。

需要注意的是，两只随时可操作的股票可以天天选、日日新，其目的是找到30分钟级别的买进信号，能当天操作，这样做的好处是不必纠结于原有股票卖出后没有操作目标，从而导致舍不得卖出的窘境。很多人就是因为这一点，赢利的股票没及时卖出，最终利润归零，甚至还要倒贴。

四、买卖点的选择

其分为主要目标股买卖点选择和两只随时可操作的目标股买卖点选择。

（1）主要目标股买卖点选择。

由于主要目标股要操作整个周期，所以选股时必然要确保在这两个月中其一直处于可操作状态，即排除下跌和区间整理阶段，在买点的选择上要考虑较长周期。所以，在选择目标股时要考虑月线级别、周线级别和日线级别。当然，具体落实操作时也可考虑30分钟级别的买点。

月线级别上要出现启动型第一类买点，这至少可确保在未来的两个月中股价会处于多方占优的可操作状态。这是完成目标收益的第一道屏障，也是坚实的基础。满足这个条件才能确保股价处于低位，从日线级别看，年线一定是走平的。

周线级别上要出现中继型第二类买点，这是对月线级别买点的确认，表示在未来几周内会有明确的上涨预期。这指的是同一只股票。当一只股票出现月线级别上的启动型第一类买点时，它在下一个级别，也就是周线级别上，会有一个三段式的确认过程。当股价不再创新低后才能说明月线级别上的买点成立，而不再创新低后重新回升的那个买点，就属于中继型第二类买点，在K线走势图上都表现为最基本的阳克阴K线形态，或者中大阳线的止跌形态。

日线级别上出现加速型第三类买点，这是可建仓的最佳买点。这个买点表现为股价突破前一个整理平台后出现回落，但回落的低点不跌破前一个整理平台的上沿，后再次回升。这是最强势的加速型第三类买点，此时便可把基础仓位全部买进，正式进入两个月的操作周期。当然，较弱的加速型第三类买点是股价回调时进入上一个整理区间，但很快再次回升。如果股价跌入上一个整理区间后不再回升，则加速型第三类买点就不成立了。但是，这只意味着最佳买点还未出现，不等于可以放弃该股，因为月线级别上和周线级别上的买点会对日线级别上的走势有根本性的影响。

在实际操作中，月线级别上的启动型第一类买点很少出现，一旦发现这样的股票，要像发现金山一样珍惜，并做好持续两三年操作的准备；同时这也意味着平时操作中很难发现这样好的买点，那么只能退而求其次，即在月线级别上只要股价离启动型第一类买点不远，处于上升阶段，就满足要求，目的是确定未来两个月中，股价有很强的上涨动因。基于此，我们寻找周线级别上的启动型第一类买点就更为实际了。那么，日线级别上的中继型第二类买点就是我们建仓的主要依据。基础仓位买进后，一定要持有到操作周期结束，除非收益目标已经完成，需要清仓换股。要么是两个月时间已到，操作圆满落幕。至于其间的滚动资金短线操作，那是另一回事了。

上述买点可作为基础仓位买进时的参考，也是操作主要目标股的主要依据。当基础仓位买进后，滚动资金参与只需等待该股日线级别和30分钟级别出现买点。30分钟级别的买点是主要操作依据，日线级别走势可作为分析依据，或者为30分钟级别的操作提供安全保障，比如日线级别上出现买点，或者股价处于买点出现后的上涨过程中，但不能距离买点出现的位置太远。其意思是当日线级别出现启动型第一类买点或者中继型第二类买点时，30分钟级别上的买点是主要滚动操作的时机，而出现加速型第三类买点后，在次级别上的买进操作就要注意风险了。当然，这并不意味着不能参与，而是说要做好随时卖出的准备，甚至要采用高频交易的方式，收盘前买进，第二天上冲便卖出。此时的操作出现低开低走的可能性也会增加，遇此情况不能恋战，必须先撤出到基础仓位，等待下一次机会，而第一类和第二类买点遇到此种情况是可以持股几天的，这就是区别。

主要目标股卖点的选择，也可分为基础仓位和滚动资金进行确定。基础仓位可将日线上的卖点作为清仓依据，此时基本可确定收益目标已经完成。对于滚动资金，可参考30分钟级别上的卖点，高频交易时可参考5分钟K线走势上的卖点，甚至是1分钟K线走势上的卖点。

卖和买在操作上相反，卖点和买点在走势上也很好分辨。启动型的第一类卖点与启动型的第一类买点相对应。股价在连续上涨后出现最后一个区间整理，股价不再创新高便出现回落，同时5日均线和10日均线组成的系统出现死叉，这就是标准的第一类卖点。如果在最后一个区间整理时，股价创新高，但对应的MACD指标出现背离，则称之为典型的第一类卖点。在满足条件且阴克阳K线形态出现时，第一类卖点确立。

第一类卖点出现后，股价继续跌破区间整理下沿，且在次级别的反弹中未进入区间整理便重新下跌，这是第二类卖点出现的信号。至于第三类卖点，有时会与第二类卖点重合，且实际操作中较少用到，尤其是在主要操作级别中，而在逆向滚动操作中有时会用到，表现为股价继续跌破第二类卖点出现时股价反弹前所出现的低点，且在次级别的反弹中所出现的高点低于前面的低点。第三类卖点的出现预示着一段加速下跌的走势类型可能出现，如果在主要操作级别中，绝不能等到此时再进行清仓。这些买卖信号在后面的章节会有详细阐述。

上述卖点所设定的条件在各级别中都相同，例如典型的第一类卖点，在日线级别，只要满足股价创新高，对应的 MACD 指标出现背离，就表示股价要出现转折，一段下跌走势类型不可避免。至于下跌幅度有多大，下跌时间有多久，那是后话，但下跌是极大概率会出现的，所以称之为日线级别的典型第一类卖点。同样的条件，如果出现在周线或者月线级别，也称之为该级别的典型第一类卖点；如果出现在分时走势中，比如 30 分钟或者 5 分钟等级别中，也称之为该级别的典型第一类卖点。

实际操作中，任何级别的股价下跌，总是能从更小级别中发现第一类卖点。比如日线级别的第一类卖点，在确认时，发现其次级别，也就是 30 分钟 K 线走势中已经提前出现了第一类卖点，而且会更明显。如果再看更低的操作级别，比如 5 分钟 K 线走势，甚至 1 分钟 K 线走势，第一类卖点早已出现。于是我们得到一个结论，任何操作级别的第一类卖点，都是从更小级别的第一类卖点开始的。这给我们的操作带来一个提示：当我们所操作的个股，主要级别初现滞涨时，一定要密切留意其次级别走势，当发现第一类卖点时，可在相应的级别中卖出匹配该级别的资金。每降低一个级别，可动用的资金至少减半。比如日线级别有 100 万元持仓，则 30 分钟级别的卖点最多可操作 50 万元的资金，5 分钟级别的卖点最多可操作 25 万元的资金等等。之所以说最多，是因为如果卖点不确定，或者上一级别走势没有非常明显的弱势，则可以采用小单试错的方式逐步卖出。

如果是建仓阶段，对于买点也采用如上操作过程。操作不熟练的投资者，在主要操作级别出现买点迹象时，可密切观察次级别走势，因为次级别会更早出现买点。当次级别买点得到确认，可用小单试错的方式买进，或者买进该级别所对应的资金。在主要级别的买点也明确后，建立基础仓位，或者计划参与的仓位。将操作级别与可动用的仓位相匹配，便一直保留主动权，立于不败之地。

（2）两只随时可操作的目标股的买卖点选择。

这两只股票起辅助作用，目的是提高资金利用率，为实现两个月资产增值10%的目标加一个保险，所以采用的是短线操作。既如此，参考30分钟级别的买点操作即可，只是选股时日线的走势要完好，以日线上出现第一类和第二类买点为最佳选择，为第二天股价低开低走留出容错空间。至于卖点，可参考5分钟级别的第一类或第二类卖点，当30分钟K线走势出现第二类卖点时清仓。有时也可在收益目标完成后随时清仓。30分钟级别的操作，可将收益目标定为1%，目标完成后，任何时间卖出都是对的。如果上涨态势明显，当然可以继续持股，以期获得更多利润，但若上涨失速，则不可低于1%的目标收益一定要卖出。

上述操作用语言表达似乎很烦琐，其实从图形上看很容易辨认，本书后面会通过图形对买卖点做出更详细的论述。

五、资金管理

资金管理是指通过资金合理的聚集和分散，安全且有效地完成两个月资产增值10%的目标。具体地讲，是将计划资金与日线级别、30分钟级别、5分钟级别、1分钟级别匹配好，当某个级别出现买卖信号后，操作相应级别的匹配资金。

在整体布局操作思想的指导下，有两个月操作周期的概念，才谈得上资金的有效管理。而资金管理不仅是第一操作体系的根基，是整体布局操作思想的核心内容，也是实现财务自由后最不可或缺的指导思想和交易方式。

股票的运行是有周期的，如日升日落，表现为无论股价上涨还是下跌，一个完整的周期都会经历初始、成长、鼎盛、衰竭、消亡的过程，我们的操作必须要对应这个周期，不能在股价的初始阶段就下车走人。任何利润的产生也都必然需要一定的时间，像银行存款，到期才有利息，总不能今天存款，明天就吵着要利息吧？利息的产生是因为银行需要把你的存款借给需要的人，并向这些借款人收取利息，这样你才能有利息拿。如果借款人没有时间投资建设，产生利润，他拿什么给银行利息呢？这就是所谓的时间价值。因此，要想产生利润，必须把操作放在一定的时间周期内完成，这就是操作周期。

当我们能建立起操作周期的概念，就能够和主力建立沟通渠道，你会发现你的操作豁然开朗，对股价的走势也不再困惑，因为主力的运作也必然是会经历这个时间周期的，表现为建仓、酝酿（或洗盘）、拉升、出货、清仓，与上述股价走势的五个过程相对应。当然，这是从宏观上表述的完整的上涨阶段，并非第一操作体系中两个月操作周期所能体现的。

两个月的操作周期，完成收益目标的最佳方案就是捕捉股票运行周期中的成长到鼎盛的阶段，也就是主力运作过程中建仓完成后从酝酿到拉升的阶段。我们平时所有的工作就是寻找、捕捉具有这样运行潜力的股票。

为什么是两个月时间？这是我们实现财务自由所确定的子任务所需要的时间。两个月完成10%的资产增值是比较容易控制的，也相对容易完成。我们是先确定这个操作周期，再寻找在这段时间内最可能完成目标任务的方式方法。股票运行中最容易实现目标任务的阶段就是酝酿到拉升的阶段，这个时间段多数会持续两到四个月，比较适合一到两个操作周期来完成。所以，当一个操作周期结束后，如果经综合分析认为该股还有继续操作的价值，可以继续操作一个周期。所谓的操作价值，就是指该股还没有从酝酿阶段过渡到拉升阶段，或者刚进入拉升阶段初期，意味着后市还有极大概率出现拉升，自然应该继续操作！从表象上看，该股的周线级别和日线级别仍处于持股状态，没有形成第一类卖点的迹象。

两个月时间属于中线操作，其间股价必然有波动，甚至低于买进价格而出现浮亏，所以一定要建立操作周期的概念。操作周期就是把这段时间内的操作看作一个整体，股价上涨自然赚钱，但如果股价下跌，也不需要清仓出局，而是等下一个买点出现，继续动用外部资金滚动操作，只要最终能完成10%的资产增值，就不必介意其间某个时段出现浮动亏损。

实际操作中，一旦出现浮亏，很多人会心急火燎，解决此问题的方法是资金管理。主要目标股处于上涨初期，回调至多是洗盘而已，这是第一道屏障；买进时是基础仓位，即总参与资金的30%，本身会释放一些风险；如果买进后股价下跌，且通过分析有一定下跌幅度，可按照分钟级别卖出信号先行减仓，但可保留10%左右的仓位，或者至少保留100股，为后期操作做好准备，避免跟丢。等调整结束时，可按照分钟级别的买点重新买回，如此降低成本，实际效果是缩短完成10%资产增值的时间，同时也会减少操作中的恐惧和被动。

完成上述操作，必须对操作周期有深刻认识。只要在两个月内完成收益目标即可，中间的所有操作只是完成这个目标收益的一环而已。这样想便不会对其中的任何操作产生纠结，完全按照买卖点的提示操作完成。如此，股价向下波动反而变成了降低成本的机会。事实上，由于所选的股票处于上涨初期，且受大级别走势向好的保护，这种向下波动多数为洗盘，跌势终将结束，上涨必然到来，那么下跌结束的那一刻，重新出现买入信号就成为非常确定的利润来源。所以，千万别担心下跌，任何买点都是在下跌中出现的，这是我们唯一可参考买进的信号。

采用基础仓位加滚动资金的交易策略，在买点出现后先买进基础仓位，这部分资金占总资金的30%，最多不超过50%。基础仓位可持有到操作周期结束，或者出现明确的卖出信号时。剩余的70%或者50%的资金可作为滚动资金，进行短线操作。滚动资金可按照次级别买点操作，也可采用一小时交易法交易，即收盘前买进，第二天开盘出现盈利便择机卖出。基础仓位对应于日线级别的第一类买点或者第二类买点；滚动资金可按照分时级别的买点进行操作，可做T+0交易，也可做短线交易。比如，按照30分钟级别买进的滚动资金，可能在一两天后才会出现第一类卖点，那时再卖出。

滚动资金也可采用一小时交易法进行操作，具体把握如下几点。

（1）滚动资金不必每天交易，要等到第二天有上冲机会时再买进，比如股价处于上涨态势中，成交量也比较活跃。如此走势即便股价要下跌，也会有上冲的机会。

（2）滚动资金要全仓交易，因为收盘集合竞价已经排除了当天的风险。只要仔细研究股价的历史走势，具备第二天上冲的动力，就可大胆操作。这是稳定赢利的主要手段，如果你担心买进后第二天股价下跌，那么你需要加深对股价可参与阶段的研究。比如，该股上涨时是否有低开低走、急转直下的情况，如果时常有，则少参与。我们要做经常有冲高走势的股票。

（3）滚动资金买进后，第二天上冲超过0.5%即可卖出。在实际操作中，可密切留意1分钟和5分钟K线走势，在收益目标完成后，如果股价上涨良好，可等待1分钟或者5分钟K线走势中卖点的出现，如此可获得更多利润，同时也不会错过当天的大涨。但前提是必须确保收益目标0.5%的完成，如果股价出现滞涨，要第一时间获利了结，因为在分时走势中变化非常快，1分钟的一根K线就能吃掉所有的滚动操作利润。

（4）滚动资金可在盘中根据 1 分钟、5 分钟、30 分钟所出现的买点进行分批买进，待收盘时再按照集合竞价把剩余资金买进，如此可在当天出现利润，为第二天赢利卖出提供安全保障。由于分钟级别的买点时效较短，所以，当你对买点的准确性把握欠佳时，宁可以收盘集合竞价买进，避免当天出现亏损。不过，精准把握买卖点是我们必学的功课，也是实现财务自由的有力保障，应该不断加强此能力。实际操作中要密切留意 30 分钟级别在收盘前出现第一类买点迹象的股票，其在第二天基本都有上冲机会。

第一操作体系是完成子任务的最后护城河，也就是说，认真执行第一操作体系，可以确保我们完成两个月资产增值 10% 的目标，同时具有可持续性，也比较容易把握。其他三个操作体系是在此基础上进行的升级，包括操作升级和收益升级，即对操作的要求提高，对收益目标的要求提高。如果能按照另外三个操作体系交易，可以确定两个月的收益一定会超过 10%，甚至一个月就能完成 10% 的资产增值，但这需要较高的对买卖点精准把握的水平。

第二节 第二操作体系

操作周期两个月，收益目标 10%，操作方式出现变化，即把最终收益目标均分成 5 等份，每次操作完成 2% 的收益即可。也就是说，如果关注 5 只股票，两个月时间内，每只股票只完成 2% 的收益。应该说这大大提高了完成目标收益的可靠程度，以及完成目标收益的可持续性。

为什么是 5 只股票？这是长时间实践所得到的最佳平衡结果。关注的股票数过多，会影响精力，进而影响操作效果。10% 的收益目标均分到 5 只股票上，每只股票只需完成 2%，比较容易实现。如果股票数减小，则每只股票需完成的收益增加，就转换成第一操作体系了。如果股票数过多，每只股票均分的收益目标减小，对应于两个月的长时间周期，是对时间的浪费，所以才衍生出了另外两种操作体系。在第二操作体系中，5 只股票，以及对应的两个月 2% 的收益目标，是时间周期、收益目标及人的精力之间的最佳平衡，因此才会保持长时间可持续性的、不断完成最终目标收益的效果。

一、操作思想

不参与任何高于30分钟K线的调整，两周内集中精力和资金操作一只股票，收益目标3%。

操作思想中，最高优先级别是：不参与任何高于30分钟K线的调整。当出现30分钟级别的卖出信号时，卖出离场，不必在意3%的目标收益是否完成以及两周操作时间是否结束。

两周操作周期和3%收益目标之间互为优先级，即以先完成者为结束标志。3%的收益目标完成，但时间未到两周，可以结束，进入下一个操作周期；两周时间已到，3%收益目标未完成，必须结束，进入下一个操作周期。

具体操作中需厘清如下问题。

（1）5只股票不意味着5只不同的股票，意思是可以操作5只不同的股票，也可以在某只操作过的股票再次出现机会时重新操作，但这和在该股上曾经的操作无任何关系，目标收益和操作周期在第二次操作时需要重新计算。这样做是因为有些个股是值得长期跟踪操作的，但并不意味着它不会调整。第二操作体系的思想是不参与调整，所以当调整结束后再次出现买进信号时，我们便可以重新参与了。长期跟踪使我们对这些个股的运行轨迹和股性很熟悉，会更容易让我们完成收益目标。

（2）第二操作体系的总时间周期是两个月，分解成5只目标股后，每只目标股在两个月时间内完成2%的收益目标即可，我们在操作思想中所制订的操作周期和目标收益要服从这个总周期和总任务目标。按照操作思想，我们集中资金在两周内操作一只股票。此时不要考虑5只目标股的事，操作过程中出现30分钟级别卖出信号，卖出离场。如果此时3%的收益目标还未完成，或者两周操作周期还没结束，卖出时要留100股，因为接下来还会继续操作，只要在两个月内找机会完成2%的收益目标即算完成任务。

（3）第一目标股卖出后，即可进入第二目标股的操作，重新计算操作周期和目标收益。在第一目标股持股期间，我们的主要工作是寻找出现买点，可立即进入操作状态的第二目标股，以便迎接第一目标股随时到来的卖出操作。这一步的操作与第一操作体系中两只可随时操作的股票的操作有点类似，但却有本质上的不同。第一操作体系中，当主要目标股出现卖出信号，卖出持仓后，利用两只可随时操作的股票进行高频交易，以便充分利用资金，但又不影响主要目标股在重新出现买进信号时及时接回，主要目标股与两只可随时操作的股票之间是从属关系。在第二操作体系中，每一个目标股之间的关系是平等的。也就是说，第二目标股的操作和第一目标股的操作过程是一样的，其目的都是要在两周时间周期内完成3%的收益目标。这样在操作上就不会有高频交易，要在30分钟级别的K线出现卖出信号后再卖出。

（4）两周操作周期和3%的收益目标是为了在操作实践中和收益目标上留出冗余空间，与总操作周期和收益目标之间不存在本质上的矛盾。为实现最终目标，在实际操作中，往往会提高子任务的强度，以便在出现不可预知风险时仍能从容应对，对最终目标的实现不产生影响或影响甚微。同时，两周时间有10根日K线和80根30分钟K线，操作有比较充裕的转身空间，按照30分钟K线的买点操作，收益超过3%的机会非常大。

与第一操作体系相比，第二操作体系的优势在于无处不在的高成功率，这为持续完成两个月10%的收益目标提供了理论上的根本保障。可持续性是复利的最大威力，如何解决可持续性，并能够不断复制这种可持续性成为所有操作体系需要解决的根本问题。在第一操作体系中，由于10%的利润空间较大，实际操作中，会出现在震荡市场或者熊市中两个月无法完成10%收益目标的情况。按照第一操作体系，将一只股票作为重点操作的股票，如果在未完成目标时，该股便出现了连续下跌，且不再出现合适的买点，那么10%的目标收益在两个月内就无法完成。有人可能会疑惑，不能换股操作吗？不能！因为你怎么知道它会一直下跌？如果换股操作，它却没有经过长时间下跌便再次出现买点怎么办？而且，万一换的股票没走好，继续下跌怎么办？我们不就是为了解决不断换股的问题才制订出比较严格的操作体系的吗？这样换来换去就没什么操作体系可言了。

这是第一操作体系中存在的无法弥补的漏洞，通过资金管理可以降低风险，但无法增加收益。也就是说，如果股价不涨，资金管理可以确保你的市值不降低，或者少降低，但无法通过资金管理让你的市值增加。第二操作体系就解决了这个问题。

第二操作体系将每只目标股的收益设定为2%，这意味着只要完成这个目标收益，理论上可以立刻换股操作。而每一次换股自然就是寻找更强势的股票，或者能在下一个短期操作中大概率完成下一个 2% 收益的目标股。在这个换股操作的过程中，就规避了一只股票所可能出现的长期下跌的情况。同时，即便是在熊市中，即便是一只股票处于下跌过程中，也经常会出现短暂的几天时间的反弹，这个反弹在 30 分钟级别 K 线上是很好捕捉的，反弹幅度也绝对大于 2% 的幅度，大家翻看任何一只股票的走势便知。这就是说，我们在熊市中也能大概率地捕捉到这种反弹收益，从而完成每只股票 2% 的收益目标，这在理论上为可持续性提供了根本保障。

整个股市到处都有 2% 的收益机会，每只股票每个时间段都充满了 2% 的收益机会，这就是我们所处的环境。在鱼塘中到处都是鱼的情况下，我们即便技术再差，捕到鱼也是极其容易的，因为环境太好了。如果鱼塘里鱼不多，但每一条都是大鱼，你想要捕捉到，是不是需要很高的技巧呢？不言而喻。这就是第二操作体系比第一操作体系更容易完成收益目标，且可持续性更强的原因。但是必须说，第二操作体系对资金积累阶段的投资者是非常适用的，因为他们资金少、灵活。资金量较大后，你会发现第一操作体系更合适，因为那时你的资金无法灵活转身，且你已经有熟练的操作技巧和强大的风险抵御能力，能大概率地捕捉到那些大鱼。喜欢钓鱼的人知道，一些高手可能几天都“钓不到鱼”，不是真的钓不到，是不喜欢那些小鱼，他们只钓他们想钓到的鱼，愿意在那静静地等，一旦钓到，便会引起众人艳羡。真可谓：姜太公钓鱼，宁在直中取，不在曲中求；不为锦鲤设，只钓王与侯。

选择合适的操作体系便能得到意想不到的收益。

二、选股思路

只选择在 30 分钟 K 线上出现买点的股票。为确保绝对安全，选股时将日线和周线作为保障。

基于操作思想中每只目标股两周的操作周期，选股时目标股在周线级别上要有至少两周的上涨潜力。什么股票有这种潜力？很多股票都具有这种潜力。比如，上涨趋势已经确立，股价回调两周或几周时间，在重要均线处止跌，并出现买进信号。再如，出现阳克阴 K 线形态，或者探底回升的 K 线的股票，都可以作为观察并操作的目标股。这样的股票在未来至少两周内都具有极大的反弹预期，在次级别中选择好买点，2% 或 3% 的收益几乎手到擒来。这只是一种情况，还有很多种情况。比如周线上出现上涨，但上涨幅度很小，出现这种情况的股票也是观察目标，因为大概率会出现加速上涨，在日线和 30 分钟 K 线上会出现波动买点，只要有波动，2% 或 3% 的幅度是必然会出现的，这就是操作机会。总之，周线级别在上涨途中，或者出现第一类买点、第二类买点、第三类买点，同时日线级别上也出现买点或在上涨途中，这类股票就具备极高成功率了。

对于日线级别处于上涨阶段的股票，不必想着抄底或埋伏，因为我们只要 2% 的收益，只要处于上涨阶段，第二天很容易就实现目标。而且，日线处于上涨阶段的股票，通过在 30 分钟 K 线上等待买点出现时买进，两周时间内，绝大部分情况下会获得远远超过 3% 的收益，更何况可以通过滚动操作增加收益。关键是，这样的机会真的无处不在。沪深排行榜的前三版几乎都是这种类型的股票，不管牛熊市，都如此！这就是为什么第二操作体系可以跨越牛熊，真正实现可持续完成目标收益的根本原因。

30 分钟 K 线走势是选股和操作的主要依据，所选股票具备如下特点。

（1）日线级别出现第一类买点、第二类买点，或者处于买点出现后的持股状态初期。

（2）30 分钟级别出现第一类买点、第二类买点或者第三类买点均可，或者处于三类买点出现后的持股状态初期。

（3）MACD 指标调整到位，即处于底部金叉，或者在 0 轴附近充分整理后再次金叉。所谓的充分整理，是要排除 MACD 指标第一次快速回落到 0 轴附近出现金叉，因为那极可能是股价背离的条件！

做几点解释，持股状态指 5 日均线金叉 10 日均线的状态。这说明可以持有股票，也是延迟买进股票的条件。很多时候买点出现时并不能第一时间准确把握，所以买进操作应该延后，持股状态出现后再买进更容易把握。这里不必担心买入价格变高，因为你要的是后面的上涨，只要更高级别同样处于安全的持股状态，便不用担心。

实际操作中，股价在区间整理时经常出现均线刚金叉不久便死叉，若在持股状态时买进，很容易亏损。其实，若你把眼光放到更高级别上，会发现股价并未出现买点，或者没有处于持股状态，这时是不能操作的。这就是先大后小分析的好处。

持币状态指 5 日均线死叉 10 日均线的状态。股价处于持币状态时是不能买进股票的。当 30 分钟级别出现买点或者进入持股状态后，如果日线级别仍处于持币状态，表示风险犹存，即便反弹也力度有限，要谨慎参与。

对于卖出操作，持币状态是最后的决定条件。有时候，当卖点出现时，我们是犹豫不决的，因为可能只是上涨中继。第二类买点和第三类买点都是上涨中继。但是，在明确出现均线死叉，进入持币状态后，无论如何也要先离场。这是因为持币状态进入持股状态需要时间，级别越大，时间越久，且对是否出现新的上涨无法预测，那就没必要持股等待了。尤其对于第二操作体系，本就要求不参与任何 30 分钟级别的调整，所以在 30 分钟及以下级别中，一旦出现持币状态，就要减仓，甚至清仓。比如，在 5 分钟级别上出现持币状态，如果是上涨后的第一次持币状态，可以先减仓，但如果是第二次持币状态，就要清仓了。

MACD 指标通过快速线和慢速线的差值，能间接地表示出多空力量的变化趋势。牛顿第一定律告诉我们，任何运动在不受外力作用的时候，总保持原有的状态。股价的走势本质上反映的是资金的流动轨迹，或者说是多空资金经过充分博弈后所形成的交易价格的运行轨迹。在双方力量对比不再变化的情况下，股价的运行轨迹将保持不变，原来上涨的继续上涨，原来下跌的将继续下跌。当多方力量比空方力量强时，股票的交易价格会上涨，在双方力量对比没有发生本质变化前，价格上涨的这一状态将保持不变，这就是我们获利的根源。

MACD 中的红绿柱可以直观地反映这种多空力量的变化趋势：快速线和慢速线在 0 轴下方时，当绿柱开始变短，表示快速线的数值与慢速线的数值之间的差值在变小，而快速线表示的是股票短周期内的市场平均成本，慢速线表示的是较长周期内的市场平均成本，上述变化表示短期内的市场平均成本要比长期内的市场平均成本上涨得快，这说明短期内的买方意愿比长期内的买方意愿更强烈，这正是多方力量增强的表现。当金叉出现，这种多空力量对比开始出现转折，由原来的空方力量更强变为多方力量更强，在这种力量对比再次发生变化前，股价的运行状态将保持，即继续上涨。

这种状态在金叉出现后会表现为快速线与慢速线之间的差值在变大，红柱在逐渐变长。这说明短期市场平均成本比长期市场平均成本增长得快，这也是多方力量在持续增强的表现，在操作上自然可以持股或者加仓了。

与上述情况相反，在0轴上方，红柱开始变短，表示短期市场平均成本比长期市场平均成本增长得慢了，说明空方力量开始慢慢增强了，直到死叉出现，空方开始重新强于多方；在0轴下方表现为绿柱逐渐变长，即短期市场平均成本比长期市场平均成本降低得更快，说明空方力量在不断增强。

在选股时，我们就是要寻找这种多空力量转折点即将出现的股票。在0轴下方出现金叉，表示前期空方力量释放接近尾声，多方一旦获得优势，会有大的增长空间，这种时候操作股票安全性会更强；0轴上方出现金叉，多数表示多方力量在经过第一波拉升后，进行整理蓄势，然后进行第二波拉升，有时这样的上涨会更猛烈，也是值得参与的。但是，如果MACD指标在拉升一波后来到高位，刚死叉不久再次金叉，此时要引起警惕，这很可能是多方的诱多出货，因为股价走势必然完整，对应的技术指标走势也必然完整，尤其是趋势类指标，表现得更明显。意思是处于高位的技术指标必然要经过休整转化成低位的技术指标；同理，处于低位的技术指标，无论经过多长时间的休整，都必然要转化成上涨，直至进入高位。

与股价运行相结合后发现，MACD指标高位第二次金叉出现顶背离的情况较多，所以要谨慎参与。之所以说是谨慎参与，而不是拒绝参与，是因为有些个股即便出现高位金叉，仍会有较大幅度上涨，甚至是连续不断拉升。这类股票其实在更低级别走势中可以发现买进信号，甚至相应级别的MACD指标也会满足0轴以下或者0轴附近金叉的要求，比如5分钟K线走势。所以，如果在30分钟K线走势中出现MACD指标高位金叉，可以分析对应的5分钟K线走势，如果具备买进条件仍可参与，当然，必须是与低级别匹配的资金参与，这样即便出错，也不会被动，是小单试错的由来。

三、交易策略

慢进快出，利用不同周期之间的时间差完成买进和卖出操作。具体为：利用30分钟K线走势完成买进操作，利用5分钟和1分钟的K线走势完成卖出操作。

“小单试错，拒绝补仓，顺势跟进，敢于重仓”适合所有操作，只是表现在不同的操作级别上而已。第一操作体系以日线为基准，上述交易方式用在日线上；第二操作体系以30分钟K线走势为基准，上述交易方式就用在

30 分钟 K 线上，如此而已。

这 16 字箴言是具体交易步骤，需要深入理解，灵活应用。人具有主观能动性，面对任何买点和卖点，哪怕是理论上百分之百准确的买点和卖点，都可能出现失误。比如，水平不同的人对同一个买点的认识就会不同，做出的决定自然会有差异。当理论上百分之百成立的买卖点出现时，由于人的能力原因，无法发现，就会错过机会。解决这类问题，16 字箴言当仁不让。

当买卖点出现，你担心识别错误时，先小单交易，这既打破了心理魔障，又能保持交易节奏。若股价走势与预期相同，则顺势跟进，加大操作资金；若股价走势与预期相反，则拒绝补仓。最后，一旦股价走势明确无误，则加大操作仓位，无论买进还是卖出。买进指的是重仓参与，卖出指的是清仓或者卖出绝大部分仓位。

日线级别以下操作是分钟级别的操作，这就像由宏观世界进入微观世界，别有一番精彩。

分钟级别由于可继续向下分解，直到最后每一笔的成交轨迹，所以彼此具有非常强的关联性。在通用软件上，最低级别为 1 分钟走势图，我们也把操作的最小周期定在了 1 分钟 K 线走势上。

由于目前我国仍采用 T+1 交易制度，所以分钟级别在卖出操作上作用更明显，对于滚动操作而言更是如此。买进后，从第二天开始就可进入日内回转交易了，即卖出，当天寻分钟级别的买进点买回，这也就是逆向滚动操作，当然需要满足一定的条件。如果分析的级别较小，则对应的操作仓位也较小，原则上可以在该级别的周期中进行多次的日内回转。比如在 1 分钟操作周期上，出现卖点时可以卖出匹配的仓位，当在 1 分钟级别上出现买点后再将卖出的仓位买回。如果是 5 分钟级别或者 30 分钟级别，交易的仓位适当增加，但交易方式相同。在将持仓成本降为零的过程中，这种操作方式和正向滚动操作（具体内容见第五章）一起，构成了主要的交易手段。

在第二操作体系中，30 分钟 K 线走势为决定交易的核心参考。这意味着当 30 分钟 K 线走势上出现卖点时，可以清仓。当然，在卖点的最终确立过程中，可以按照更低级别的卖点逐步减仓。如果 30 分钟 K 线走势完好，不具备清仓条件，那么可以利用 5 分钟 K 线走势上的卖点做滚动操作，以降低持仓成本。

买卖点如何确定？这是操作的最后一步，是下单的最后依据。我们先看买卖点如何得来。

在股市中，我们每个人只是沧海一粟，对此必须保持清醒认识。这意味着我们必须跟着洪流进退才能存活，之后才能奢求分一杯羹。任何的逆流而动，必将被无情地拍死在沙滩上，并丢下一句：消灭你与你无关。基于此，我们要做的所有工作就是辨别洪流的发展方向。洪流出现后无人不识，但为时已晚，可喜的是，风起于青萍之末，浪成于微澜之间，我们可以在风起和浪成之前发现趋势，并做出应对。

股价运行的根本是多空力量的较量，多方占优股价便涨，空方占优股价便跌。多方指想买进某只股票的场外资金，无论这些人基于何种分析或者信息，得到的观点均趋于一致，即认为该股会涨，想买进获利。空方指持有某只股票的场内资金，无论基于何种分析或信息，观点均趋于一致，即认为该股会跌，想卖出止损或止盈。看到没？面对同一时间点的同一只股票，必然出现两种观点，否则无法出现成交价格。

多方和空方无时无刻不在较量，当某一时刻多方力量强于空方力量时，多方发现以某一价格无法再买进筹码，于是便把价格挂得高一点。由于价格抬高，会有更多的空方加入卖出行列，于是更高的成交价格出现，表现为股价出现上涨。反之，如果某一时刻空方力量强于多方力量，空方发现以某一价格无法把筹码卖出去，于是会把价格挂得低一点，引来更多的多方加入买进行列，这样更低的成交价格出现了，表现为股价开始下跌。

多空双方较量的那个价格被突破后，便出现了有利于多方或者空方的最小阻力方向，向上突破有利于多方，向下突破有利于空方。根据牛顿第一定律，方向一旦形成，在没有受到外力作用时，将保持原有运行状态。股价向上突破表示多方力量强于空方力量，只要这个对比关系不发生改变，股价将继续向上运行，直到出现下一次多空博弈后空方力量开始强于多方力量。

股价在下一个博弈中价格可能会向下突破，股价下跌，从而改变原有的向上方向，形成新的向下的方向。在多空双方博弈过程中，如果力量旗鼓相当，在某一价格处会持续较长时间，这就是整理的由来。如果多空博弈的是某一个具体价格，随着时间的推移，在股价运行轨迹上就会出现一条某一价格的直线。只要博弈的不是同一价格，把各价格按时间顺序连起来，就构成区间，多空双方就在这个区间内博弈。其外在表现是股价在这个区间内进行整理，可以将这一股价走势表述为股价的区间整理。由此可知，在某一个价格上的博弈，实际上就是股价最小的区间整理。

什么是博弈？在某一价格上至少有三笔交易才称得上是博弈。

多空双方就像拳台上的对手，只打一局比赛，很难分清谁的力量更强，因为有偶然因素。打两局比赛存在平局的可能，也无法分出胜负。最少要打三局比赛，某一方胜两局才能说明他的力量更强。这就是股价运行中最小的博弈。

如果把这一博弈扩展，不是某一价格，而是某一个区间，并规定某一个时间段为一个判断周期，以此画出一根K线，就会形成三根K线为一个最小的博弈区间。比如以1秒钟为一个判断周期，在这1秒钟内有10笔交易，出现了三个相邻的交易价格，那么画一根K线，这根K线就会包含三个交易价格，这三个交易价格就构成了一个交易区间。接下来，三秒钟形成三根K线，如果交易区间仍是这三个价格，这就是最小的博弈区间了。如果这三秒钟内，出现的交易价格不止这三个，但是这三秒内重复交易的价格是这三个，那这三个价格也是最小的博弈区间。如果重复交易的价格只包含其中两个，则这两个价格就成为最小的博弈区间。这和博弈的根本含义是一致的，只有重复交易才能称为博弈，重复交易的价格区间被称为整理区间。站在最小的判断周期上，由三根K线组成的重复交易价格区间，就构成了最小的整理区间。在我们通常使用的行情软件上，这个最小的判断周期是1分钟，所以就形成了三根1分钟K线组成的最小的博弈时间段，在这个时间段内所出现的重复交易的价格区间就成为最小整理区间。

由此可见，整理区间是多空博弈的根本产物。股价运行的每一步都是多空博弈的结果。于是可知，在股市中，区间整理是永恒存在的，股价运行的其他走势都是相对于区间整理而言的，都是可以用区间整理进行定义的。

股价运行根本上就两种走势，一种是区间整理，这是根本，另一种就是趋势。趋势又分为上涨趋势和下跌趋势，是相对于区间整理而言的，是可以被区间整理定义的，具体为：趋势是至少两个区间整理之间的连接。按时间顺序，如果第二个区间整理比第一个价格高，则为上涨趋势；如果第二个区间整理比第一个价格低，则为下跌趋势。两个区间整理之间的部分称为区间整理的连接。这个连接没有出现连续三根交易价格重复的K线，意味着这一段走势多空之间力量对比悬殊，不需要经过充分博弈就高下立判，就像拳击台上，第一回合就被击倒一样。上涨趋势中的连接表示多方力量强大，下跌趋势中的连接表示空方力量强大。

这个定义是可以放在最低级别的每一笔交易上的，类似于涨停或者跌停。在某一个价格上形成一笔交易，下一笔交易就换成另一个价格，如果高于第一笔价格，说明多方力量实在强大，空方无还手之力；如果低于第一笔价格，说明空方实力非凡，多方相比踪影不见。这实际上是区间整理的一种特殊形式。

在趋势形成后，从第二个区间整理开始，随时都会出现多空力量的逆转，并最终结束原有趋势，形成新的趋势。上涨趋势中的区间整理便容易形成下跌趋势的开端，下跌趋势中的区间整理便容易形成上涨趋势的开端。趋势形成后，从第二个区间整理开始，理论上每一个区间整理都可能出现趋势的逆转，这是无法具体预测的，这也是启动型买卖点出现的位置。

虽然趋势逆转从第几个区间整理开始无法预测，但只要出现趋势逆转，多空力量的变化肯定出现，这就是风起于青萍之末。看到了这种变化，我们便对应着买进或者卖出即可。如果这种变化所对应的操作级别较小，则交易的资金可以很少；如果所对应的操作级别较大，交易的资金可以同比例放大。比如，在 1 分钟操作级别上，出现上涨趋势中的区间整理，发现空方力量开始强于多方，那就小单卖出；同样的情况出现在 5 分钟操作级别上，那卖出的资金量要加大；如果出现在 30 分钟操作级别上，按照第二操作体系就要清仓了。

如果是下跌趋势中的区间整理，发现多方力量强于空方，在 1 分钟操作级别上可以小单买进，在 5 分钟操作级别上可以加大资金量，如果是 30 分钟操作级别上出现买点，按照第二操作体系，至少基础仓位可以全部买进了。这就是所操作资金跟操作级别相对应。

根据上述内容，卖点是在上涨趋势中形成区间整理后产生的，整理区间是多空力量的平衡区间。如果某一笔交易离开了这个平衡区间，说明多空之间的力量在那一刻出现失衡，就要引起足够警惕。如果下一笔交易又回到整理区间，那说明区间整理将继续。但是，如果离开整理区间后，后面的价格不再回到该区间，说明多空力量的平衡确认被打破，新的趋势将形成。对于上涨趋势，卖点就在股价向下脱离整理区间后，反弹时不再进入整理区间，或者即便进入整理区间，也很快再次向下突破整理区间的价格下沿时产生，这是启动型第一类卖点。任何周期上的卖点，最终都是由这个最小操作周期上的启动型第一类卖点演化而来。在具体操作时，当我们所操作的级别进入区间整理后，可以观察下一个操作级别，如果出现了启动型第一类买点或者启动型第一类卖点，那就可以提前操作了。

理论上，可以根据数学上的递归找到最小操作级别上的买卖点，但在实际操作中，是没必要的，因为最小操作级别上的买卖点的时效性只在最小操作级别上，而操作级别越小，价格波动区间，也就是多空双方博弈的价格区间越小，由此形成的价差可以忽略，甚至还抵不上交易成本，但寻找这个买卖点花费的精力却很大，有点得不偿失。所以，实际操作中，多数观察到操作级别的下一个操作级别即可，至多再下一个操作级别足矣。比如第二操作体系是以 30 分钟 K 线走势为操作核心依据，那么交易时观察到 5 分钟 K 线走势，并寻找其上的买卖点即可，至多卖出时参考 1 分钟 K 线走势，可依据 1 分钟和 5 分钟 K 线走势做先卖出再买进的逆向滚动操作，降低持仓成本。

由上述可知，买点或者卖点都是在股价脱离整理区间后不再回到整理区间时被确定的，显然这里不是最理想的价位：对于卖出操作，此时的价位已经低于整理区间的价位；对于买进操作，此时的价位已经高于整理区间的价位。有没有更理想的且能够把握住的买点或者卖点呢？有的。

买卖点形成的根本动因是多空力量对比出现逆转，那么在逆转被确定之前一定会出现迹象来反映双方力量对比开始出现异动。这很好理解，因为任何事情的发展都是由量变到质变的过程，不可能出现突然转向。既然如此，我们可以通过多空力量的变化趋势来提前捕捉转折点。

以卖出操作为例，在上涨趋势中出现区间整理，在某一时刻股价突破整理区间的上沿，似乎新的上涨行情将要展开，趋势将延续，但是我们却发现，和上一个区间整理之后的连接相比，此时的多方力量明显不够强大，这一迹象可以从股价上涨的力度中发现，因为股价上涨的力度直接反映多空双方的力量对比。具体表现为：在上一个区间整理中，股价突破上沿时多方力量强大，股价一路上涨，没有表现出反复博弈的现象，但是在这一次股价突破整理区间时，股价上涨并不迅猛，也不够坚决，表现为在上涨过程中多空力量不断博弈，出现冲高回落的 K 线等，这就是空方力量不断变强的信号。在股价创新高时出现这种现象，就形成了股价走势与多空力量之间对比的不一致，即所谓的背离。多空力量对比是起决定性作用的，股价走势只是外在表现，所以我们可以据此判断，股价转折不远了。

这就是股价走势与多空力量之间的对比出现背离所给我们的启示。实际操作中，若发现背离出现，就要做好相应的操作准备。上涨中背离出现后，一旦出现阴克阳等典型K线卖出形态，就可以逐步卖出了，这样就可以将平均股价卖得更高些。下跌中，一旦发现背离后股价出现阳克阴等止跌K线形态，就可以小单逐步买进，直到启动型第一类买点被确认后加大买进仓位，这样平均买进成本就会更低。

以上是从股价运行的最底层逻辑出发对买卖点进行的定义，这里不依靠任何技术指标，因为所有技术指标都是由最根本的股价走势演化而来的。理解这些内容，我们的操作就有了坚实依靠，当你在操作中有任何困惑，只要从这最底层逻辑出发进行逐步分析，任何交易都将不再迷茫。

当然，知识是拿来用的，即便再好的方法，或者是百分之百正确的理论，过于复杂，大家不好掌握，不易运用，那也是枉然，和普通的方式方法也就没区别了。大道至简，在实际操作中，我们要运用最简单的操作方式来体现股价运行的本质，获得丰厚利润，实现财务自由的最终目标。均线就是我们将操作化繁为简的最有效参考。

均线是用股价收盘价加权平均后得到的一条线，均线的走势直接反映了股价的运行趋势，股价的运行趋势又直接体现了多空力量对比的变化方向。我们通过了解多空力量对比的变化方向，对股价未来的运行自然就有了预判，可以提前做好准备，直到质变的发生，然后就可以对应操作了。当然，在这个质变过程中也可以提前小单参与，以便保持操作节奏。这里的预判是根据牛顿第一定律做出的，但不可据此操作，因为预判与事实并不相符，我们要根据股价实际走势做出应对式交易，预判只是为了提前做好操作准备。

根据整理区间的定义，三根K线是最小的整理区间，所以3日均线便成为最小的均线周期。3日均线是习惯性叫法，因为大家都习惯以日线为分析依据，事实上，在不同的操作周期内，其所代表的含义是不同的，比如在1分钟操作级别上，3日均线代表3分钟内股价的加权平均，它只反映3分钟内的股价运行方向，其他操作级别也是一一对应的。为了使用约定俗成的叫法，不管在任何操作级别上，都称均线为某日均线，理解其内涵即可，比如在30分钟操作级别上，对均线系统的称呼仍是10日均线、30日均线等等。

3日均线由上涨转为走平，表示新的整理区间形成。这意味着多空力量开始了新的博弈。当3日均线再次向上运行，表示新的上涨行情将出现。当3日均线开始向下拐头，表示空方在那一时刻开始占优，股价出现下跌，这有可能就是转折的开始、趋势逆转的青萍之末。所以，均线就成为我们观察股价运行方向，进而了解多空力量变化的有效手段。通过股价与均线之间的相对位置，我们就可以清楚了解当下多空力量的对比处于什么水平，这是买卖点形成的根本依据。

比如，3日均线由上涨转为走平，当前股价跌破3日均线，意味着股价开始脱离3根K线所组成的最小整理区间。如果下一根K线没有回到整理区间，也就是说股价没有再次站上3日均线，则启动型第一类卖点出现。这就是最早出现卖点的时刻。如果观察的周期是1分钟，那么这1分钟就是卖点出现的第1分钟。当然，理论上如果观察的是1秒钟组成的K线，那么这1秒钟就是卖点出现的第1秒钟。

对于买进操作，同样如此。当股价下跌过程中，3日均线由下跌转为走平，表示下跌中的最小整理区间形成。如果当前股价向上突破3日均线，则表示这一刻多方力量开始强过空方力量，股价走势可能逆转，上涨趋势有望形成。在股价向上突破3日均线后，下一根K线未回到3日均线下方，说明突破有效，启动型买点出现，这就是最早的第一类买点。如果这个观察的操作级别是1秒钟级别，表示这是买点形成的第1秒钟。

上述分析过程可以运用到一切操作级别上，这是买卖点的起源，是可以通过简单方式观察并有效运用的。对均线系统的理解，如果不能从根本上和股价运行建立起联系，不知道均线运行所代表的股价运行的内在含义，只知道所谓的金叉死叉，那真有点大材小用了。

3日均线代表的是最小整理区间，在股价的实际走势中，整理是由若干个最小整理区间组成的，于是就可以用不同的均线来表示不同的整理区间。均线周期越长，表示区间整理的时间越久，一旦股价有效脱离这个整理区间，自然出现的股价运行趋势的级别越大。比如，250日均线，也就是年线，表示的是250日内的区间整理，一旦该均线走平，并被股价有效脱离，那就会产生以年为单位的大的股价运行趋势。这就是均线周期越长，对股价的支撑或压力作用越大的原因，因为大的整理区间是需要大的力量才能摆脱的。比如，年线由下跌转为走平，表示股价进入以年为单位的区间整理。在这一年中，多空力量开始处于均衡状态，如果股价想向上脱离这个整理区间，需要多方力量打败一年之内的所有空方力量的集合，这得需要多大的资金啊！集合这么大的资金岂是容易的？可是股价一旦真的脱离了这个整理区间，空方想要集合力量反扑也是极其困难的，因为它同样要集合巨大的力量才能打败多方。所以，站在年线的角度上，一旦脱离了这个整理区间，必然会形成以年为单位的趋势，这不就是大行情吗?!

由上述可知，均线走势体现了多空博弈的最终结果，不同级别的均线走势，体现的是不同级别上多空双方博弈的结果，我们的买卖点就是根据这个博弈结果得出的。比如，10 日均线向上运行，表示 10 个交易日内多方的力量强于空方，多方占优，这就是多方在过去 10 个交易日内与空方博弈的结果。如果 10 日均线向下运行，表示 10 个交易日内空方力量强于多方。如果 10 日均线基本走平，表示在过去 10 个交易日内，多空力量基本平衡。根据这个博弈结果，买卖点会应运而生，我们也就可以据此操作了。

均线走平表示多空力量处于均衡状态，这也意味着这种平衡最终会被打破。道理很简单，除了时间，万事万物都必将结束，无论多空力量的均衡能保持多久，最终都会结束，取而代之的是多空力量的不平衡：空方重新占优或者多方重新占优。若空方重新占优，则均线由走平转为下跌；若多方重新占优，则均线由走平转为上涨。以上这种走势都是必然会发生的。

很显然，均线走平便意味着买点或者卖点即将出现，不同的均线对应不同级别的买卖点。我们将当下的股价与均线的相对位置表示为对应级别上的买点或者卖点。

买点：当均线走平后，股价由下向上站上均线，为均线所对应级别的买点。

卖点：当均线走平后，股价由上向下跌破均线，为均线所对应级别的卖点。

以上是买卖点的根本定义，任何其他的买卖点都由此衍生而来，并且都可以最终用这个定义进行解释。

买点和卖点是对多空力量博弈结果的顺势跟进，其逻辑根基是牛顿第一定律，即任何物体在未受到外力作用时将保持原有运动状态。所以，当多空博弈结果产生后，除非双方力量对比出现新的变化，否则股价将沿着这个博弈结果的方向运行。因此可知，股价的运行和采用什么级别对股价运行进行观察无关。你用日线观察如此，换作周线观察也是如此，用分钟级别的 K

线走势观察同样如此，即便你用最小级别的 K 线走势观察也是一样。

虽然理论上我们可以在任何级别的走势中出现买点时买进，出现卖点时卖出，但实际操作中，由于我们反应需要时间，操作具有不可避免的滞后性，同时交易需要手续费，这就要求我们交易时必须要有一定的价差空间，否则得不偿失。原因是操作级别越小，多空博弈的结果时效性越弱，对应的股价波动空间自然越小，价差难以有效获得。

比如，以 1 分钟为最小操作级别，当某 1 分钟出现买点，按照要求可以买进，但是由于判断和交易都需要时间，买进时可能价格高了。买进后，在下一分钟股价确实涨了，或者在下一分钟的前几秒股价涨了，但在第 3 分钟空方开始占优，股价开始跌了，卖点出现，要卖出了。同样，由于反应和操作都需要时间，卖出时价格又会降低，如此一来一回是无法赢利的，这就是 1 分钟买卖点的时效性导致的。

选择合适的买卖级别，就是为了避免这种辛辛苦苦却无法赢利的尴尬局面出现，这种局面不一定是买卖点执行不到位导致的，纯粹是股价运行的实效性使然。

第二操作体系以 30 分钟 K 线走势为核心参考依据，卖出时适当考虑 5 分钟 K 线上的卖点，可以满足股价波动幅度的要求，实现两个月内操作五只股票，且每只股票 3% 的收益要求。

四、买卖点的选择

最明确的买点和最安全的卖点是第二操作体系的首要考虑。最明确的买点，简单来说就是无论从哪个角度分析，多方力量都明显强于空方，股价将继续上涨；最安全的卖点，指从最小操作级别开始，只要出现卖出信号就逐步减仓，直到清仓完毕。

第二操作体系要求每只股票赢利 3% 或者 2% 以上即算完成目标。这个收益水平对于任何一只处于上涨周期的股票而言，其波动幅度都极易达到，因此没必要参与建仓的过程。在 30 分钟 K 线走势中，寻找或者等待调整结束时分批买进，直到收盘前确认走势再重仓参与。如此操作，三五个交易日便可实现 3% 的收益目标。当然，这只适用于资金量不大的投资者，或者个股体量不能太小，否则影响交易的灵活性。比如，买点出现，但很难迅速成交，需要打高价位，或者卖点出现，只能不断打低价位才能成交，这都是不允许的。

具体讲，最明确的买点要满足如下条件。

（1）日线级别均线系统多头排列，股价回调到10日均线附近便会止跌企稳，表现为该均线方向仍向上，股价在该均线附近出现阳克阴K线形态。

（2）在30分钟K线走势上，股价自高点回落后，至少出现均线系统的第二次金叉，股价不再创新低，第二类买点已经确认了第一类买点。股价处于上涨初期，涨幅不大。

（3）30分钟级别上，股价自底部回升后，均线系统第一次多头排列，之后股价回调，均线系统第一次死叉。此时，如果股价不创新低，便出现阳克阴K线形态，表示股价企稳回升，这也是明确的买点，一般是第二类买点。如果伴随均线系统再次金叉，则买点更确定。

（4）MACD指标处于底部金叉，或者与股价配合分析，处于底部背离状态，或者处于多方区域，运行状态良好。

先寻找日线级别的最明确买点，再观察对应的30分钟K线走势图中的买点，最后将MACD指标作为辅助判断，此顺序不可颠倒。这就是先大后小进行分析，逐步确定。

以上条件可以覆盖绝大部分个股的买进操作，当然也有一些个股未完全满足上述条件也出现明显上涨。对于这些个股，完全可以在30分钟K线走势上发现买进条件。总之，该买进操作的总体原则是：日线级别K线必须处于良好的上涨过程中，然后按照30分钟K线上的回调买进进行操作，这样可以很快获得目标收益。

比如，有的个股涨势强劲，日线上甚至不跌破5日均线便继续上涨，这样的股票是极好的品种，操作上也不难。从30分钟K线走势上可以看到，该类股票均线系统长时间多头排列，股价经常在10日均线上止跌回升。即便均线系统出现死叉，股价跌幅也有限，且持续时间不长，很快再次金叉，伴随着MACD指标也会死叉后再次在多方区域金叉。所以，这就是盘中交易买点，也就是除了股价启动时的最佳的三类买点外，在分时走势中，股价运行中也会出现买点，可作为滚动操作使用，或者作为以分时走势为主要参考的交易体系使用。

分时走势中的盘中交易买点就满足两个条件。

第一，上一级别走势强劲，比如日线股价沿着10日均线甚至5日均线健康运行。

第二，30分钟走势中，股价不跌破10日均线便再次回升，则突破小的区间整理高点时是买点，或者在10日均线处出现阳克阴K线形态，也是买点；如果均线系统死叉，则股价跌幅不大，观察上一级别，股价未跌破均线系统，此时均线系统再次金叉，并伴随MACD指标再次金叉就是买点，买点也是以阳克阴K线形态来最终确认。

买点的形成均发生在回调或下跌中，这是对买点最根本和最客观的表述。万物盛极而衰，否极泰来，没有空方力量的彻底释放，多方力量的彻底占优，股价怎么涨呢？股价不会涨，自然就不会产生买点。当然，多空博弈也是个反复的过程，这是股市参与者的多元性决定的，即你当下做出买进决定，对于另一个人就可能是卖出决定。比如在某一个时刻，可能多方占据优势，而在另一时刻空方又占据优势，但把时间周期拉长，能发现多空力量的整体对比。这就可以解释，在明确的下跌走势中也会出现某一阶段的反弹行情，而在明确的上涨行情中也会出现回调走势。

古代两军对垒，即使一方力量再强大，也不能避免在某一次小的战斗中损失惨重。理解了这一点，便会消除很多疑惑。比如，既然买点是在下跌中形成的，那么当发现股价明确上涨，那岂不是不能参与了？这和顺势跟进岂不矛盾？其实这是对“势”理解上的缺失造成的。

“势”指的是大势。天下大势，浩浩荡荡，顺之者昌，逆之者亡。我们做股票首先看大势，也就是力量的主要方向。我们买股票，属于多方，那么跟着多方的大部队才能保护好自己，也才能获得利润。多方的部队越大，你越安全，获利的可能性越大，在股市中就是大的级别，比如从年线上看多方占优，这就是牛市周期，你在此时作为多方买进股票，自然赚大钱的概率要大很多了。以此类推，在季线上多方占优，在月线上多方占优，再或者在周线上多方占优，都属于对买进操作十分有利的环境，这就是大势，顺势跟进指的就是这个“势”。

在这个大势之下，任何回调结束时点都会产生相应级别的买点。比如，月线很明显是上涨，那么周线回调结束时点就是周线上对应的买点。再比如，大家产生疑惑最多的就是日线上涨良好，按照只有回调时才会出现买点的说法，岂不是不能操作了？其实你把K线走势图调整到30分钟或者5分钟，会出现很多回调结束时的买点，所以不存在追高买进的说法。我所说的不能追高买进，指的是不能在没有出现买点时追着买进。比如，一只股票从日线上看连续上涨，你此时买进，似乎在追高买进，但从30分钟K线走势上看，是在股价回调结束时买进的，所以不仅没有追高，还抓到了很好的买进机会。但是，如果无论从哪个级别上看，都不是在买点出现时买进的，那就有追高买进嫌疑了。

需要说明的是，操作级别的时效性是不同的，级别越低，时效性越短。比如5分钟K线走势的时效性肯定远远低于日线级别走势的时效性，所以5分钟级别上的买点只能对应于该级别走势。这就打消了另一部分人的疑惑，即“我确实是在5分钟级别上的买点买进的，但日线上该股却涨到头了，很快便大幅回落，不仅没赚钱，还站岗了”。5分钟级别上的买点必须要对应于5分钟级别上的卖点，或者低于该级别的卖点。因此，我们在寻找买点时，一定要根据自己的资金情况确定操作的级别。比如，一只个股日线上涨良好，操作时寻找次级别上的买点即可，即30分钟K线走势级别，且要注意分批操作，等收盘前最后确定时才能买进所有计划仓位，这是安全上的保障。卖出时要采用30分钟K线走势上的卖点，或者在进入该级别卖点产生区域时，在下一个级别，即5分钟K线走势，甚至是1分钟K线走势上的卖点上分批卖出。所谓卖点产生区域，指的是股价的实际走势与多空力量之间的对比出现背离，比如股价在继续上涨，但与邻近的上涨段相比，多方的力量明显减弱，这预示着卖点将出现，此时可以在更低级别中等待卖点出现后逐步减仓。

由上述可见，很多人对追高的误解是多么严重。日线上，股价涨势强劲，可因为涨幅较大，担心回调，而不敢所谓的追高，可是后来股价不仅没回调，还继续大幅上涨，这样的例子太多了。事实上，这样的股票是极好的标的，只不过买点不在日线上，而在30分钟K线上。正确的做法是，遇到这种股票，要在30分钟K线甚至是5分钟K线上等待买点出现。因为日线上的强劲上涨，对低级别的30分钟和5分钟K线是有安全保障的，这里的买点更易完成收益目标，尤其是在第二操作体系中！

买点问题解决了，卖点呢？

将资金与各级别合理匹配，并在各级别出现卖点或者持币状态时，卖出对应级别的匹配资金，这便是对最安全卖出操作的要求。

资金与操作级别如何匹配？可采用逐级减半的方式匹配。比如，日线级别为主要操作核心，以100万元资金为例，这意味着在日线级别的买卖点上可以动用100万元资金操作；30分钟级别的买卖点上可动用资金减半，即50万元；5分钟级别买卖点上可动用资金25万元，1分钟买卖点上可动用12.5万元资金。

所谓可动用资金，即该操作级别上，无论买进还是卖出资金或者筹码的上限。以卖出操作为例，日线级别为主要操作级别，目前持有100万元某股票的筹码，则卖出过程如下。

（1）1分钟级别上出现卖点，或者进入持币状态，则可卖出12.5万元的筹码。这很好理解，无论卖点还是买点都是从最小级别开始的。

1分钟级别出现回调，只要在5分钟级别上出现卖点前重新出现买点或进入持股状态，就可将卖出的12.5万元筹码买回；如果1分钟级别上出现骗线，筹码卖出后股价不回调，直接上涨，则卖出的筹码不买回，这也符合“拒绝补仓”的要求。级别越小，资金受市场情绪影响越大，出现骗线的可能性越大，但这不妨碍操作，小级别操作的目的就是为更大的资金寻找方向，1分钟级别上的骗线就防止了更大资金操作的失误。

只要5分钟级别上不出现卖点，1分钟级别上重新出现买点或者进入持股状态后，就可以买回12.5万元的筹码，哪怕重新买回的价格更高，因为我们要的是后面的上涨。

（2）5分钟级别上出现卖点或者进入持币状态，则卖出总计25万元的筹码。之所以说总计25万元，是因为此时肯定按照1分钟级别卖出了12.5万元，只需再卖出12.5万元筹码即可。

（3）30分钟级别上出现卖点或进入持币状态，则卖出总计50万元的筹码，或者再卖出25万元的筹码。

（4）日线级别上出现卖点或进入持币状态，可卖出总计100万元的筹码，此时便清仓了。

以上思路适合各操作体系。比如大资金将主要级别定在月线上，则可将资金匹配至周线、日线，甚至是30分钟K线走势上。大资金没必要继续向下匹配了，甚至30分钟K线走势都不需要匹配资金。一般情况下，不超过四个级别的互动配合便能很好地把握股价波动，有效完成收益目标。

第二操作体系中，30分钟K线走势为主要操作级别，5分钟K线走势匹配资金减半，1 分钟 K 线走势匹配资金为参与资金的四分之一，这样在卖出时，只要在相应级别上卖出匹配资金即可。操作过程如上，1 分钟级别上出现卖点或进入持币状态，卖出四分之一的参与资金。如果继续下跌，则继续卖出对应资金；如果不再下跌，则在出现新的 1 分钟级别上的买点时将卖出的筹码买回。直到最后 30 分钟级别上出现卖点或进入持币状态，清仓。

卖点就是第一类卖点，反应慢一点的可以根据持币状态操作，如果等到第二类卖点再操作，说明你需要进一步提高了。第一类卖点很好辨别，就是典型的顶背离或者标准的顶背离。很多散户在卖点出现时不愿卖出，幻想着股价继续上涨的特例出现，这是对操作体系不信任。按照上述方式，从最小级别的卖点开始，用匹配好的资金操作就能消除疑虑，哪怕真被骗了，也是在用极小的代价换取更多利润，怎么看都不亏。

需要强调，第二操作体系以 30 分钟 K 线为核心，对应的资金量不大，1 分钟级别上的买卖点有一定参与价值，但随着资金量的增加，最小级别上的操作意义越来越小，更多采用 5 分钟级别了。1 分钟级别上的买卖点转化很快，且很多骗线出现，操作失误在所难免，这不一定是因为自身能力不足，所以在操作失误后不能对该操作方式产生怀疑，那便得不偿失了。

卖点的安全性体现在从较低级别开始减仓，只要对减仓规模进行有效控制，就可以将平均卖出价格保持在相当高的位置，所以，在不同级别上只操作与之匹配的资金就显得尤为重要。同时，有了卖出的动作，就不会在股价快速下跌时，木讷地等待反弹后再卖出，因为心理障碍已被消除，继续卖出变得顺理成章了。此时担心的不是要不要继续卖出，而要注意防止卖过头，即在更高级别上还未出现卖点时便迫不及待地卖出更多资金，导致陷入主力所设陷阱，踏错股价涨跌节奏，甚至出现刚清仓股价便开始快速拉升的情况。要想解决这个问题，一定要明确仓位管理，严格执行资金与操作级别的匹配，面对不同级别上的卖点，只能减掉对应的仓位。进退有序才能立于不败之地，也才能在任何时候保持操作上的主动性。

五、资金管理

资金管理指买进卖出时对仓位的控制，目的是买进时能控制风险，卖出时能获得较高收益。

根据第二操作体系的特点，资金管理上买进时追求稳、准、狠，卖出时追求早、快、不留恋。

1. 买进时的资金管理

稳：第二操作体系以 30 分钟 K 线走势为主要依据，一天有 8 根 K 线，这本身就是在盘中不断变化的。目前我国仍实行 T+1 交易制度，当天买进后无法卖出，这与 30 分钟 K 线上的买点形成于当天的交易时间相矛盾。所以，“稳”字就体现在在盘中出现 30 分钟 K 线上的买点时，先行买进部分资金，这部分资金不超过计划买进资金的 50%，而且可以分几次买进。买点越明确，可买进仓位越高，直到收盘前仍确定买进有效，可将计划资金全部买进。

准：指买时要慢，等买进信号足够明确再动手。同时，参与操作的仓位要准确，不可有差不多的思想，这样很容易陷入被动。比如，当 30 分钟 K 线上的买点出现，第一笔可买进 20% 的仓位，这样就不用担心股价上涨后回不来，于是多买些，甚至全部买进，这都是不允许的。这个“准”字体现在对操作仓位的严格控制上，不允许心血来潮，即便出现第二笔买进价格远高于第一笔买进价格的情况。

狠：指的是收盘前买点明确后要敢于买进全部计划仓位，即重仓参与。重仓指的是总资金的 60%~80% 的仓位。第二操作体系本来要求的利润就少，只有 3%，很多股票一个波动就能完成，更何况我们操作的个股处于明确的上涨阶段，不参与整理阶段，这样股价大幅波动是大概率事件，重仓可以迅速实现目标收益。即便出现小概率的下跌情况，也可以迅速减仓，以期第二次机会的来临，因为有两个月的时间周期，这样的波动机会是极多的！

2. 卖出时的资金管理

早：指的是要从低级别的卖点开始减仓，如前文所述，在 1 分钟级别的卖点上便可展开减仓动作。一旦这个动作出现，当遇到股价一路下跌时，平均下来的卖出价格会很高。

快：指卖出时不拖泥带水，要坚决快速，不能有卖出后股价还会上涨之类的幻想。其实，由于控制了不同级别卖点出现时的不同仓位，即便卖出后股价出现上涨，也少赚不了多少钱，因为从市净值曲线上会很明显地看到，账户市值仍在稳步上升。

不留恋：一旦做出清仓处理后，不必再观察该股走势，哪怕之后一路高歌也无需留恋。如果该股确实仍有操作机会，比如日线及以上级别仍处于持股状态，那也是下一个操作周期的事了，与本操作周期无关。很多人出现的错误是在清仓卖出后看到股价继续上涨，认为卖错了，慌乱中再次买回，此时早已把买进信号抛到九霄云外了，更别说操作级别与资金的匹配了，恨不得全仓买回，甚至还要融资呢，这种错误必须要杜绝。清仓后，要么操作新的个股，要么继续操作该目标股，但都属于新的操作周期，即都要从头开始寻找买点，分步建仓，然后等待卖点出现，再及时减仓等，没必要对上一次操作流连忘返。

第二操作体系需要进行精细化管理，对买卖点和仓位的对应关系要烂熟于心，并争取不断提高操作精细度。对于小资金，这是必须经历的过程，可能有点辛苦，但过了这个坎，前途就一片光明。资金量增大后，就可以化繁为简了，因为你已经有了火眼金睛。资金量越大，操作级别越大，按照买卖点做起来越轻松，赚的钱越多。不过，这一切都需要熬过小资金量时的痛苦，需要练就真正的操作本领。第二操作体系需要你好好研究，并练好真正的本领。等本领学到了，你会发现，有些操作可以简化，可以合并，这是后话了。

第三节　第三操作体系

操作周期一个月，收益总目标为资产增值5%。

将操作周期分为四周，每周为一个考察周期，即衡量一周的操作效果，并进行总结。

一个月内总操作目标股完整交易次数不低于5次，每次收益1%以上。

每周至少完成一次完整交易，收益不低于1%。

操作中以30分钟K线走势为依靠，买卖点可参考5分钟K线走势，即30分钟K线走势处于持股状态，5分钟K线走势调整完毕，出现买点或进入持股状态时，可分批介入，等收盘前买点确认再重仓。

收益超过1%可随时清仓，如果股价正明确处于持股状态，可参考1分钟K线走势和5分钟K线走势中的卖点或者持币状态操作。

股票交易只有三种状态，即买进、卖出和持股等待。这里唯一产生风险的状态是持股等待状态。如果能将持股等待的时间缩短，无疑会大大降低操作风险。但是，利润也是需要时间来形成的，所以在持股时间和股价波动之间寻找到平衡，就成了不断降低风险，且能获得目标收益的重要课题。将每次交易的目标收益定为1%就很好地解决了这个问题，而且关键在于绝大多数股票几乎在每天的运行中都会有很多次这样的波动，所以也就缩短了持股等待的时间。选择好股票，精准把握买卖点，用一到两个交易日完成1%的操作目标，这是第三操作体系中的日常工作。当然，必须说明，如此短的交易时间只适合小资金操作，即能在买一和卖一立刻成交的资金。这里的小资金指的是交易资金，你可以理解为总参与资金，也可以理解为大资金交易中的小级别滚动操作资金。

两个月资产增值10%是实现财务自由的底线，任何操作体系的建立都以实现基本目标为出发点。建立不同的操作体系，是为了适配不同资金的操作，也为了让目标实现的可持续性更强。

第一操作体系，在两个月中只操作一只股票，通过资金管理来控制风险，这对于有一定资金量的投资者是不错的选择，因为不需要快速转身，对操作的灵活性要求不高，同时又能在绝大部分时候完成收益目标。资金量越大，其灵活性越差，所以第一操作体系是不可或缺的，甚至当资金量更大时，还要把以日线为操作中心，转换为以周线甚至月线为操作中心。

但是，毕竟一只股票受主力资金影响较大，甚至在两个月时间内无法出现有效操作的情况，比如波动幅度不大，甚至股价重心逐渐降低，尽管我们可以通过延长操作周期来最终等待上涨的到来，可这种被动的情况还是无法杜绝的。第二操作体系就很好地解决了该问题。

第二操作体系将每只股票的收益目标降低，但总收益目标不变，因为这是底线。两个月操作5只股票，或者有5次完整交易，每次交易的收益目标为2%。如此低的收益目标，任何一只股票都极易完成，这样就可以最大限度地避免参与调整阶段。收益目标降低，可以让操作的目标股范围扩大至每一只股票，甚至不必顾虑大盘环境，这就让完成收益目标的可持续性大大增强，即使在熊市中也可以完成收益目标。同时，将操作的主要级别定在30

分钟 K 线上，是因为在该级别上，大盘的环境几乎可以忽略了，只剩下自己对操作的把握，但是这个操作体系有个弱点，就是资金量不能太大，能够灵活转身。

第三操作体系和第四操作体系从另一个角度确保收益目标的完成，并保证它的可持续性。我们的底线是两个月收益 10%，如果我们将收益目标扩大，那么即便在操作过程中出现失误，也对最终目标没有影响，这就是所谓的容错空间。比如，我们尽力做到一个月收益 10%，那么这对实现两个月资产增值 10% 将是极大的保障，对最终实现财务自由也将是极大的保障。同时，这一做法，对目标实现的可持续性也是极大的保障。

愿望是好的，但要考虑实际情况，即能不能实现这个愿望。这就需要把你的目标定得合理。一个月赢利 10%，通过认真制订操作计划和建立合适的操作体系是可以做到的，即便做不到每个月增值 10%，操作得当也八九不离十，这对两个月资产增值 10% 是极有好处的。按照第三操作体系的交易方式，一个月实现 10% 的收益目标是很有可能的。当然，它也有必须完成的底线，那就是一个月 5% 的资产增值目标。

一、操作思想

提高资金周转率，提高操作准确率，完成 1% 的收益即可清仓，不得恋战，这是第三操作体系的最核心思想。

（1）提高资金周转率：指的是一周之内必须完成一次完整的操作，即便一只个股正处于明显上升过程中，也要在完成目标收益后出现卖点时卖出。若想继续操作，那就等待下一个买点的出现。

时间对于第三操作体系显得尤为宝贵，所以资金不参与任何可能出现的调整，即便是 5 分钟 K 线走势中的调整，宁可拿着资金等待出现买点，也不持股等待下一波可能的上涨。这是因为对于绝大部分股票而言，即便是 5 分钟 K 线走势对应的一波上涨，收益也能轻松超过 1%，所以不需要，也没必要等待很久。

实际操作中，因为我国实行的是 T+1 交易制度，所以只能在 30 分钟 K 线上出现买点后，再利用 5 分钟 K 线上出现的买点进行分批买进，直到收盘前买点确认再全部买进计划仓位。第二天按照 5 分钟 K 线走势上的卖点，甚至是1分钟K线走势上的卖点逐步减仓，直到全部卖出。如果第二天很快出现1%以上的涨幅，那么在出现5分钟K线走势上的卖点后要第一时间清仓。如果想继续操作，可在5分钟K线走势上的买点出现后再次分批买进，并在收盘前确认买点有效后全部买进计划仓位，如此周而复始。如果计划不再操作该股，可寻找新的目标，或持币等待该股将来出现的买点。

如果将来实行T+0交易制度，第三操作体系无疑将如虎添翼，因为只需按照5分钟K线走势便能在当日完成买卖操作，这样每日的交易机会可不要太多啊。如果能以30分钟K线走势为依托，将会为操作的成功带来极大保障。相信这种交易制度将来是会推出的。

需要强调的是，尽管在绝大多数情况下，一到两个交易日便能完成1%的收益目标，即第二天或者第三天即可卖出股票，实现1%的资产增值，但实际操作时仍需做好操作5个交易日的准备，以防止遇到意外时手忙脚乱。尽管一周时间很短，但由于按照30分钟K线走势和5分钟K线走势交易，因此相当于40天的交易时间，甚至是240天的交易时间，因为一周时间内会有40根30分钟K线和240根5分钟K线。在这么多的K线中，集中精力等待买点的出现，等待一波上涨，怎么可能完不成1%的资产增值呢?

（2）提高操作准确率：指的是在30分钟或5分钟K线走势中，买点确定后再买进，而完成收益目标后，只要有卖出信号产生的可能，就先行减仓，此时的操作可以参考1分钟K线走势的卖点操作。

在第一操作体系和第二操作体系中，由于操作周期较长，买进股票时可能在买点即将出现时便开始操作，留出了一部分时间提前量，这样即便股价出现下跌，由于存在资金仓位的控制，也可以在下一步操作中挽回主动权。在第三操作体系中不能留有时间上的提前量，也就是说，在买点没确认时不能操作。其实，30分钟K线和5分钟K线走势中买点出现得很频繁，如果你能选出三到五只股票进行跟踪，几乎每天都有买进机会，甚至如果参考5分钟K线走势，一天都有几次买进机会，所以不必担心等待很久的问题。

由于收益目标只有1%，在30分钟K线的明确持股状态中，5分钟K线上的买点是极容易产生向上波动1%情况的，应该说收益目标是很容易完成的。但是，由于一天有48根5分钟K线，相当于在日线级别上，今天出现买点买进股票，在48天内不能卖出一样，而这48天内，几乎肯定会出现卖点，为了避免当天买进，当天就出现亏损的局面，在盘中根据5分钟K线上的买点买进股票时，一定要分批建仓，直到收盘前才能将计划资金全部买进。

盘中建仓的目的是实现当天便有部分收益，为第二天实现收益目标并卖出打下好的基础，所以当天操作时一定要小心谨慎，宁可不操作，一旦决定建仓，要有极大的把握，这就是提高操作准确率的必要性。从实际操作角度看，在30分钟K线处于持股状态的保障下，下午寻低点出现的5分钟K线买点开始建仓，更容易实现当天收益目标，尤其是在下午2点30分之后。如果是当天上涨态势明确的股票，上午小单参与，下午加大参与资金量也是必要的。

（3）完成1%的收益目标即可清仓，不得恋战。这是第三操作体系的核心思想。

如果1%的收益目标完成后，股价正在上涨怎么办？那自然是继续持股了。但此时要特别留意1分钟K线和5分钟K线走势上的卖点，一旦出现定要减仓，或者清仓，绝不恋战。

如果1%的收益目标完成后，股价并未处于明显上涨途中，而是上涨态势不明显，或者上涨缓慢，则要立刻清仓，不必在意卖点是否出现。只要收益目标完成，提前卖出也是对的。1%的涨幅很小，股价略微波动这点利润就没了，所以当股价上涨缓慢或滞涨时，出现卖点后再卖出，可能利润要还回去了，目标任务就完不成了。实际操作中出现这种情况，很可能会想着再等等，待股价回升点再卖出，而这种想法往往就是噩梦的开始。在第三操作体系中，为了杜绝这种操作的出现，一旦出现1%的收益，定要坚决获利了结。这样的操作机会太多，也没必要留恋后面可能的收益，因为可以在其他地方再拿回来！

在第三操作体系中，卖出操作中完成收益目标的优先级高于一切，其次才是等待卖点的出现。在收益目标已经完成，卖点还未出现的情况下才可以持股等待卖点，但不得在等待过程中导致1%收益的丧失，一旦有出现此种情况的迹象，定要第一时间清仓，而不必等待卖点的确认。如果出现收益目标未完成，但卖点被确认的情况，那自然也是要减仓或者清仓的。

比如，当天收盘前买进所有计划仓位，但第二天股价开盘即下跌，没有给收益1%的机会，此时在5分钟K线或30分钟K线走势上出现卖点并被确认，就要减仓。如果跌势明显，则要先清仓，但是，这需要先确认在未来五个交易日内已经丧失了再操作的必要，否则不必清仓，而是减仓后等下一个买点的出现。只要在一周时间内能完成1%以上的收益目标就算完成任务，这也是底线。

秉持这样的操作思想，选股时一定要选出绝大多数情况下第二天有明显上影线的个股，这样才有机会。选出几只这样的股票，不管牛熊市，也不管个股处于什么阶段，都会得到非常理想的收益效果。当然，第三操作体系下，尽量避免做经常出现光头K线的个股，即便它处于明显的上涨阶段，这是它的操作方式决定的。

二、交易策略

精准把握买卖点，重仓参与。这里面的关键词是“重仓参与”，如果你不敢重仓参与，说明你对买卖点的把握还不够好。

有人对买卖点的精准性百般怀疑，认为只要买进，必然有上涨和下跌两种可能，不存在买进后一定上涨的情况，所以精准性是个伪命题。其实产生这个问题的根源在于对时效性的理解不够深刻。

时效性指的是不同操作级别上买卖点产生作用的时间不同。大级别上的买点时效长，小级别上的买点时效短。比如，月线上出现买点，它的时效性指的是下个月股价还会涨；1分钟K线走势上出现买点，意味着下一分钟股价会上涨，至于之后的股价走势，那就不确定了，需要重新分析，存在随时变盘的可能。这就是说，不同级别上的买卖点，只能影响下一根同级别K线的运行方向，时间越靠后，效力越弱。很多人觉得出现了买点，刚买进，股价还没涨多少就开始下跌，于是说这样的买点不准确，是错的，其实，这么认为的人才是错的。

那么为什么有的买点出现后便会出现一波较大的上涨，而有的买点出现后很快就开始重新下跌？这其实是不同级别共振产生的效果。比如，日线上出现买点，买进后股价出现了一波大幅上涨，其实你回头看就知道，这是因为其他级别上的买点与日线上的买点形成了共振，比如周线上也出现了买点，或者30分钟K线上也出现了买点，甚至是5分钟K线上也出现了买点等等。反之，可能是其他级别上出现了卖点，或者即将出现卖点，导致股价涨得不多。

那么股价有可能出现精准的买卖点吗？自然是有可能的。它的理论基础就是我说的牛顿第一定律和多空力量的对比。牛顿第一定律原本描述的是物体的运动，其实思维方面也符合牛顿第一定律，多空力量其实和牛顿第一定律中的外力没什么区别，只不过一个作用在具体物体上，一个作用在股票上而已。

举个例子，往大了说，“天下大势，浩浩荡荡，顺之者昌，逆之者亡”不就是牛顿第一定律的表现吗?！社会运动一旦形成了趋势，短期内很难改变，直到这种趋势被新的趋势所代替。往小了说，你一旦对一个人形成了一种印象，那就很难短期内改变，可能需要经过很长时间才能改变你的原有印象。比如，你认为一个人是坏人，那就需要这个人在很长时间内做过很多好事才能改变你的想法。反之，你认为一个人是好人，那么只有这个人做了很多坏事，你才会改变印象，这就是思维上也遵循牛顿第一定律的表现。

股价的运行是多空力量博弈的结果，一旦多空力量间产生不平衡，比如多方开始占优，那么这个占优的结果一定会持续一段时间，直到空方重新开始占优为止，这本身也是在遵循牛顿第一定律。这种博弈的根本来源是交易者的思维。交易者的思维是有惯性的，这种惯性思维会导致买卖行为上的惯性，会使记录买卖行为轨迹的 K 线运行也有了惯性。多方占优，表现为阳线，意味着下一个交易日多方还会占优；空方占优，表现为阴线，意味着下一个交易日空方还会占优。精准买卖点就这样产生了。

有人会说，你看实际操作中，今天收阳线，明天收阴线的情况并不少，怎么解释？其实，只需拿起放大镜，看看这根阳线产生的过程，从更低级别看这根阳线上多空力量的对比。在这根阳线产生的过程中，多空力量对比已经开始逆转了，第二天收阴线也就不足为奇了。合抱之木，生于毫末。在 1 分钟 K 线、5 分钟 K 线或者 30 分钟 K 线已经被空方逆转的情况下，第二天收阴线无可厚非。当然，这些说法都是排除突发情况的，比如，前一天涨得很好，突然之间出现大利空，股价直接跌停，这不属于此列，我们只讲正常走势。还有种情况是股性使然，即资金故意在小级别上利用影响力调控股价表现，这样会无故产生低开低走，所以在选择股票时要避开历史走势中经常出现低开低走的股票。如果把操作级别放到周线，甚至是月线上，那么这种突发情况，或者受资金影响的现象就不再出现了。

在第三操作体系中，最大级别是第二周的股价走势，一般只关注到第二或第三个交易日多空力量的对比情况，甚至，我们只关注第二天开盘后的第一根30分钟K线。如果周线上出现买点，那么周五收盘前买进后，第二周一定会给完成收益目标的机会，但是这样的股票不好找，不会很多。寻找日线上出现买点的个股占了操作的一大部分。这样的股票要有30分钟K线和5分钟K线走势的配合。也就是说，日线上形成的买点，要同时满足30分钟K线上多方也占优的条件，甚至5分钟K线收盘前也表现出占优的态势，这样才能确保第二天会有上冲的动作，也就是出现多方惯性占优。如果30分钟K线和5分钟K线在收盘前表现为空方占优，那么即便日线表现为多方占优，也不便操作，因为这样的股票第二天收阴线是很可能的。当然，有一个例外，就是经常出现长上影线的股票。这种股票只要收盘前买进，第二天总会给出卖出获利的机会，即便不是上午，也会是下午出现向上拉升，这是主力的性格决定的，我们可以跟着积极参与。

何为多方占优？均线系统金叉，或者处于持股状态初期都是这种表现。至于在某一级别上已经较长时间处于持股状态，那就要谨慎，因为物极必反，重新进入持币状态并修整技术指标是必然的。

三、选股思路

从周线开始到5分钟K线，选择出现共振的股票，即都出现买点的股票，这是最理想的情况。其次是日线及以下级别形成共振，再次是30分钟K线和5分钟K线出现共振，且日线要处于持股状态。

如果无法形成共振，则小级别要服从大级别。比如，周线上出现买点，日线及以下级别即便没与之形成共振，也可买进，但可能会遇到下周一甚至周二股价下探的煎熬，最终会因为周线上多方占优而出现上冲动作，使1%的收益目标得以完成。

周线上出现买点意味着下一周多方仍会继续占优，即便最终收出阴线，也会是冲高回落的阴线，也就是说，第二周的前半周会有上冲的机会，这对于只要1%波动收益的第三操作体系来说足够了。所以，如果发现从周线级别开始，以下各级别出现买点的共振，只要在周五收盘前仍成立，一定买进，且可重仓一次性买进，第二周等着收割就行。

第三操作体系以5分钟和30分钟K线为操作核心依据，以周线上的买点为安全保障，更重要的是，周线上出现买点的股票比比皆是，任何一周都有，且很多，不存在无股可买的情况。

周五买进后，下周一或周二即可完成1%的收益目标。之后的时间干吗？自然是利用30分钟和5分钟K线继续操作，这就是大部分的日常工作了。由此看出两者之间的不同分工，周线上的买点确保了第二周收益目标的完成，而平时的操作就变成了锦上添花，无论从操作心态还是操作手法上都变得更从容，准确率也大大提高。

第三操作体系中，周线上满足买点要求的股票非常多。这里需要说明，不同操作体系对买点的要求不尽相同，这与该操作体系的操作级别和收益目标相关。比如，第一操作体系是两个月时间，周线上的买点要求在未来两个月内有一波明显上涨的可能，这也与其10%的收益目标相适应，而第三操作体系中，只要求第二周有1%以上的收益即可，所以买点的形成条件就不同了，具体如下。

（1）周线收阳线，且上影线不能太长。

阳线是多方占优的直接体现，意味着下周至少多方仍会占优一段时间，为完成1%的收益目标打下基础。上影线不能太长，不长表示空方的压力不大，这为下周股价继续上涨提供了保障；如果上影线较长，说明本周后半周空方打压得厉害，那么下周前半周就有继续打压的可能，这会为完成收益设置一些障碍，应尽量避免。

（2）成交量要放大，最好股价处于近期放量过程中；如果不是，也要至少保证本周放量明显。

成交量不放大第二周就不会上涨吗？当然不是。成交量放大，意味着股价波动幅度较大，股性活跃，那么第二周上涨的幅度可能远大于1%，既然如此，能有多赚钱的机会不好吗？!

其次本周成交量放大，意味着至少下周会有强劲力量继续上冲，因为多方占优，甚至还可能是股价大幅上涨的启动点，至少这为下周完成1%的目标提供了充分保障。

（3）周线上5日均线由下跌开始走平，阳线站上5日均线；MACD指标绿柱开始变短或者红柱开始变长。对于持币状态中形成的周阳线拒绝参与。有人说，这可能会错失一些抄底机会，确实会。不过，第三操作体系本来就不需要抄底，是赚1%就可以离场的操作体系，安全性和准确率摆在首位。

如果股价处于上涨趋势中，回调到重要节点处出现阳线，可以适当放宽对上述第三点的要求，积极买进。比如，在周线上上涨趋势形成，股价调整到10日均线企稳，此时即使5日均线正在下跌，也可以买进。这样的股票上述第一条件和第二条件是满足的，而在重要节点处的阳线往往意味着新的上涨行情的开始，至少第二周完成1%的上涨是没问题的，值得大胆参与。

需要强调，从周线级别观察个股能否参与，站在第三操作体系的角度，必须要满足该股历史走势中周线级别绝大多数时间会向上波动超过1%，否则不参与。

除了观察周线级别K线，日线及以下操作级别上的买点共振，才是平时个股操作的主要依据。日线和周线不同，受资金流动影响较大，而这种资金的短期流动又受主力的主动控盘影响，这会导致日线上的单一买点不足以促使股价上升，要看日线形成的过程。如果日线形成中多方仍旧占优，才有更高的参与价值。

日线上具体选股时满足如下要求。

（1）10日均线由下跌转为走平，日线以阳克阴的形式站上10日均线；如果股价处于上升趋势中的回调，则在周线级别上股价不能跌破10日均线便企稳回升。再或者股价在上升途中，调整到10日均线附近便再次出现阳线，这都是买点。

（2）30分钟K线当天最后一根是明显的阳线，或者连续两三根是阳线，这才表明多方明显占优，并有望在第二天延续这种态势。

（3）5分钟K线上当天最后三根形成阳线，这种多方占优的走势在第二天多数会形成开盘即上冲的表现，对于及时完成1%的收益目标十分有利。

（4）上述第二个和第三个条件满足后，日线级别上的MACD指标不能处于下跌状态，如指标刚死叉，或者处于加速下跌状态。如果MACD指标处于刚金叉、上涨运行中，或者绿柱在明显缩短，则是重点参与目标。

最后，所选个股在历史走势中，必须有尽可能多的长上影线。这虽然不是什么买入条件，但却是第三交易体系中最重要的选股条件。每一只个股背后都有主力资金参与，只不过不是时时参与而已。主力资金的每一个操盘手也都有自己的习惯，这就形成了股性，了解了股性就能跟主力形成对话。对于第三操作体系而言，上影线就是我们源源不断的利润来源。这一点纯粹是第三操作体系的要求，其他操作体系没有此类要求，这也是该操作体系只需要1%的波动利润所形成的特点。

基于此，那些经常出现开盘即下跌，甚至当天走势很好，没任何缘由第二天开盘即回落，没上影线或者上影线很短的股票，即便处于上涨期，也要谨慎参与。当然，这只是说谨慎用第三操作体系参与。这样的股票用第一和第二操作体系参与还是很好的，所以不同的操作体系对应不同类型的个股，这样做起来才得心应手，利润才能足够稳定。

除周线和日线外，30分钟K线和5分钟K线形成买点共振，是最直接的买点。

当日线上的买点被错过，股价已经处于日线级别的持股状态，可耐心等待其30分钟K线上的买点，并在收盘前确认5分钟K线处于多方占优的情况下买进。这类股票基本在第二天都有上冲的机会，获得1%以上的收益也是大概率事件。同时，由于日线处于上涨中，即便第二天盘中股价回调，也不必急于卖出，把操作周期放在5个交易日上，通过资金的灵活调度也定能实现收益目标。

需要强调，操作股票绝不是一锤子买卖。买进后第二天完成收益目标当然是好事，如果完不成，只要在操作周期内完成就可以。所以任何一笔交易都要有整体规划，先做好操作整个周期的准备，若提前完成，属于额外惊喜。这叫不打无准备之仗。

30分钟K线上的买点满足如下条件。

（1）日线级别上出现第一类买点、第二类买点或者第三类买点，或者日线级别上均线系统多头排列，再或者日线级别满足上涨中的交易时段买点的两个条件。

交易时段买点指三类买点错过后，在股价运行期间所产生的买点，虽然不是最佳买点，但也为次级别操作提供了安全区间。这两个条件前文中有说明，简单来说就是均线系统死叉后，股价跌幅不大就企稳回升，出现阳克阴K线形态，同时对应的MACD指标也出现金叉；或者股价回调，但不跌破10日均线就开始回升，出现阳克阴K线形态，均线也不出现死叉，只是两条均线接近、触碰。

（2）30分钟K线走势中出现第一类买点、第二类买点或者第三类买点，再或者满足交易时段买点的两个条件。同时，MACD指标在0轴附近或者0

轴以下出现金叉，这是重要的参考依据。有时会出现 MACD 指标红柱重新变长的情况，这在股价处于明显上涨过程中容易出现，也成为买点形成的条件。

如果上述买点错过，但均线系统多头排列，走势良好，说明买点在次级别上，即 5 分钟 K 线走势上，可在降低仓位的情况下在 5 分钟买点上操作，或者就耐心等待 30 分钟级别上的买点出现。

上述条件顺序不可逆，日线级别满足要求的情况下再寻找 30 分钟级别上的买点，这是先大后小分析的内涵。如果 30 分钟级别上出现买点，但日线级别不满足条件，则一票否决，这是安全获利的关键。

30 分钟 K 线变化太快，不可按照一根 K 线反映的多空力量对比进行交易，这与交易制度和级别时效性有关。30 分钟 K 线反映的多空力量对比只适用于下一根 30 分钟 K 线，甚至还可能在下一个 30 分钟中形成多空力量的逆转，而我国实行的是 T+1 交易制度，一旦发生多空逆转，我们无法立刻卖出，除非将来实行 T+0 交易制度，才能进行日内回转。即便如此，考虑到交易费和 30 分钟 K 线上的股价波动幅度较小，也不适合买进后立刻准备卖出的操作。因此，我们在利用 30 分钟 K 线进行交易时，考虑的是之后若干根 K 线可能的走势，这也是我们要把日线处于上涨阶段作为操作保障的原因。比如要考虑两个交易日，即 16 根 30 分钟 K 线，或者 5 个交易日，即 40 根 30 分钟 K 线，如此将会形成 30 分钟 K 线中一个大的运行波段了，在操作中就要考虑资金的管理和仓位的分配，这就相当于日线级别上近两个月的操作周期。

四、买卖点的选择

第三操作体系的关键点在于卖出，买进操作和其他操作体系无本质区别，买点也都是在多方明显占优的情况下出现的，但是卖出操作不仅仅要看卖点，更重要的是要在 1% 收益目标完成后，随时准备卖出，此时卖点排在次要位置。除非股价处于明显上涨中，且收益已经远超出 1% 的目标，这时可根据卖点进行操作，利用多出来的利润去博取更大的收益。但减仓也要从 5 分钟 K 线，甚至是 1 分钟 K 线上所出现的卖点开始，打好减仓的提前量。

卖点具有如下特征。

（1）均线系统多头排列，这是所有卖点产生的先决条件。均线系统指的是5日均线、10日均线。

在操作中，一定要分清股价所处的阶段，简单来说股价只处于两个阶段，一个是买进阶段，另一个是卖出阶段。买进阶段指的是均线系统由长期下跌转为走平，这是第一买进阶段，也就是第一类买点出现的阶段。第二买进阶段指的是均线系统多头排列初期，股价回调到关键节点处，比如上涨前的区间整理平台上沿附近，或者不创新低便企稳，这是第二类买点出现的位置。

这句话适用于任何操作级别，即只要满足上述条件，就可能产生该级别上的第一类买点和第二类买点，与更大级别处于上涨阶段还是下跌阶段的尾声无关。比如，日线级别股价涨得较高了，但30分钟K线上仍会出现第一类买点或者第二类买点，这是日线级别鼎盛期常见的现象。买进和卖出是对应操作，需要在同一个操作级别上完成，比如买进按照30分钟K线走势，对应的卖出也要在30分钟K线上完成，这指的是清仓。实际操作中，减仓阶段要低于操作的主要级别，也就是说，按照30分钟K线买进的，可以在低于30分钟K线的级别上提前进行减仓，并在30分钟K线级别完成清仓。这样，即便日线上涨得较高的股票，也不影响分钟级别的操作。

另一个是卖出阶段，也就是均线系统多头排列后，股价就进入以卖出为主的阶段，可以以你操作的级别为清仓依据，但要以较低级别为逐步减仓的依据。卖出时，可以从低级别开始，只要严格执行资金与级别的匹配即可，如此可以将平均成本卖在较高价位，同时也不至于错过股票的主要涨幅。

（2）30分钟K线上，股价跌破5日均线，且5日均线由向上转为走平为减仓信号；10日均线由向上转为走平，股价跌破10日均线为清仓信号。此时多数情况是5日均线死叉10日均线，标准的第一类卖点产生。

在股价跌破5日均线之前，一般会出现K线卖出形态，这也是减仓信号，但这个信号放在次级别股价走势中更容易把握。比如放在5分钟K线走势中，股价也会出现依次跌破5日均线和10日均线的情况，所以仍可按照跌破5日均线减仓、跌破10日均线清仓的纪律进行操作，不同的是，减掉的是与5分钟级别匹配的筹码。

比如，100万元资金买进后，完成了1%的收益目标，但股价还在继续上涨，那么可以继续持股。当30分钟K线上，股价出现滞涨，5日均线由上涨转为走平，在股价跌破5日均线时，可以卖出50%的仓位，当股价跌破10日均线时全部卖出。此过程中必须确保1%收益目标完成，这是第一位的，是最高优先级。如果股价跌破5日均线时卖出会损失掉1%的利润，则不能按此操作，必须提前卖出。

在这个操作中，可注意观察5分钟K线走势，这样可以提前减仓。

按照资金与操作级别的匹配关系，以30分钟为主要操作级别，则5分钟级别对应的可操作资金为半仓，所以按照上述方法，可表述为：5分钟操作级别上，在1%收益目标完成的情况下，股价仍继续上涨，则在5日均线由上涨转为走平，股价跌破5日均线时卖掉半仓，此时对应的为25万元筹码，跌破10日均线时卖掉全部5分钟级别匹配的资金，即50万元筹码。

因为是卖出操作，所以这种操作方法可以继续延伸到1分钟操作级别，对应的资金是25万元。在1分钟级别上，5日均线由上涨转为走平，股价跌破5日均线卖掉12.5万元筹码，跌破10日均线卖掉总计25万元筹码。

如上操作便能在确保1%收益目标完成的情况下，抓住股票出现的大涨机会。由此可见，卖出信号实际上就此两种，跌破5日均线减仓，跌破10日均线清仓，不同的是操作级别不一样，减持的仓位不同，这样简单且极易执行。若将此条件统一，就是第一类卖点，在各级别上条件相同。

上述操作条件已经量化，很容易执行。操作熟练后，学了第一类卖点的产生条件，便可以在顶背离时卖出筹码，那是比跌破5日均线更提前的卖点，每个操作级别都如此。

（3）当MACD指标与股价运行之间出现明显背离时，减持仓位要加大，甚至要提前清仓。

这是辅助判断。股价在下跌时，必然要经历前面两点所述的减仓过程，但不一定必然出现背离走势，所以这只能作为辅助判断。但是，只要出现背离，股价下跌的态势更确定，如此，当股价再次跌破5日均线时要加大减持仓位，甚至清仓都可以。

第三操作体系对盈利目标的要求只有1%，它的核心诉求是准确率和效率，目的是积沙成塔，且不受大环境的束缚，使完成最终收益目标的可持续性大大增强。

如何提高准确率，如何在较短时间内完成1%的收益目标是第三操作体系的核心诉求。提高准确率要求所有买点必须足够明确，宁可错失买点，也绝不在有任何疑虑时操作。效率指的是完成收益目标所需的时间要尽可能短，以使资金得到有效周转。这两个要求在第三操作体系中可以很好地统一，这就是提高准确率和资金使用效率，每一种操作体系都有要求，实际操作中却很难达到的原因。

比如，第一操作体系中，以日线为操作依据，操作周期为两个月，收益目标是10%，那么实际操作中，如果提高准确率，买进后只考虑第二天是否上涨，即便做到了，除非第二天直接涨停，完成收益目标，否则不能确保第三天股价不会下跌，如果股价之后开始下跌，那么准确率也就不存在了，资金效率也谈不上了。如果第二天上涨后卖掉，换股操作，或者等待机会再次操作该股，以便提高资金使用效率，那就不再是第一操作体系了，又成了第三操作体系。这样，第一操作体系的优点无法发挥，即可以参与较大资金，获取较大波段收益，甚至可以获得额外的丰厚收益。

所以，不同操作体系的诉求不同，对应的操作必然迥异。第三操作体系可以提高准确率和资金使用效率，可以积小胜为大胜，但参与的资金不能太多，因为需要灵活操作，大资金无法迅速转身。第一操作体系对准确率要求不高，对资金利用率也不苛刻，所以可以使用较大资金，通过资金管理降低操作风险，并能获得主要波段的收益，甚至能抓住大牛股，实现远超过10%的资产增值目标。

提高准确率，对买点做如下要求。

（1）日线级别上，股价处于明确上涨过程中，表现为股价沿着10日均线或者5日均线稳步上涨，同时均线系统多头排列，即处于持股状态。

只要满足上述条件即可参与，无论股价处于低位、中位还是高位，因为我们只需要第二天赢利1%。需要注意的是，如果股价处于低位，第二天没有实现1%的收益，我们可以再等两个交易日，但如果股价处于中高位，第二天股价冲高，未实现1%的收益时，要卖出，不得恋战。正常情况下，股价在中高位处于加速上涨过程中，更容易实现1%的收益目标，甚至还经常超额完成，即便股价开始下跌，也多数为冲高回落的下跌，能为卖出提供充足的时间。那种在高位出现低开低走走势的股票极少见。当然，在选股时，如果历史记录中经常出现高点由低开低走的K线组成的情况，要拒绝操作。

（2）K线是阳线，中大阳线更好，同时伴随放量。放量指的是处于较大成交量水平，并不是一定要比前一日成交量大。

同样，此条件适用于股价的任何位置。由于要求第二天的收益目标只有1%，只要出现该条件，绝大部分情况下第二天都有上冲机会，甚至超额完成收益目标。但是也必须指出，那些经常出现低开低走，甚至开盘即下跌情况，没有上影线的个股，不适合这个操作体系。

对于中低位的股票，要把操作时间放在五个交易日内，确保 1% 收益目标的完成。但是处于高位的股票，第二天如果开盘半小时内无法出现 1% 以上的涨幅，则要逢高卖出，等待机会换股操作，或者在收盘前再买进该股。

（3）MACD 指标处于明显的上升过程中，不能出现背离或高位钝化。这个条件是辅助性的，不能保证第二天股价有上冲机会，但会确保未来五个交易日内有上冲至少 1% 的机会。

此三个条件要同时满足，如此以收盘价买进，第二天获得收益的可能性极大，即买点的准确率非常高。如果能配合 30 分钟 K 线采用逐步买进的方式，则会进一步提高完成收益目标的可靠程度。

提高资金使用效率，可从如下几方面入手。

（1）一周内必须完成一次完整操作，无论是否实现收益目标。这就要求只做日线上处于上涨过程中的股票，且从 30 分钟 K 线的角度落实具体操作。

（2）随时准备减仓，可凭借 5 分钟 K 线上的卖点减仓，30 分钟 K 线结束上涨时一定要清仓。比如，股价跌破 5 分钟 K 线中的 5 日均线时开始减仓，跌破 30 分钟 K 线中的 10 日均线时要清仓。

（3）股价未如期上涨，出现下跌，则要立刻清仓。比如，第二天直接低开低走，则要在反弹不创当天新高时，执行清仓操作。如果股价处于中低位，至少要减一半仓位。即便把操作计划定在 5 个交易日，出现这种情况也要减仓，以便保持主动，这也是提高资金使用率的有效方式。

卖出操作是所有操作的核心，也是最终目的。任何一只股票，当你在操作时必须想好如何退出，且无论是否赢利，只要满足预设的退出条件，必须执行退出操作。

无论怎么强调卖出操作的重要性都不为过，卖出操作只基于当下走势，不存在幻想。卖点出现，决定了当下的操作是卖出，至少是减仓，不必考虑将来股价可能的走势。卖出操作一旦完成，意味着原有操作周期结束，至于有没有新的操作周期，何时展开新的操作，都与卖出操作无关，这一点和买进操作完全不同。买进操作是一个操作周期的开始，必须要考虑股价未来可能的走势，并通过仓位管理来提前化解可能出现的风险；卖出操作只考虑当下，这是最容易让人产生犹豫的地方，所以必须从一开始就要养成坚决果断的习惯。只要满足卖出条件，先卖出，至于后面能不能继续操作，那需要制订新的操作计划。如果股价未跌，满足条件进行新的操作，那就制订新的操作计划即可。从这个角度讲，卖出时确实不必过分担忧和犹豫。

五、资金管理

第三操作体系的资金管理有两种方式：第一，全仓买进，全仓卖出；第二，将资金按级别匹配后，严格按照不同级别的买卖点进行交易。

站在总体资金的角度，级别匹配资金就是分批买进或者卖出，但从各级别角度看，也属于全仓买进或卖出。特别提示，这与众多散户的交易习惯形成了统一。很多散户不赚钱，一大重要原因就是做一锤子买卖，全仓买进或卖出，这会出现各种“贪嗔痴慢疑”的情况。如果你能把资金与级别进行匹配，在各级别上进行一锤子买卖交易，就能彻底解决资金管理的问题。

第三操作体系以 30 分钟为主要操作依据，在周线和日线满足操作条件的情况下，下午 2 点 30 分到收盘的半小时，等待 30 分钟级别满足买进条件，并在确认买点的情况下，以不高于收盘价的价格全部买进，之后等到第二天或者第三天有超过 1% 的收益机会时全部卖出。这是小资金的优势，很灵活，不存在无法交易，或者需要打低价格才能卖出的情况。

将资金与各级别匹配，并按照各级别上的买卖点进行买卖，这很好理解，也容易把握。任何高级别的买点或者卖点都是从低级别开始的，所以，在周线和日线级别满足操作条件的情况下，当 30 分钟级别上有买点迹象时，可观察 1 分钟和 5 分钟 K 线上的买点，并按照与之匹配的资金依次买进，此种操作都发生在 2 点之后。卖出时，在完成 1% 收益目标后，可按照 1 分钟级别的持币状态、5 分钟级别的持币状态依次卖出。如果 30 分钟级别的持币状态不影响目标收益，也可在 30 分钟级别出现持币状态时清仓，否则就要提前清仓。

具体资金管理可参考如下内容。

1. 买进

（1）第一，日线级别处于持股状态，上涨良好，股价跌到5日均线或者10日均线处止跌企稳，以阳克阴K线形态为标志；第二，在30分钟K线上出现三类买点或者满足交易时段买点的两个条件，比较明显的特征是股价进入持股状态，均线系统金叉。此时在收盘前，以不高于收盘价的价格全部买进。这里使用的是5日均线和10日均线组成的系统。如此，各操作级别上的买点和卖点需要的条件就完全统一了，即仅需要5日均线和10日均线组成的均线系统与MACD指标配合就实现了各体量资金的交易。

（2）将计划操作的资金与30分钟级别、5分钟级别、1分钟级别匹配好，并在下午2点之后，依次根据三个级别的买点按匹配好的资金量买进。比如，想买进50万元，则30分钟级别可动用50万元资金，5分钟级别可动用25万元资金，1分钟级别可动用12.5万元资金。

第一，周线级别和日线级别具有可操作条件，此时观察30分钟级别上有买点出现的迹象，比如，均线系统即将金叉，MACD指标也即将底部金叉，但都没有最后确认。此时，先观察1分钟级别走势，当1分钟级别上的买点确认后，买进12.5万元资金。

第二，观察5分钟级别，如果该级别上也出现买点，则买进总共25万元资金。但如果股价下跌，该级别上未出现买点，则不能加仓买进。

第三，收盘前，如果30分钟级别上确认了买点，则将剩余的25万元在收盘前以不高于收盘价的价格买进。当然，如果股价未涨，30分钟级别上的买点是不会得到确认的，则剩余的25万元资金自然不能买进了。

买点的条件很简单，即均线系统金叉，MACD指标在底部区域金叉，两者缺一不可。

当仓位全部买进后，从第二天开始就进入卖出阶段。一旦收益目标完成，则要随时卖出。若涨势明显，则要注意依5分钟甚至1分钟K线上的卖点进行减仓。

2. 卖出

卖出应该是所有操作的最终目的，也是绝大部分时间应该做的动作，所以我把做股票定义为“几乎所有时间都在卖出或者准备卖出”。

（1）第二天或者第三天，1%收益目标完成，则全部卖出。

（2）1% 收益目标已完成，但股价仍处于 30 分钟级别的持股状态，上涨态势明显，则按照如下方式管理资金（减仓）。第一，1 分钟级别上出现卖点，卖掉 12.5 万元的筹码。第二，如果股价下跌，则 5 分钟级别上的卖点出现，继续卖出总计 25 万元的筹码。如果股价上涨，则 5 分钟级别上的卖点不会出现，自然不用卖出，需要等到 5 分钟级别上的卖点产生时再卖出总计 25 万元的筹码。第三，5 分钟级别上出现卖点后，如果股价下跌，则 30 分钟级别上的卖点会出现，则卖出剩余筹码，前提是不能影响 1% 的收益目标。如果 30 分钟级别上出现卖点，可能会影响 1% 的收益目标，则要提前卖出。确保收益目标实现是最高优先级。如果股价上涨，则 30 分钟级别仍处于持股状态，需要等到出现卖点时再清仓。这样可以获得更多利润。

卖点的条件也简单：均线系统死叉，MACD 指标高位死叉。均线系统优先级高于 MACD 指标。如果股价和 MACD 指标配合出现顶背离，则不需要等到均线系统死叉，就要卖掉相应级别筹码。所谓的顶背离，是指股价创新高，MACD 指标未创新高，甚至已经死叉。

上述减仓策略是标准，在实际操作中需要更精细化，对一些经常出现的情况做特殊化处理。比如，股价上涨过程中的第一次回调，绝大部分情况下不是真正回调，还会有新的高点出现，即便不再创新高，也有足够的卖出时间。

所以，在不影响收益目标的情况下，各级别出现上述情况时可以观察一下，也许会有意外收获。如果回调幅度影响了 1% 的收益目标，则坚决清仓。还有一种情况，股价上涨很快，幅度很大，这时第一次回调就可能是真正的回调，需要在回调出现后的第一根 K 线处坚决减仓。各级别都如此。

在实际操作中，均线多头排列后第一次死叉，可能会出现第二类买点、第三类买点或者是交易时段的买点，需要密切注意，这可以成为下一次操作的重点观察目标。

（3）资金买进后股价未上涨，目标收益未完成。第一，亏损之前及时卖出，这是理想状态。第二，已经出现亏损，则可将其转化为第二操作体系，用两周时间获取 3% 的资产收益，因为有周线和日线级别的安全保障，这个目标收益是可以完成的；或者，卖出股票，但需留 100 股，继续按照第三操作体系，等待下一个买点出现，只要在未来一个月中实现 1% 的收益目标即可。有日线级别和周线级别的操作条件，30 分钟级别上的回调都是暂时的。

上述减仓方式属于 1% 收益目标完成后股价继续上涨所采取的资金管理方式，这样可以获得更多的利润。如果收益目标没有完成，多数情况下可以转化成第四操作体系或者第二操作体系，所以，为了能百分之百实现两个月 10% 的收益目标，在买进股票时，无论计划采取哪种操作体系，都要考虑转化成其他操作体系的可能。这就要求买点必须绝对安全，即在周线和日线上要处于上涨初期，或者出现大周期买点，这时再选择 30 分钟 K 线上的买点。这样未出手已然成竹在胸。

第四节　第四操作体系

一、操作思想

第四操作体系进入股票操作的微观世界，每次赢利超过 0.5% 就算完成目标。0.5% 是股价波动最易达到的幅度，这意味着该收益目标也极易完成。积少成多，积沙成塔，如此，每个月完成 6% 的收益，两个月完成 10% 以上的收益就变得很简单。更重要的是，这种操作将使投资者逃出樊笼，不受牛熊市影响，从而让完成收益目标的可持续性大大增强。复利是股市操作的最大威力，而赢利的可持续性是实现复利的唯一途径。唯一的就是最好的。

风起于青萍之末。任何操作都必须能从最细微处解决问题，然后才能逐步放大，从而解决更多的问题。第四操作体系就像盖高楼的一块砖，无论你采用什么操作体系，都起源于这块砖；无论你的操作思想是什么，都脱胎于这块砖。否则，你的操作体系和操作思想都不牢靠，在楼房垮塌的那一刻，你都不知道为何垮塌。那样，无论你曾经赚过多少钱，只要你不离开股市，最终都必然归零，甚至还要倒贴。

如果你想赢利 10%，要先保住这 0.5%。只有赚到 10%，才可能赚到

100%；十个100%便能实现财务自由。所以，一切的盈利都从这0.5%开始，这也意味着在操作中，当你的收益超过0.5%时，随时可以卖出，获利了结。同时，这明确地告诉你，如果你的盈利从超过0.5%的某个幅度跌落，那么这0.5%的收益将是你的底线，无论多么不甘，都必须卖出。

不必有不解和疑问，每个操作体系只解决某一方面的问题，因此必然会有适用范围和使用条件。第四操作体系不适用于大资金，因为你想卖出时，恐怕无人接得住盘，只能看着股价不断滑落了。基于此，大资金必然适用于较大级别，对应的收益目标自然也提高很多，因为大资金需要一定的股价波动幅度来完成出货。但是，大资金不意味着不做滚动操作，滚动操作是降低持仓成本，获取超额收益的最佳手段。在滚动操作时，第四操作体系仍会派上用场，这就是所有操作体系都起源于此的佐证。

如果把第四操作体系的思想推而广之，放在月线操作上，会发现大资金也可以理所当然地使用。第四操作体系的具体实现是以当日收盘价买进，第二天上冲超过0.5%卖出，如果用在月线上，那么以当月收盘价买进，次月收益超过5%卖出，要知道，一个月向上波动5%也是极常见的事。当然，无论多么常见，也并不意味着每只股票都如此，这和个股背后的主力资金运作手段有关，也就是所谓的股性。这就要求选择股票时一定要选择能实现操作目标的股票。比如，在历史走势中，满足买点后，第二天绝大部分情况下都会至少上冲0.5%；在月线上满足买点后，次月都会至少向上波动5%，无论次月最终是涨还是跌。这就是股性，这才是选股时最首要考虑的目标。

第四操作体系最大的意义在于降低成本。实际操作中，无论你资金量多大，只要你愿意，都可以在分时以下级别中，利用与小级别匹配的资金，在小级别买点出现后买进，向上波动0.5%即可卖出，如此可降低成本。这个操作可以以日线为基础，比如收盘前买进，第二天向上波动，完成目标即可卖出，也可以在盘中操作，在30分钟或者5分钟K线上的买点处买进，盘中完成收益目标即可卖出。需要强调的是，级别越小，波动幅度越小，5分钟级别上出现买点，可能无法完成0.5%的波动便会出现卖点，所以，30分钟级别上的操作是这种操作的核心，5分钟级别作为补充，这是变相利用已持有的筹码进行T+0操作。

弱水三千，只取一瓢饮。这就是第四操作体系的核心思想。基于此，便可以做太多事了。资金少，不涉及灵活性问题，那就收盘前买进，第二天卖出；资金多，那就采用滚动资金的操作方式，降低成本。目标股可能是大牛股，那就大级别对应资金不动，小级别匹配资金滚动操作；不确定目标股未来走势，但短期活跃，那就完成收益目标后换股，不恋战；目标股在日线级别上明显下跌，但处于跌势殆尽的状态，可以利用30分钟级别，在收盘出现买点时买进，第二天反弹后卖出。无论牛市还是熊市，总有成交活跃的股票，这就是目标股。所以，这种操作方式可以跨越牛熊，持续赢利，而复利才是股市操作的根本追求，滚动操作才是实现财务自由的唯一途径，唯一的就是最好的。

二、选股思路

确保第二日向上波动0.5%的股票才能作为目标，有任何疑虑的股票均排除。

哪里有确保的事？这种要求似乎强人所难，事实上并非如此。如果你能遵循第四操作体系的思想，你会发现满足这样的要求并不困难。之所以觉得困难，是因为要求选出的股票有很大的涨幅。如果只要求第二日上涨0.5%，那么绝大多数股票，只要满足不高的选股条件，即可接近百分之百的成功率。

具体选股条件参考如下。

（1）股价历史走势中，极少出现满足买进条件后低开低走的情况。

这一点十分重要，可以作为选股的首要考虑。对于第四操作体系，我们只关注第二日的走势，即便某只股票是未来的大牛股，也不是要考虑的内容，那是其他操作体系的工作。所以，即便发现某只个股有大牛股的潜力，但观察历史走势，经常出现低开低走的情况，也不属于第四操作体系的目标股。

所谓的“极少”，指的是十次买进条件满足后，不能超过一次失败，否则放弃。

（2）股价处于上涨途中。以日线为分析依据，5日均线和10日均线组成的系统多头排列。

这个条件是标准条件，实际操作中可适当变形。但是，周线级别的10日均线走平或向上，股价在10日均线上方为必需条件。这可以确保股价处于多头行情中，当操作出现失败，可以转换成其他操作体系。

（3）成交量放大，股价处于成交活跃区域。

上涨途中，成交量放大的股票最容易出现向上波动，而0.5%几乎是最小的波动范围。所以，只要不是那种喜欢第二天低开低走的股票，都可以作为重点参与目标。

（4）MACD指标要处于上涨途中，但不可处于高位。这也是防止操作失败的要求。

以上条件可以总结为一句话：多头排列，放量上涨，且历史走势中极少出现低开低走情况的个股为选择目标。

日线级别是极容易受资金影响的级别，所以上述选股方式利用的是小资金的灵活性，以及股价上涨的惯性。即便股价走势要由强转弱，也不会是一蹴而就的，多数会有上冲的过程，对于只要求上冲0.5%的条件来讲，确实很容易满足。

第一天买，第二天卖，这是第四操作体系非常核心的操作理念。它可以最大限度地降低风险，并通过一系列的操作要求，实现确定性收益的目标。所以，在日线操作级别上，把收益目标定在了0.5%，而为了实现这个目标，在日线上制订了上述选股条件。

随着资金量的增大，第一天买、第二天卖显然不再合适，但这样的操作理念仍可以使用，只不过用在了不同周期上，并对相应的操作方式做出调整，比如用在周线上，用在月线上，甚至用在季线和年线上。下面用周线和月线举例。

如果资金量稍大，可以用周线操作，核心理念是：第一周买，第二周卖。要求比较简单。

（1）买入时的成本价不高于周线的收盘价。

如果你无法有把握地做到这一点，可以在周五收盘前集中买进，甚至你可以创造出周线收盘价格，比如周五集中买进一两百万元还是可以的。不要担心打高价格买进，因为市场资金对一周时间的影响很小，而我们的等待时间是一周，只要在一周时间内实现收益目标即可。

（2）收益目标定为2%，即一周内股价向上波动，完成该收益目标随时可以卖出。

这个波动并不大，所以这样的股票非常多。和日线不同，它需要最长等待一周，这对经常看盘、心态不稳的人会有一些考验，比如股价第二周“先跌为敬”。

（3）完成收益目标后至少卖出一半。由于资金对周线的影响较小，一旦出现上涨，可能会出现一波行情，所以可以留一半资金。这与日线中实现0.5%的收益目标后可以随时全部卖出有所不同。

目标股要满足如下条件。

（1）波动幅度不能太小，这从股价的历史走势中可以看出。有的股票波动幅度很小，一周时间上涨或下跌百分之一点多，甚至百分之零点几，这不行。这就要求盘子不能太大。

（2）历史走势中，满足买进条件后，不能出现第二周低开低走的情况，即便第二周收阴线，也必须有上冲超过2%的机会。

这里使用“不能”，主要原因是资金量较大，任何可能出现的风险都会产生极大的操作恐惧。在实际操作中，目之所及处不应出现这种可能，否则要谨慎参与，至少要降低参与的资金量。

（3）5日均线和10日均线多头排列是目标股的重要参考。当然，如果周线级别出现三类买点，自然更好。如果同时满足月线级别均线也多头排列，那么即便周线级别5日均线和10日均线死叉，也可以作为重要观察目标，因为这意味着调整后的下一波行情。

买点要满足如下要求。

（1）周线下跌时不再创新低，这周的收盘价即买点，无论周线收出的是阴线还是阳线。小阴线或者小阳线最佳，大阴线或者大阳线要谨慎。

（2）股价长期下跌，5日均线要走平，或者5日均线金叉10日均线。如果月线级别均线系统多头排列，5日均线和10日均线死叉状态，那么股价不创新低的那一周，也可以参与。

对卖点的要求如下。

（1）第二周收益完成2%的目标，可卖出一半。

（2）股价不创新高的那一周，无论收阴线还是阳线，周五收盘前卖出清仓。卖出时要确保收益目标的完成，如果未完成收益目标股价就开始回落，要确保有利润，哪怕一元钱。

在实际操作中，可以灵活变通的一个位置是股价处于上涨初期。此种情况下，在卖出一半资金的情况下，如果周线未创新高，但和上周比也没有创新低，那可以持股等待。如果下周股价仍未创新高，那时再清仓。这类股票，卖出后也可以作为目标股，但那是下一个操作周期的事了。

无需担心卖出后股价继续上涨，通过留守一半资金可以抓住可能出现的行情。另一方面，由于这类股票非常多，只要认真选股，等待一周时间获取2%收益的机会比比皆是，如此一个月将有近10%的收益，可以满足了。

我们所有操作的目的是实现两个月资产增值10%，这是十年财务自由的根基，上述收益大大超出了目标。

如果资金量继续增加，可以将此操作理念放在月线上，即第一个月买进，第二个月卖出，收益目标定在5%。以月线为基础的操作和周线不同，均线系统的参考价值不大，因为我们只需要5%的波动范围，均线太滞后了。当然，在其他的操作体系中，如果将月线级别的走势作为安全保障，则均线系统仍有意义。

对月线上的买点要求如下。

（1）历史走势中，月线经常出现低开低走情况的股票不操作。

（2）与上个月相比，不创新低的那个月，收盘价为买点。

无论股价处于单边上涨还是单边下跌，该买点都成立。需要注意的是，单边上涨中，如果月涨幅过大，或者月线上收出较长的上影线，操作时要谨慎。这类股票可以按照周线上的走势跟进。“过大”是相对概念，因人而异，从实际操作上来讲，月涨幅超过30%要谨慎一些，尤其是在已经有一定涨幅的情况下。遇到这样的股票，可以在周线上观察下个月第一周的股价走势。如果可以操作，则周线上会出现较好的买点，即股价与上周比不再创新低的那一周收盘价。

（3）月线上经常出现上影线的股票为最佳股票。这类股票每个月的收盘价都可作为买点。这样的股票不多，一旦发现，要当宝贝一样，这可是“摇钱树”。

每只股票都有其股性，当你遇到一只和自己性格相投的股票时，那实属太幸运了。所以，要倍加珍惜，长久跟踪操作下去。这理解起来很简单，股性的形成是主力资金运作的结果，主力资金毕竟也是人运作的，所以带有人的性格，股性说到底就是人性。遇到这样的股票，说明你的性格和该股主力资金运作人的性格相投，在现实中如果你们相遇，一定能成为挚友。既然是挚友，一个眼神你便能领会，所以一旦遇到这样的股票，不必存有任何担心和怀疑。

对月线上的卖点要求如下。

（1）收益目标完成5%后卖出一半。

（2）收益目标完成后可关注周线，当股价与上周比不再创新高时，可以全部卖出。

股票清仓后并不意味着不再关注，从月线角度看，如果股价处于上涨初期，或者股价沿着5日均线上涨完好，可以作为重点目标股，等待下一次操作机会。实际操作中，如果买进的是这类股票，剩余一半资金可以按照月线持有，即月线不再创新高时卖出。这就需要等待出现不再创新高的迹象，比如等到本月的最后一周再开始行动。但是，如果股价未继续上涨，则在有迹象跌破5%的收益目标之前清仓。

三、交易策略

成本不高于当日收盘价，次日完成0.5%的收益目标即可卖出，不恋战。

无论滚动操作还是单独交易，都需遵守此交易策略。由于买进时风险可控，比如收盘竞价买进，次日风险也可控，因为通过选股，剔除了那些可能出现低开低走情况的股票，所以确保了至少会有向上波动0.5%的机会，在不恋战的思想指导下尽快卖出，不管将来涨幅如何。这种从微观角度着手的操作，极大地控制了风险，剩下的就是积小胜为大胜了。

在金融市场中，风险和收益相伴相生，是对等的，风险越大，对应的收益越大。当我们把风险限定在极小的范围内时，我们对单笔交易收益的要求也不能过高，经过多年实践，0.5%是一个非常好的平衡。对于绝大多数股票，这个波动很容易满足，这意味着目标股不难找。这种交易方式仅存在系统性风险，比如第二天出现政策上的极大利空，或者国际上出现股灾等等。这些都是不可预测风险，无论什么交易体系都无法避免。就正常交易而言，第四操作体系所产生的风险基本可以忽略。

要求成本不高于当日收盘价，当然是以收盘价买进最为稳妥，但是如果当日能盘中买进，并在当日即获得收益，则对次日的卖出更有助力，因为利润是抵御风险的最大法宝。当然，只要盘中交易，就存在风险，我们要做的是如何把风险降至最低。

具体做法是：通过30分钟和5分钟K线寻找盘中买点，并按照与级别相匹配的资金量进行交易，直到收盘前，再全部买进计划资金。

先大后小、精准买卖、降低成本、滚动操作是这本书的指导思想。其中"先大后小"是从大级别到小级别对股价安全性的保障；"精准买卖"是对操作精准化的要求，也就是要在买卖点出现时交易。所以，要先满足30分钟的买点要求，再等待5分钟买点的出现，然后分批建仓。重点关注的是最后半小时的交易情况。盘中交易不做强制要求，它从属于收盘价买进，操作中不可本末倒置，强行在盘中操作。

这种交易策略是第四操作体系的核心，但它的操作方法却不局限于此。在第一和第二操作体系中都涉及滚动操作，滚动操作包含两种方式。一是小波段操作，即基础仓位布局完毕后，当日线上出现买点时，滚动资金可以买进，然后等到日线上出现卖点时，再把滚动资金卖出。这个过程以日线为基本操作单元，在《股市赢家密码》中有详尽论述。二是盘中交易，因为有基础仓位，滚动资金在盘中买进后，可以通过卖出原有仓位的方式完成操作，这属于变相的T+0交易。这种交易策略也可以采用以0.5%为基础收益率的方式——滚动资金买进后，只要收益率超过0.5%便可以随时卖出。

进行盘中滚动交易和第四操作体系相比，具有可逃脱系统风险的优势，因为系统风险都来自未交易时段，一旦开始交易，所有风险都会体现在盘面走势上，如果出现风险，不交易便是，所以，系统风险不再起作用。

盘中交易自然是以分钟级别的K线为分析对象，具体是以30分钟和5分钟K线为买卖依据。30分钟K线进入买点时间段，然后等5分钟K线上的买点，出现后便用全部计划资金买进。关键是向上波动0.5%后及时卖出，不能留恋。除非大涨态势明显，这时可以分批减仓，比如先减一半，再等5分钟K线的卖点出现，然后清仓，否则，只要完成0.5%的收益目标，就满足了清仓条件。

一只股票，如果具备操作两个月周期的潜力，日线级别匹配的资金买进后，分时级别匹配的资金可作为滚动资金，通过这种盘中交易的方式，"润物细无声"地不断获得利润，看似每次不多，却极大地降低了成本。成本降低意味着主动，一旦获得了股票操作的主动权，就不会被短暂波动影响，更不会受到心理煎熬。之所以心理受到煎熬，是因为自己的账户出现浮亏，而当你的成本降低后，账户很少出现亏损，自然就会气定神闲。这样产生的结果就是更加理性地分析和操作，出错的可能性不断降低。这不但会节约实现目标收益的时间，而且会不断增强操作信心，如此周而复始，实现良性循环。

当然，盘中交易也有缺点，就是人为因素影响很大。比如，30 分钟和 5 分钟 K 线上的买点出现后，到下一个 5 分钟却是破位下跌，这种情况很难彻底避免。毕竟人心难测，你不是主力，股价的短期波动永远不会由你说了算。主要从三方面解决这个问题：一是做熟不做生；二是没把握宁可不做，因为主动性在我们自己这里；三是 30 分钟 K 线上的买点要足够明确，这样 5 分钟 K 线上的买点才具有很好的操作价值。我们只需要 0.5% 的涨幅，很多情况下两根 5 分钟 K 线便能满足此要求，所以，在 30 分钟 K 线上涨态势明确后，利用两根 5 分钟 K 线的惯性上冲即可完成此收益。一天只需要一次这样的操作机会，相当于在 48 根 5 分钟 K 线中等待两根这样的 K 线，只要仔细跟踪，机会还是很多的。

这里要从思想上深刻认识，我们操作股票不必从起涨点处介入，尤其这种只需要 0.5% 涨幅的操作，只要能完成收益目标，在分钟级别的走势中，上涨态势越明确越好。这和第一、第二操作体系明显不同，第三、第四操作体系是不需要建仓过程的，它需要的是精确程度。第三操作体系的精确程度，可以通过寻找历史走势中极少出现低开低走走势的股票来提高，在日线级别上如果明确处于放量上涨阶段，第二天利用惯性上涨是极易完成收益目标的。第四操作体系的盘中操作，也是利用明确处于上涨阶段的 30 分钟和 5 分钟 K 线走势来提高精确度的。这在实际操作中会更容易，因为在实现目标收益后利用原有仓位瞬间卖出，变相实现了 T+0 操作。

四、买卖点选择

要时刻明白，第四操作体系只要 0.5% 的收益。这属于微观方面的操作，就像万丈高楼所使用的一块砖。

在实际操作中，面对不同的操作体系，你可以不使用这块砖，但你不能不知道你使用的操作体系的根基是什么，否则一旦操作体系出现问题，你将不知如何修补。比如，对于一座高楼，如果你是投资方，你只管把钱投进去，然后等着楼盖好交付即可，至于楼是怎么盖的，你没必要知道。如果你是工程方，你只需要把盖楼所需要的材料、设计方案等准备好，交与施工方，然后只需监督施工进程即可。作为施工方，你就需要了解如何具体落实施工方案，怎样把设计图纸完美执行好，怎样把建材合理使用好，然后把任务分配给具体承包商。承包商再找一个一个的工人，把建筑材料，比如一块一块的砖垒上去。

所以，当你的资金量较大时，就像是投资方，你不需要去一块一块地垒砖，那你自然不必要只需 0.5% 收益这么具体的操作，你可以不断投资进去，然后等待“高楼平地起”。但是，如果你想通过这种方式滚动操作，用较少的资金反复交易，降低成本，也可以确保永远立于不败之地，从最微观的层面解决操作中可能存在的风险和问题。这就像盖楼时你自己充当了所有角色，不受制于人，当然就立于不败之地了。

由于第四操作体系是从最微观层面着手建立的体系，其对资金使用的唯一要求是不影响瞬间交易成功，也就是以最小交易单位瞬间完成。在我国股市以 0.01 元为最小交易单元，所以，我们买卖股票所需要的资金需能以相差 0.01 元买进或者卖出，这是我们将收益目标定在 0.5% 决定的。如果不能瞬间交易完成，而是需要打高或者打低若干价位才能完成交易，必然会对收益产生影响，进而无法完成目标。这与赢利百分之十几甚至百分之几十的操作完全不同，那样的操作是可以打低很多价格卖出的。

以上述要求为基础，在实际操作中不同的股票对资金的要求自然不同。有的股票盘子小，相应的操作资金也要小，否则买进或者卖出时不能满足上述要求。比如一只小盘股，在买进和卖出位置的挂单经常是几十手，如果你买进资金较多，那必然不能瞬间完成交易。盘子很大的股票，买进卖出位置经常挂单数千手，那自然可以用较大资金量操作了，这都与第四操作体系中 0.5% 的收益要求有关。

第四操作体系对交易精确度有极高要求，且在交易过程中只完成一笔操作，即买进一笔和卖出一笔，同时卖出的一笔又非常简单，只要完成了收益目标就可卖出，无须恋战。在多数情况下不需要分笔卖出，除非股价快速大涨。因此，我们将操作的主要精力放在了对个股的选择上，而买进操作只需在收盘前完成即可，确保成本价不高于收盘价。故此，第四操作体系对买进目标股做如下要求。

（1）日线级别上，个股历史走势中极少出现低开低走的情况，尤其是满足买进要求的情况下。

（2）个股必须处于上涨阶段，无论是上涨初期还是上涨中期，甚至上涨后期都可以。

（3）股价一定是放量上涨，但连续上涨或者当日涨幅过大的股票需谨慎。

（4）收盘集合竞价是主要买进价格，除非能确保成本价低于收盘价。

这样的操作要在均线系统多头排列时，属于顺势跟进，而在调整期间需谨慎操作。我们只需要0.5%的收益目标，能实现目标的股票太多，不必在一只股票上强求。每天在涨幅榜上寻找涨幅在3%~8%之间的股票，只要满足上述条件，就可以实现第二天收益0.5%的要求，所以机会太多了。

五、资金管理

第四操作体系由于参与资金量小，基本采用全仓买卖策略，不需分批跟进。这是滚动操作的终极手段，所有其他操作都由此演化而来，同时当其他操作方式出现问题时，第四操作体系也是解决问题的最后方式。当资金量增大后，将操作级别逐步上移，比如日线变周线，周线变月线，而原来分钟级别的操作就可移到日线上进行。船大了，小级别的掉头是无法完成的，也没必要了。

第三章

股价走势终将完整

股票投资的真谛到底是什么？有人说是价值投资，理论提出者是格雷厄姆，拥趸众多，大多成功了，最出名的当然是巴菲特——曾经的世界首富。这当然对，但它仅适用于有专业背景的投资者，普罗大众是无法进行价值投资的。有人说是长线投资，这也对，因为那些赚大钱的似乎都是一只股票做数年，甚至扬言要一辈子持有呢！这也不适用于散户，他们拿两个月都费劲。但是，如果长线投资者真的一辈子不卖出，把公司拿退市了，还叫什么投资呢？还有众多其他理论，不再赘述了。

无论何种投资，都逃脱不了四个字：滚动交易。所以，滚动投资才是股票交易的真谛，只是交易的周期和依据不同而已。价值投资的核心是低估值买进，高估值卖出，再寻找低估值个股继续买进，这不就是滚动操作吗？价值投资都如此，何况其他投资呢？只要利用股价的波动获取价差收益，就都是滚动投资。所以，价值投资本质上也是滚动投资。

既然所有投资都可称为滚动投资，那便需要了解滚动投资的前提，即必须有必要的价差。价值投资认为，价值被低估的股票将来一定会回归内在价值，甚至被高估，于是就有了价差。为什么会这样？当年巴菲特求学格雷厄姆时也提出此疑问，但格雷厄姆并不知道，只好耸耸肩，回答道：市场最终总是会这么做的……那么，为什么股价走势必然会产生这种价差呢？原因就是滚动操作的理论核心：股价走势终将完整。

何为“完整”？股价运行分为上涨和下跌两种状态，就像白天和黑夜。最小的上涨和下跌是买进和卖出，再扩展是阳线和阴线，继续扩展是上涨趋势和下跌趋势——所谓的牛市和熊市。一种状态的终结意味着另一种状态的开始，如此周而复始，永不停歇。只要上市公司不退市，这两种状态的转换终将发生，这就是股价走势的完整性的体现。

上涨趋势和下跌趋势在股价整体运行中有其本身的完整性。以上涨趋势为例，从股价不再创新低开始，到股价不再创新高结束，这个过程无论持续多久，哪怕海枯石烂，也不管股价涨幅多少，哪怕千倍万倍，都必然结束。这就是股价走势终将完整的具体体现。下跌趋势同样如此，从股价不再创新高开始，到股价不再创新低结束，无论这个过程持续多久，下跌幅度有多大，只要公司不退市，这个过程都必然会结束。这种人人都懂，近乎原理的存在，在实际操作中意义重大。资金量越大，操作的依据越是这种近乎原理的存在。

具体到两种趋势的内部，上涨状态分为启动、成长、鼎盛、衰竭、消亡五个阶段，下跌状态同样如此。上涨状态的消亡意味着下跌状态的启动，下跌状态的消亡意味着上涨状态的启动。

股价走势的完整性是我们买卖股票的核心依据，也是实现财务自由的最终指导思想。无论资金量大小，在股票交易时，首先判断的是股价运行在哪个阶段，然后根据股价走势终将完整来判断股价运行的下一个阶段是什么，以此衡量风险和收益比，最后决定是否值得参与。

比如，如果股价处于上涨状态的启动阶段，那便知股价将向成长阶段运行，此时买进股票风险将极小，是值得参与的。如果股价运行在鼎盛期，那根据股价走势终将完整，接下来是衰竭期，也就是上涨必将终结，此时参与的风险远大于收益。如果想继续操作，那就要控制资金量，且要谨慎选择操作周期。

从思想最深处真正认识股价走势的完整性，才会对买卖操作执行得彻底。很多人做股票不赚钱的一大原因就是执行力不够。为什么？就是因为对自己的操作产生怀疑，只要与自己的预期出现一点不同，就立刻怀疑自己的操作，于是好好制订的操作计划很快改变，翻来覆去，这怎么能行？坚决执行操作计划要从对股价运行的最底层认识入手，彻底认识股价走势终将完整是必然的，如此买进或卖出才有坚定的信心。

我们从万物运行的本源来理解股价运行必然完整的确定性。

第一节 万物运行必有始有终

从宏观到微观，从具象到抽象，从思维到行动，只要你能想到的，都必然经历自始至终的过程。

人，会经历出生、成长、壮年、衰老、死亡，这代表了所有生命体的历程。非生命体呢？地球、太阳、宇宙不也是要经历从诞生、发展（成长）、稳定（鼎盛）、衰竭到最后走向消亡的过程吗?！地球和太阳目前处于稳定期，也可称为壮年期或者鼎盛期。这是宏观角度，微观角度不同样如此吗?! 某元素的衰变就是其走向消亡的过程。其实，宏观是微观的外在体现，无数微观粒子经历的从生到死的过程，体现在宏观上就是由该粒子组成的宏观物质从生到死的过程。

从抽象角度，王朝更替不就是人类社会运动的缩影吗？从一个王朝的建立，到人心思定的成长期，再到繁荣鼎盛期，接着就是衰败，最后是消亡，被新的王朝或者更先进文明的制度所代替。社会是由个人组成的，个人的行为是听从个人思维指挥的，所以，社会运动的本质是每个人在思维指导下的个人运动的组合，只不过具有相同想法的人多了，他们在行动上会表现出一致性，于是从宏观上就表现出社会运动的趋同性，这与微观元素的衰变从宏观上表现为由该元素组成的宏观物质从生到死的过程是一样的。人就是微观元素，而由人组成的人类社会就是宏观物质。

思维上呢？思维是以知识为根基的，知识也是从无到有产生的。人类通过自身实践，或者对外在事物的观察与探索，最后总结形成理论或者经验，对从事相同工作的人进行指导，这就形成了知识。一个人知识掌握得越丰富、越深刻，对事物分析得就越透彻，自己做出的决定或者得到的结论就越正确。

具有不同知识边界的人，对同一种事物的看法可能是不同的，甚至得到的结论会截然相反。

思维是用来指导行动的，先制订计划，然后完善计划，接着执行计划，再修正执行过程中的偏差，最后完成一项工作。无论你做任何事，都要经历这个过程，严谨一些的人会把计划写下来，其他人甚至不觉得有这个计划，但事实上它却一直存在着。

比如有人做股票，从买进到卖出都很随意，看着好就买进，赚钱了就卖出，或者亏损了就止损，似乎没做什么计划。事实上，觉得一只股票好，是因为在思维上分析过了，认为它会涨到某个位置，到时再卖出，这就是一个计划的建立过程；买进和卖出操作就是这个计划的执行过程；卖出后要对这次操作做总结，赚钱了就是有益的经验，亏损了就是教训，此时一个周期的操作才算完成。无论有没有写出来，上述思维过程一定存在，并指导着每一个人的操作。不同的是，知识丰富且深刻，执行坚决，认真总结的人最后能赚到钱，而其他人就成了被市场收割的贡献者。执行计划的过程，就是思维在某一件事上产生到最终消亡的过程，它同样经历了这五个阶段：初始或启动（计划的产生）、成长（计划的完善）、鼎盛（执行计划）、衰竭（修正执行计划中的偏差）、消亡（完成计划，即一件事情完成）。

这说明，任何事情都需要经历从初始到消亡的过程，这就是完整性的体现。而且经历的五个阶段也是必需的，只是有的事情表现得明显，泾渭分明，每个阶段的界限很清楚；有的事情表现得不明显，甚至可能两个阶段合二为一，比如成长期和鼎盛期同时进行等，这在股价运行中表现得最突出。

股价运行的本质也是每个股民思维指导行为产生的结果，每个股民是微观世界，但很多股民的趋同行为就是宏观世界，体现为股价的运行。散户是无法统一思想的，所以被称为散户，主力是可以统一操作思想的，而且他们的行为对散户具有诱导性，进而使股价形成主力所期望的运行轨迹，因此，股价的运行实际上体现的是主力的思维过程。

主力是如何思考的呢？和我们一样，主力投资的目的是赢利，以此为导向，每做一次投资都像在完成一项工程，需要制订计划，完善计划，执行计划，修正计划的执行，最后完成计划。怎样才能实现赢利呢？那必然是建仓，逐步诱导市场资金，抬高股价成本，使股价快速拉升，获得利润，卖出获利筹码，逐步锁定利润，最后清仓。这和小资金不同，小资金具备灵活转身一次性卖出的条件，大资金要循序渐进，必须经历上述操作过程才能实现最终赢利的目的。

这就是股价运行终将完整的必然性，因为它是主力执行计划的外在体现，是主力为了获得利润而必须经历的操作过程。

初始（启动）、成长、鼎盛、衰竭、消亡五个阶段，是任何事物发展的必然环节。股票价格的运行当然也要经历这五个阶段，这就是必然完整性的体现。对此，在操作个股时不要有任何怀疑，股价运行的完整性，是主力操作股票的最终目的所导致的，是人类思维有开始便有结束的必然结果，更是万物有始有终的体现，没有任何可怀疑的。我们以“股价走势终将完整”为依据，对股票的买卖就会无比坚定。

我们通过股价的具体运行，来进一步探讨其内在逻辑与股价运行之间的对应关系。

（1）股票价格的运行是资金买卖的具象化，通过K线图把买卖双方的真实意愿表达出来，反映的是交易双方所使用资金的流动轨迹，实际上也是买卖双方行为的具体表现。

行为直接反映的是买卖双方的思维，而思维自然就是资金运作的具体计划。不必疑惑，也许散户作为个体交易者没什么操作计划，因为资金少，买卖一瞬间，觉得没必要，但大资金，尤其是主力资金，必然要制订计划。何时建仓？何时抬高股价，进而拉高市场成本？何时快速拉升股价，获取主要利润？何时开始出货？何时完成出货？操作周期是多久？这都是要计划好的。对应到股价走势上，便是启动、成长、鼎盛、衰竭、消亡五个阶段了。

这是多空博弈的必然走势，也是人性使然，不以任何人的意志为转移。

当股价长期下跌，卖出的资金必然减少，看多并买进的资金必然增多，于是在某个阶段达到平衡，这就是上涨启动阶段。看到股价不再下跌，卖出的资金必然继续减少，买进的资金自然继续增多，这是人之常情，会导致买进的资金大于卖出的资金，于是股价的平均成本一定抬高，就进入了成长阶段。股价经过上涨，场外资金会越发看好，于是买进的人会越来越多，同时在股价的成长阶段已经有部分人开始获利并卖出，这会使平均成本抬高，并减轻后市股价上涨后的抛压，从而进一步增加多方力量相对于空方力量的优势，股价快速上涨成为必然，这就是股价运行的鼎盛期。当股价越来越高，获利的人越来越多，这些人会加入空方，逐步卖出，锁定利润，同时场外资金看到风险，买进开始谨慎，空方力量增强，而多方力量减弱，于是达到新的平衡，这就是股价运行的衰竭期。当大家看到股价不再创新高，卖出的人会更加坚决，买进的人自然不敢再买进，于是空方力量开始强于多方力量，股价开始下跌，这便是消亡阶段了。这是上涨趋势的结束，也是下跌趋势的开始。

（2）股价的运行轨迹是人类买卖行为的结果，既然人的行为有其完整性，对应在股价运行上，自然其也有完整性。

我们买股票的目的是获利，通过低价买进、高价卖出赚取价差。大家别被市场上所谓的价值投资者所“忽悠”，“价值投资”本身可能就是那些人出于个人目的而进行的宣传。买进想一辈子持有都是一些宣传语，只要不卖出，你的利润都是纸面上的，没有任何意义。同时，不卖出是因为操作过程还未结束，还不具备卖出的条件，也就是对于该股的持有人来说，股票还没有进入消亡期。

从买进到卖出体现了个人操作股票的完整性，但是，如果很多人对某只个股有类似的判断，有类似的操作，就会影响到个股的运行轨迹，表现为个股走势的完整性。以上涨为例，完整性表现为上涨初始、上涨成长期、上涨鼎盛期、上涨衰竭期及上涨结束。这是多空双方共同博弈的结果，所以，股价走势的完整性来源于人类自身的需求，是我们以获利为目的的操作所必然产生的结果，也是股价运行轨迹产生的根本原因。只要不是制度原因导致股票退市，它的走势必然反映更多股民的意愿，最后不可避免地出现完整性。

在股票操作中，我们需要抓住的就是股价运行的必然性，这是获利的根基。只要股价经过长期下跌，不再创新低，并进行较长时间底部盘整，就说明股价开始进入上涨阶段的启动期了，之后便一定会出现成长期、鼎盛期、衰竭期和消亡期，这就为赢利提供了必然条件，这是股价走势必将完整带给我们的意义。

（3）趋势型指标也有明显的完整性特征。

均线系统、MACD 指标，它们以收盘价为依据，跟踪记录了股价的运行轨迹，表现出与股价的对应性。与股价走势相比，这些指标的完整性更易辨别，在操作中更实用。所以，无论买进还是卖出，即使在不同的操作级别上，这两个指标也都是极重要的参考依据。

第二节　均线系统及其完整性

5 日均线、10 日均线组成均线系统，在我的操作体系中，有这两条均线足矣。

均线系统的完整性表现为均线由长期下跌，处于空头排列，到逐渐走平，处于相互交织当中，再到向上运行，处于多头排列，最后再次走平，相互纠缠，并开始新的下跌。它反映的是股价运行的整个过程。

图 3－1 体现出了均线系统的完整性。

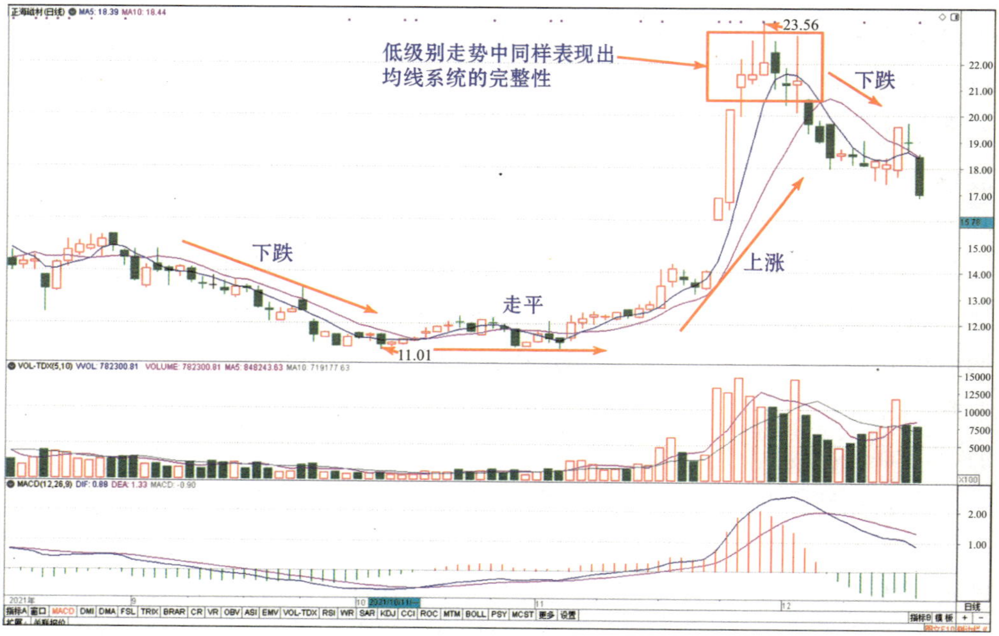

图 3－1　均线系统的完整性

均线系统反映的是股价运行的方向，而遵从正确方向，是我们不立于危墙之下，且能获得稳定收益的前提。何为正确方向？均线系统走平表示股价将迎来转折。如果是由下跌转为走平，则表示股价将迎来向上的转折；如果由上涨转为走平，则表示股价将迎来向下的转折。这在任何级别上意义相同，不同的是转折的时效性。日线级别上的转折体现的是日线级别上的时效性，月线级别上的转折体现的是月线级别上的时效性。在操作中，我们选择大级别均线系统向上转折的股票，目的是确保在较长时间内股价运行的安全。

我们只在股价将向上转折的时段介入，并长期跟踪，就能获得比较稳定的盈利预期。当然，不排除有股价下跌抵抗导致均线系统走平的情况，应对这一状况的方式是“先大后小，精准买卖，降低成本，滚动操作”。比如，日线级别均线系统由下跌转为走平，如何排除可能的下跌中继呢？去看看它的周线级别。如果周线级别均线系统空头排列，则日线级别就可能是下跌中继，否则就会转折向上。具体操作时也可以将资金量与各级别匹配好，从小级别开始，严格按照买点逐步买进匹配资金，并按照小级别上的卖点通过卖出匹配资金进行滚动操作来不断降低成本。如此既能降低建仓成本，又能通过长时间跟踪把握股价运行节奏，为稳定赢利追加保障。

很显然，均线系统的完整性也是必然的。在操作中，一定要在均线系统由长期下跌转为走平时跟进，因为均线系统的完整性表明，下一个阶段均线系统将向上运行，并形成多头排列，而这样的走势对应在股价上就是上涨，故赢利将成为必然。这不仅在熟悉的日线、分钟级别K线上，在周线、月线上同样如此。在实现财务自由的过程中，资金由少到多，操作方式可以不变，变的是参考操作的交易级别。

有人可能有疑问，当均线系统由下跌转为走平时，并不必然意味着将要上涨，也可能出现新一轮的下跌，这个走平阶段称为下跌抵抗。确实如此。均线系统有一定的滞后性，这是它的缺陷，是由其计算方式产生的，无法改变。但是在实际操作中，我们可以通过观察其高级别均线走势来判断该级别均线走平的意义。如上所述，日线级别均线由下跌转为走平，但周线级别均线系统仍处于空头排列状态，跌势正盛，则日线级别就有下跌抵抗的可能。

我们可以如下描述均线系统的完整性走势：均线系统的上涨一定起源于均线系统长期下跌后的走平，但均线系统长期下跌后走平并不意味着接下来一定上涨，这两者之间并非充分必要关系。那么，在实际操作中我们只做确定性，通过操作将风险消除掉。

具体做法如下。

第一，只要均线系统上涨，出现多头排列，它的起源一定是长期下跌后的走平，所以我们做股票时只能选择均线系统由长期下跌转为走平这样的股票进行跟踪操作。

第二，鉴于均线系统由下跌转为走平后，不是必然上涨，也可能下跌，我们在实际操作中可以先建立基础仓位，通过滚动资金在次级别K线走势中操作，消除可能存在的风险。

比如，我们以日线为主要操作依据，当发现均线系统由长期下跌转为走平后，在周线级别均线系统满足要求的情况下，我们可以先买进与日线级别匹配的资金作为基础仓位，然后根据30分钟及以下级别K线走势，利用与之匹配的资金滚动操作。操作方法和日线上相同，根据均线系统走势的完整性决定买卖时机。这样在降低成本的同时，密切观察日线上均线系统的走势。如果发现均线系统在日线上开始出现多头排列，则将基础仓位提高，进入正式操作阶段；如果发现均线系统有出现新的下跌的可能，则可以降低仓位，等待下一次均线系统走平后进行操作，因为周线级别均线系统已经满足要求，由下跌转为走平，或者处于多头排列状态，即便日线级别股价出现新的下跌，跌幅也有限，可以等待日线级别下一次均线系统走平后进行操作，这种操作方式极为重要。均线系统第一次出现下跌后走平，可能是下跌抵抗，股价并不必然上涨，但是，如果第二次出现下跌后走平，或者第三次出现下跌后走平，那就一定会出现上涨了。在实际操作中，我们可以根据均线系统第二次或者第三次出现下跌后的走平来逐步加大操作资金，这种操作的核心依据仍旧是均线系统走势的完整性以及它所反映的“股价走势终将完整”。

同样，在均线系统由上涨转为走平时，并不必然出现下跌，也可能意味着股价的“空中加油”动作，但是第二次或者第三次出现由上涨转为走平就一定意味着要出现下跌。没有只涨不跌的股票反映的也是“股价走势终将完整”这句话，具体在均线系统上，就是“均线系统走势终将完整”。

操作方法统一且可复制，是实现财务自由不可撼动的根基。随着资金量的增加，个股操作时会遇到船大难掉头，无法迅速成交的情况，这时只需提高操作的级别即可。300 万元以内按照日线操作，在 100 万元以内，甚至可以 30 分钟 K 线为主要参考依据；资金量超过 300 万元，要考虑周线的作用，直到实现财务自由。当资金量超过 3000 万元，则要使用月线做建仓的参考了。无论哪个操作级别，均线系统的完整性原理上都是一样的，以此为依据的买卖也一样。

第三节　MACD 指标及其完整性

以均线系统的完整性为操作目标提供了安全边际，但均线系统相对股价实际走势滞后，在具体交易时无法确切把握买卖时点，而 MACD 指标很好地解决了这个问题，所以这两个指标结合，在交易时便如虎添翼。

MACD 指标是反映多空力量对比的指标，它的走势完整性很清晰，一目了然。在空方区域，MACD 指标金叉，表示一个周期的开始；指标运行到多方区域，并出现死叉，代表一个周期的结束。这是 MACD 指标完整性的标准定义。

无论实际运行中，指标走势多么反复且复杂，整体上都无法逃脱上述标准定义所描述的完整性。该指标的完整性体现在任何周期上——分钟级别 K 线、日线、周线、月线等。依据 MACD 指标必然出现的完整性，通过操作与各级别匹配的资金，我们便可以解决遇到的几乎所有问题，从而实现稳定收益。

MACD 指标等指标体系属于第三类参考体系，从属于以下两类参考体系。第一类是 K 线实际走势，它直接反映股价的运行轨迹，是多空双方博弈的真实体现，是操作股票的第一类参考体系。均线系统是第二类参考体系，它反映的是多空双方的市场平均成本，直接来源于相应级别股价收盘后的数据计算。由以上关系可知，当 MACD 指标出现新的操作周期，而前两类参考体系并不符合操作条件，则应舍弃操作计划。这就可以解释，在实际操作中为什么会出现 MACD 指标在空方区域出现金叉，似乎要开始下一个周期的走势了，但股价却不上涨，而且停留一段时间后还出现了新一波的下跌。MACD 指标与均线、K 线相比够灵敏，但正是其灵敏性会导致它的走势反复。从实际操作上看，MACD 指标的反复不会超过四次。以在空方区域金叉为例，当出现反复时，第二次或者第三次金叉后股价上涨的概率极大；如果出现第四次金叉，那基本可以确定百分之百上涨了。当然，单纯从 MACD 指标角度看，这并不意味着大幅度上涨的出现。所以，我们通过小单，在满足买进条件后多次买进，直到与 K 线走势和均线系统配合后明确上涨走势再加仓，从而进行滚动操作，便可以稳定获利了。

MACD 指标在多方区域也会出现第二次死叉，甚至第三次死叉。我们通过操作与小级别匹配的资金，不断减仓，就可以保证大部分资金获利的同时，踏准股价涨跌节奏，在主要操作级别上出现卖点时大幅减仓，甚至清仓。

利用 MACD 指标的完整性，在第三和第四操作体系中可以完成滚动操作。在日线级别上，第一和第二操作体系可以完成基础仓位的建立，并执行一个完整的操作周期。

利用 MACD 指标的完整性进行操作时，有几个需要关注的关键点。

第一，多方区域。以 0 轴为分界线，上方为多方区域。此区域表示多方力量强于空方力量。

第二，空方区域。0 轴下方表示空方区域，即空方力量强于多方力量。

第三，短期和长期均线金叉，表示多空力量逆转，多方力量开始超过空方。

第四，短期和长期均线死叉，表示空方力量开始强于多方力量。

第五，红柱变长，表示多方力量相对于空方力量在变强；红柱变短，表示多方力量相对于空方力量在变弱。

第六，绿柱变长，表示空方力量相对于多方力量在变强；绿柱变短，表示空方力量相对于多方力量在变弱。

该指标在不同区域、不同情况下组合，在操作上所表达的意义有所不同，需要区别对待，如图 3－2 所示。

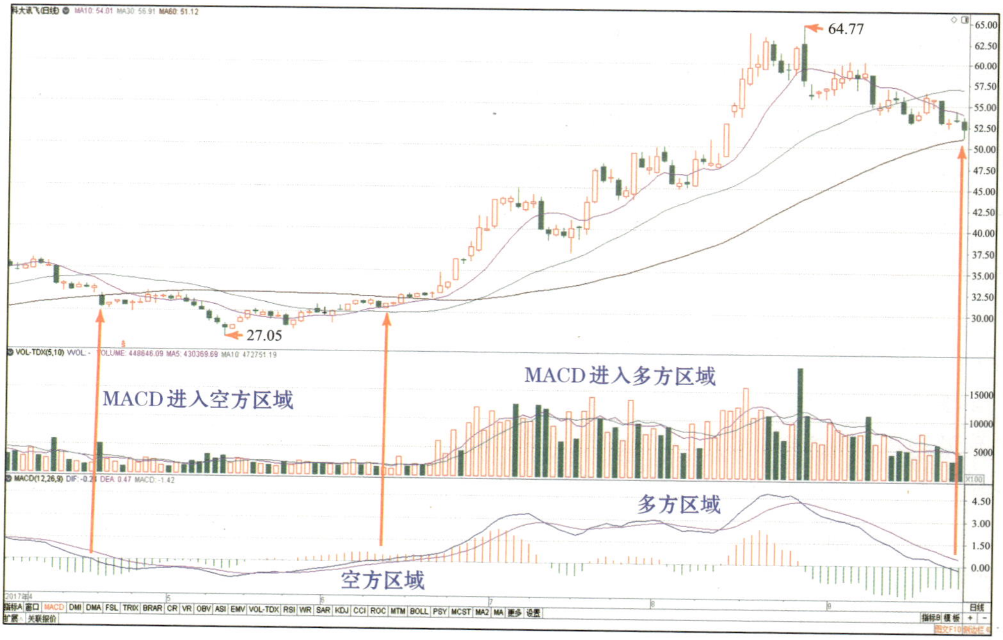

图 3－2　MACD 指标的区域划分

图 3－2 中，MACD 指标进入空方区域后，对应的股价以下跌为主。MACD 指标进入多方区域后，对应的股价以上涨为主。其根本原因是多空力量彻底扭转。空方区域表示空方力量从整体上强过多方，即卖出股票的意愿

强于买进股票的意愿，股票只能以更低的价格期待更多的买进资金来实现对过多卖盘的消化，所以股价下跌。在此期间，可能出现价格跌幅过大，引起多方资金的快速响应，导致偶尔出现多方力量强于空方力量的情况，表现为绿柱变短，或者 MACD 指标在空方区域金叉。但只要在空方区域，这种逆转就是短暂的，于是在空方区域经常出现多空力量对比的反复，即 MACD 指标金叉后又死叉，或者绿柱变短后再次变长。经过两三次甚至四次的反复后，多方力量开始稳定强于空方，MACD 指标便会逐步移向多方区域，反映到股价走势上，就是进入到稳定上涨阶段。

继续看图 3－2，MACD 指标进入多方区域后，对应的股价以上涨为主，表示多方力量在整体上强于空方。多方力量强表示有买进意愿的资金大于有卖出意愿的资金，比如，在某一时间段、某一价格区间，有买进意愿的资金有 1 亿元，有卖出意愿的资金有 5000 万元，当多空双方资金经过撮合后成交了 5000 万元，还有 5000 万元的资金想要继续买进，因为在此价格区间没有资金愿意卖出，于是只能寻求更高的价格，期望获得更多资金的卖出意愿，这就是价格上涨的根本动因。价格上涨过快，会促使空方资金快速响应，于是在某个短暂时间内出现空方力量强于多方力量，表现为红柱变短，或者 MACD 指标在多方区域死叉。这就像两军对垒，即使一方力量占有绝对优势，也不能避免在某一场小的战斗中处于劣势而导致失败。于是，我们常发现，MACD 指标在多方区域也会出现反复，即红柱由变短再次变长，或者 MACD 指标死叉后，在多方区域很快再次金叉。

当然，只要多方力量强于空方力量，无论 MACD 指标处于多方区域还是空方区域，对应的都是股价上涨，所不同的是上涨的可持续性。MACD 指标处于多方区域，上涨的可持续性强；MACD 指标处于空方区域，股价上涨的可持续性弱。同样，只要空方力量强于多方力量，对应的都是股价下跌，不同的是 MACD 指标处于多方区域，下跌的可持续性弱；MACD 指标处于空方区域，下跌的可持续性强。

但是，任何上涨的开始，都起源于 MACD 指标在空方区域的金叉；任何下跌的开始，都起源于 MACD 指标在多方区域的死叉，因此，我们可以得到一个结论：MACD 指标的完整性是必然的，即从空方区域的金叉开始，到多方区域的死叉结束，但是其过程是复杂的。比如在图 3－2 中，MACD 指标在多方区域经历了三次死叉才最终展开正式下跌。

在实际操作中，最难做出决定的是当下。MACD 指标在空方区域金叉时，我们无法确定接下来股价是开始上涨，出现新的上涨周期，还是只是下跌中的抵抗，还有新的一波下跌。MACD 指标在多方区域死叉时，我们无法确定其走势是到此结束，还是只稍作休息，之后还有一波上涨。这种走势的复杂性要求我们，只要出现多空逆转的迹象，就必须引起足够警惕，且要通过观察更小级别的方式展开相应操作。比如在多方区域出现红柱变短或者死叉，那就观察更低级别，引起警惕。如果更低级别上的卖点出现，则要卖出对应级别上的筹码。这是为了把握节奏，因为我们无法预测股价是不是就此展开大跌，还是后面有大的上涨。同样，在空方区域出现绿柱变短或者金叉，我们也可以观察更低级别，如果出现买点，则要买进更低级别上的匹配资金，因为这可能是大涨的开始，抑或还有一波大的下跌，等主要操作级别上的买点进一步确认后，再加大操作资金。

必须强调，这里观察更低级别走势极为必要。很多人想着，为何不在走势更明确后再操作？实际操作中这是不可能的。反证一下，如果能在你所认为的股价走势明确后买进，是否意味着买进后股价就一定上涨？如果是这样，那么在你认为股价走势明确后何不砸锅卖铁地买进股票？如果不是这样，那么你所认为的股价走势明确有何意义？

无论你多么自信，都无法准确判断哪怕一天的股价走势，有这种想法的人注定是错的，所以，在可能出现买点或者卖点的时候，通过观察更低级别走势，并操作与之匹配的资金来把握股价运行节奏，然后通过小级别中不断出现的买卖点进行滚动操作，直到主要操作级别上的买卖点被确认，再去操作主要级别匹配的资金，最终实现稳定赢利。

如果配合均线的走势，有些 MACD 指标的金叉或者死叉可以排除操作，以此提高操作的效率和准确性。比如，均线在下跌初期，面对 MACD 指标在空方区域的金叉要谨慎操作。均线在长期下跌后的上涨初期，面对 MACD 指标在多方区域的死叉，也要避免大幅减仓，此时甚至可以利用滚动资金反复操作，降低持仓成本。比如，基础仓位不动，在股价下跌后，利用次级别 K 线走势进行滚动操作。如果你的核心操作依据是日线，那么 30 分钟 K 线和 5 分钟 K 线就是很好的滚动操作参考依据。

在实际操作中，MACD 指标所处的区域和多空力量的即时状态之间可形成多种组合，每一种组合都需要采用不同的应对方式，通过资金管理来实现合理的交易。以日线级别为主要操作，具体应对方式如下。

MACD 指标处于多方区域的应对方式如下。

（1）红柱变短，或者 MACD 指标在多方区域死叉。这表明空方力量的即时状态强于多方，股价将出现下跌。但是，由于 MACD 指标处于多方区域，多方力量整体上强于空方，股价下跌的可持续性将打折扣。当然，风起于青萍之末，任何真正的下跌都源于最初在多方区域空方力量对多方力量的逆转，所以，在实际操作中，要通过观察更低级别的方式，对这种空方逆转多方力量的表现保持足够的警惕。

应对方式：要结合股价所处的位置以及均线系统的走势加以应对。

①股价处于高位，均线系统从多头排列开始走平，或者处于下跌初期。

此时 MACD 指标在多方区域出现红柱变短或者死叉，这是卖点出现的明确信号，各级别都一样，要卖出对应级别的匹配资金，甚至清仓。

②股价处于中高位，均线系统一般处于多头排列。

此时 MACD 指标在多方区域出现红柱变短或者死叉，可以观察更低级别走势，如果出现卖点，则卖出与之匹配的筹码，但要密切跟踪股价走势，如果股价继续下跌，则主要操作级别上也会出现卖点，要及时清仓。

③股价处于低位，均线系统由长期空头排列开始走平，甚至出现向上拐头，或者处于上涨初期。

此时，MACD 指标在多方区域出现红柱变短或者死叉，多半是主力资金清洗浮筹，或者是打压股价继续建仓的结果。

应对方式是：主要操作级别匹配的资金不动，要注意 30 分钟和 5 分钟 K 线的走势，利用 MACD 指标在 30 分钟或者 5 分钟 K 线走势图中的底部金叉所形成的买点买进，然后完成 1% 或者 0.5% 的收益后及时卖出，从而完成滚动操作的收益。

（2）0 轴附近，红柱变长。这表示多空力量发生根本性逆转，多方占据了整体优势，且多方力量还在持续增长。

此种情况是参与的极好时机，风险小，收益明确且稳定，尤其在分钟级别走势中，比如在 30 分钟或者 5 分钟 K 线走势上进行滚动操作非常合适。这里面分两种情况：一是 MACD 指标从空方区域上升到 0 轴附近，开始出现红柱变长，或者说一直在变长过程中；二是 MACD 指标从高位回落，在 0 轴附近止跌，并出现红柱重新变长。

第一种情况下，多方力量气势正盛，所以非常容易延续原有走势继续上涨，这是最应该把握的一种情况下，不管是建仓还是做滚动操作，都应该积极参与。第二种情况下，MACD 指标虽然还在多方区域，但空方已经开始占据优势，所以在 0 轴附近出现的红柱变长是下跌前的抵抗行为还是重拾升势，无法明确判定，这就要求在实际操作中提高警惕，可操作也可不操作。如果要操作，要按照更低级别的买卖点参与，只能动用与之匹配的资金。比如，30 分钟级别上的 MACD 指标出现上述情况，那要观察 5 分钟甚至 1 分钟级别上的操作机会，并操作相应级别的匹配资金。

需要指出，在图 3－3 中，满足上文所述情况并不意味着股价将连续大涨，或者说必然下跌。MACD 指标反映的是多空力量的对比，而这个力量对比情况是瞬息万变的，不代表大的方向。也就是说，MACD 指标所表示的多方强于空方，并不是趋势性的，仅是局部性的，这也是我们可以用它进行交易的原因。

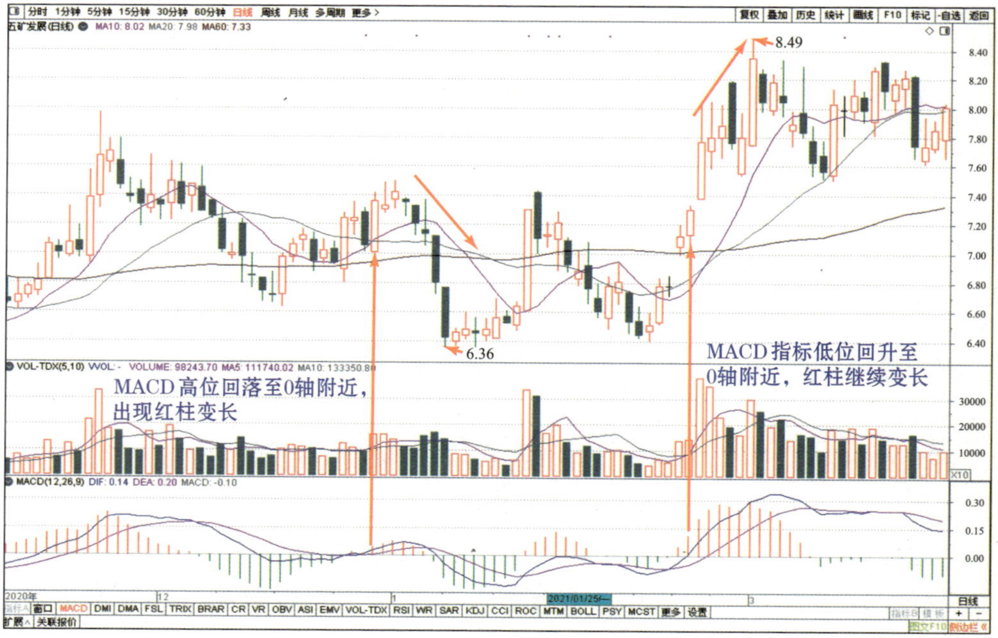

图 3－3　MACD 指标红柱再次变长的意义

在实际操作中，发现多方强于空方，我们顺势跟进，获得相应收益后便可及时卖出，比如利用30分钟K线走势，获得超过1%的收益即可卖出。也正是如此，MACD指标非常适合滚动操作。当然，资金量不同，滚动操作的意义也会不同。如果你的资金量很大，滚动操作就可以依照日线或者周线进行，这对于资金量小的散户来讲，就相当于长线操作了。但不管资金量如何，操作方法是一致的，所不同的是操作级别的要求。

如果资金量在300万元到3000万元之间，操作级别以周线为核心，那么日线级别上的买卖点就可以作为滚动操作的依据。如此，在图3－3中，当MACD指标从空方区域移动到0轴附近时，出现红柱变长便可以迅速跟进，只要之后几天收益超过2%便可以随时卖出，完成滚动操作。需要说明的是，2%只是最低收益，当股价明显处于持股状态时，当然可以继续持有，以获得更多收益。何时卖出呢？出现K线卖出形态后再卖出，或者观察更低级别上的卖点卖出滚动资金。在此过程中，主要操作级别匹配的资金可以一直不动。

实际上，绝大多数散户朋友，都是以日线为操作核心的，即便他们的资金量超过300万元，也无法忍受将日线作为滚动操作的依据，因为日线上两个买点之间的时间间隔太长。比如在图3－3中，从MACD指标在高位死叉，到下一个低位金叉之间，经常有两三个月甚至更长时间，散户是没这个耐心等待的，更别说还要等到MACD指标回升到0轴附近再操作了。当然，买点一旦形成，持续的时间也会是数月之久，收益自然也是丰厚的。所以，经常看到股市中某位大咖，一只股票可以获利一倍，甚至数倍的消息，其实他们仅仅是按照周线或者月线操作而已，这就是大资金量的好处。

方法不变，对于散户朋友，资金量在300万元以内，可以日线为建仓的核心，然后在30分钟和5分钟K线走势上进行滚动操作。这样在同一只股票上，两个买点的间隔时间可能只有一天，至多不会超过一周，操作起来方便很多。如果能把握成功率，沉住气等待买点的出现，那么滚动收益平均一周超过2%也是有很大把握的，这就是小资金量的好处——灵活，利用好的话，你可以迅速积累初始资本，踏入大资金量操作的行列。

①股价处于高位。此时主力的核心逻辑是卖出，要对任何股价上涨的信号保持警惕，那可能不是提示你买进或加仓，很多时候是减仓。如出现MACD指标从高位回落到0轴附近，然后出现红柱变长，此位置的操作甚至

可以观望。利润我可以少赚，但如果出现亏损，那就得不偿失了。在高位的股票，一旦开始下跌，将是瀑布式的，稍一犹豫就是百分之十几的损失，甚至更多。

有人说，股价看似在高位，可没想到后面还在大涨，还有更高的位置。如何应对这种卖出后还大涨的情况呢？其实很简单，根本操作方式就是先大后小地分析，并将资金量与级别匹配好，只操作该级别上与之匹配的资金。主力是一定会兑现利润的，这一点不必有任何怀疑和侥幸，所以股价处于高位时，卖出一定是主基调，只是需要考虑如何卖出才能获得更丰厚的收益。

卖出操作一定是分步式的，除非是有明确的大利空出现，在股价走势上就是出现典型的K线卖出形态，尤其是高位的K线卖出形态，这时一定要大幅减仓，甚至一天之内出现K线卖出形态和第一类卖点共振时，要坚决清仓。K线卖出形态在更低级别上可能对应的是第一类卖点，所以可以先卖掉与小级别匹配的资金，直到主要操作级别出现第一类卖点后再进行清仓。至于清仓后股价会不会继续涨，那是后话，即便继续上涨，出现了操作的条件，也属于下一个操作周期了。

基于以上内容，股价处于高位，MACD指标从高位回落至0轴附近后再次出现红柱变长，应谨慎操作，需要更明确的股价走势再决定是否滚动操作。观察分钟级别K线走势，如果同样有买进信号，做一下盘中交易是可以的，但是只能操作与小级别匹配的资金。如果是MACD指标从空方区域移动到0轴附近，并继续出现红柱变长的情况，同样要保持操作上的警惕，滚动操作只能在更低级别上展开，且不必勉强，不能为了获取额外收益中了主力出货的陷阱，得不偿失。

②股价处于中位。中位指的是重要的前期高点，或者称为颈线位。在此位置股价有两种走向：第一，股价突破颈线位，稍作停留，便展开新的上涨行情，这是主力主要的获利阶段；第二，股价被颈线位压制，出现回落，这意味着主力还没有进入正式拉升的节奏，需要继续吸筹，或者根本没有外部条件促使主力展开正式上涨行情，股价将继续进行长时间的底部整理。

重要颈线位，是股价大涨前的最后一道屏障。越过此屏障，且股价回调时不再跌入颈线位下方，意味着难得的主要上涨阶段将来临，这也是股价进入鼎盛阶段的标志。

什么是颈线位？颈，指的是脖子，顾名思义，说的是股价走势的关键位置。什么是关键位置呢?

股价的走势是多空力量博弈的结果。股价上涨源于多方力量总体上强于空方，股价下跌源于空方力量总体上强于多方。在股价从上涨阶段转变为下跌阶段的间隙，多空力量需要进行激烈的争夺，结果会形成上涨阶段的一个高点。这是多方资金最终失败的标志，意味着大量资金站在了山岗上，开始出现亏损。当股价经过一段时间下跌后，多方力量重新占优，于是股价重新涨回到这个高点附近。经过长时间的等待，前期亏损的资金终于迎来了扭亏的契机，所以这一高点附近会出现大量有抛售意愿的资金，这就为当前的做多资金带来了空前压力。股价要想继续上涨，必须解决掉这部分抛售资金，这就是关键位置的由来。高点形成得越复杂，时间越长，套牢的资金就越多。当股价重新回到此位置时受到的压力越大，突破需要的力量越大，一旦突破有效，自然上涨的动力越强，上涨的幅度越大。这好理解，前期压力越大，突破需要的力量就越大，根据惯性原理，这么大的力量转向也是很困难的，所以沿着原有方向继续上涨的动力越强。同时，资金是逐利的，动用这么大的力量，不是为了解放前期套牢盘，而是为了自己获得更大的利润，于是上涨幅度也会越大。

股价重新回到前期高点所需时间跨度越长，则该高点形成的抛压越重，股价要突破该高点，就需要越发强大的做多力量。这很好理解，从个人操作心理上讲，亏损一个月解套抛售意愿强呢，还是亏损一年解套抛售意愿强呢?显然是一年。因此，时间跨度越大，高点越复杂，产生的套牢资金越多，则该高点越重要，所形成的颈线位就是重要颈线位，也就是这个重要高点附近的水平连线。

颈线位是区分股价所处位置的重要参考依据。当股价长期下跌后，不再创新低，开始企稳回升，此时，在下跌过程中，距离最低点最近的一个重要颈线位，是区分股价处于低位还是中位的依据。股价处于该颈线位下方，则称为股价处于低位；股价处于该颈线位上方，则称为股价处于中高位。距离最低点第二近的重要颈线位，是股价中高位和高位的分界线。股价处于这个颈线位上方，说明股价已经处于高位了，主力资金具备了出货的一切条件。

③股价处于低位。股价长期下跌后不再创新低，同时均线系统由下跌转为走平，意味着市场成本开始稳定，并逐步上移。这是股价开始筑底的明显标志。

低位，是空方力量开始衰竭，多方力量认可股价并逐步买进的位置，此时多方力量总体上开始与空方势均力敌，并逐步占据优势。这是风险释放殆尽，机会开始逐步显现的位置。我们选择股票，并做好跟踪操作准备，都是从这一位置开始的。

处于低位的股票，总体上以建仓为主。当然，这并不意味着一直买进，也可以通过滚动操作降低成本，但总体仓位是在不断增加的，直到基础仓位建立完毕为止，之后便是用滚动资金和基础仓位打配合进行操作了。

基于此，当 MACD 指标出现死叉时，无论是在多方区域还是空方区域，都不应大幅减仓。毕竟，此时的仓位至多是基础仓位，没必要继续降低了，因为这可能是主力设置的陷阱，诱导投资者卖出，从而更好地完成低位吸筹。正确的应对方式是：利用分钟级别上的买卖点进行滚动操作，比如根据第三和第四操作体系，反复操作，降低持仓成本，直到股价从启动阶段进入到成长阶段。

当股价进入成长阶段后，主要级别匹配的资金已然全部买进。如果采用正向滚动操作，则可以在更低级别中，利用匹配资金进行先买进再卖出的操作；如果采用逆向滚动操作，则可以将资金全部买进，再利用低级别买卖点之间的转化，先卖出再买进地进行滚动操作，以期鼎盛期的到来。当鼎盛期到来后，将进入以卖出为主的阶段，此时利用第三或者第四操作体系，在小级别上用匹配资金进行操作，以便保持卖出节奏。

MACD 指标处于空方区域的应对方式如下。

（1）绿柱变短或者底部金叉。这表示多方力量开始超越空方力量，占据优势。但是这个优势会演变成新的上涨行情，还是下跌中的抵抗行为？这无法预测。由于 MACD 指标处于空方区域，整体上仍有利于空方，所以对这种多方暂时占优的情况要保持警惕。

①股价处于高位。高位是主力出货的主要区域，无论采取任何手段，都是为了达到此目的，所以，该区域任何买进的提示都极可能是陷阱，套牢后连逃跑的空间和时间都没有。

应对方式如下。

第一，没有筹码的坚决不买进。不去搏击反弹利润，因为一周的涨幅可能一天就被消灭干净了，更重要的是，一旦出现亏损，很少有再次解套的机会。

第二，有筹码的，利用反弹的机会坚决减仓，甚至清仓。

此时，指标的走势极具误导性，比如MACD指标可能走到多方区域等等。高位是以减仓为主的阶段，不可再次增加筹码。很多人亏损，就是不断加大筹码所致。处于高位的股票一定会表现得非常强势，似乎每天都有抓不完的机会，即处于所谓的主升段。殊不知，花开终有花落时，对于以逐利为唯一目的的资本，更是只有兑现才是终局。股价走势终将完整，无论鼎盛期持续时间多长，也终要结束。对于散户来讲，处于被动位置，更应清醒地认识到这一点。没有底部筹码，甚至不会滚动操作，却只想参与股价的主升段，实现所谓的资金利用率最高，这都是极具误导性的，最终严重亏损的也都是这部分人。

难道不参与此阶段吗？很多股票的价格高了还会更高。当然不是。鼎盛期参与的方式是不增加持仓，成本尽可能地已经降为零，此时可用逆向滚动操作的方式操作。简单来说是观察低级别走势，如果出现卖点，先卖出匹配筹码，在股价回落后，如果主要级别仍处于持股状态，则在低级别上重新出现买点时再买回卖出的筹码。对于没有筹码的投资者，鼎盛期是没有买点的。若想操作，只能观察更低级别走势，并将计划参与的资金与级别匹配好，在更低级别上利用买卖点操作匹配的资金。

②股价处于中高位。在此位置股价会有两种发展的可能，一是股价修正后进入鼎盛期，出现快速拉升；二是回落，继续拉长建仓时间，或者受到大环境影响，放弃鼎盛期，将成长期和鼎盛期合二为一。

应对方式如下。

第一，没有底部筹码。

此种情况下，一定要采用先大后小的分析方式，从小级别上观察买点，并买进与之匹配的资金。这是为了防止在主要操作级别上，MACD底部金叉后仍反复两三次的情况出现，事实上这非常普遍。MACD指标从多方区域快速下跌，进入空方区域，绿柱经常出现变短后再次变长，并反复两三次才企稳的情况，有的时候MACD指标会金叉后再次死叉，并反复两三次。这都说明空方力量凶悍，多方需要反复聚集能量才能进行反击。

MACD指标底部正式金叉后出现反弹，如果对应的股价回调幅度不大，均线系统仍保持利于多方的状态，那可以加仓至与主要操作级别匹配的仓位，并利用小级别的匹配资金滚动操作，来等待股价走势的进一步明确，比如重新上涨进入鼎盛期，标志是股价创新高，这时要在保持主要级别仓位不动的情况下，继续采用正向滚动的方式操作，或者将资金在股价创新高后全部买进，采用逆向滚动的方式在小级别上操作。如果股价无法创出新高便再次回落，则要从小级别开始逐步减仓，甚至清仓。

第二，有底部筹码，建立了基础仓位，即与主要操作级别匹配的仓位，一般为计划资金的50%。

此种状态下，滚动操作是主要手段。当MACD指标在底部区域出现金叉时，可观察其30分钟或者5分钟K线走势，如果同样出现MACD指标底部金叉，则可进行滚动操作。比如，买进和基础仓位相同的筹码，在获得0.5%或者1%以上的收益后卖出相应的筹码。这是第三和第四操作体系主要实现的目标，关键是风险很小，因为我们可以等到有足够把握时再进行滚动操作，否则就观望。

或者，将剩余资金与30分钟和5分钟级别继续匹配，并在这两个级别上按照买卖点进行滚动操作，同时密切观察主要操作级别上的MACD指标运行情况，当出现空方区域的第三次甚至第四次金叉时，可以加重仓位，以期获得更多收益。有的人担心，如果MACD指标第三次底部金叉后，股价仍未上涨，甚至MACD指标再次死叉怎么办？大可放心，股价走势终将完整，对应的MACD指标走势也终将完整，所以底部金叉后就一定会逐步回升，我们只要耐心等待这一结果的到来即可，对应的股价也一定是会出现反弹的，即使反弹力度不大，也足够获得超过1%的收益了。

这就是我将第三和第四操作体系的收益目标定得这么低的原因，其最容易实现，出现的频率最高。当然，这里面的关键是完成收益目标后坚决卖出，除非上涨态势明确，则可以持股密切观察，若发现上涨乏力，开始回落，一定要在0.5%或者1%的滚动收益上方将对应筹码卖出。这里不必犹豫，因为股价若上涨，里面的基础仓位继续获利；股价若下跌，卖出的资金可以在下一个分钟级别上的买入点继续操作，这样可以永远保持操作的主动性。

③股价处于低位。低位是主力建仓位置，无论股价展现出何种走势，其目的都是让主力更容易捡到廉价筹码。所以此位置在操作上比较简单，不断利用股价回落时在小级别上的买点增加持仓筹码，直到全部买进与主要操作级别匹配的仓位，即基础仓位建立完毕。

应对方式如下。

第一，还未建仓。

此种情况下，只要 MACD 指标出现底部金叉，就可以观察小级别股价走势，一旦出现买点，便可以买进与之匹配的仓位。如果股价再次下跌，可以在小级别上再次出现买点时，继续买进与之匹配的仓位。比如，日线级别为主要操作级别，则 5 分钟级别对应的匹配资金为八分之一仓位，则在建仓完成时有四次对应的买进机会，足够应对可能的下跌了。如此建仓成本价会很低，为后市滚动操作提供了良好支撑。

第二，已经有基础仓位。

低位是滚动操作的极好位置，即便滚动仓位买进后股价没有上涨，也会因为风险极小而不必担心，多等一点时间必然再次赢利，不影响滚动操作的目的。所以，当日线上出现 MACD 指标底部金叉时，可大胆地在分时 K 线上进行滚动操作，根据 30 分钟 K 线或者 5 分钟 K 线上的 MACD 指标底部金叉买进，获得超过 1% 的收益后卖出。买入后股价未达到收益目标而下跌，可以多等一段时间，根据 MACD 指标的走势必然完整，可以等到该指标回到多方区域，并出现高位死叉时再卖出，如此滚动收益也就确定了。

在滚动操作中，同样会遇到 MACD 指标反复的情况，在分时中更明显，所以操作时可以把滚动资金分成三部分：MACD 指标第一次金叉时，用三分之一的滚动资金买进，如果股价上涨，则完成收益目标后卖出，或者等到 MACD 指标进入多方区域后，有出现高位死叉迹象时卖出；如果股价下跌，第二次出现金叉，则用第二部分的滚动资金买进，再或者用第三部分的滚动资金买进，等股价开始回升时，再依次卖出赢利后的滚动仓位。

（2）MACD 指标底部金叉后升至 0 轴附近，红柱再次加速变长。

这表明多方力量开始从整体上强于空方，对应在股价走势上则继续上涨，甚至是加速上涨。但必须说明，此时空方虽是强弩之末，但仍有垂死挣扎的可能，在股价走势上表现为震荡，甚至是冲高回落，这在分时 K 线的走势上表现明显且频繁。这很好理解，因为分时 K 线更容易受到资金瞬时情绪的影响。对于周线及以上的 K 线，因为其所代表的时间过长，MACD 指标对 K 线走势的反应比较迟缓。当 MACD 指标从空方区域移动到 0 轴附近时，股价已经有较大涨幅，操作起来已经失去意义了，因为随时会面临调整。所以，此种情况运用日线走势最为合适，当与分钟级别上的买点配合进行滚动操作时，极容易完成收益目标。

①股价处于高位，此时以减仓为主基调，当遇到 MACD 此种走势时，不必加仓，而是静等股价反弹，并做好随时减仓的准备。如前文所述，高位是主力套现的区域，君子不立于危墙之下，我们不做刀口舔血之事，所以仓位不可增加，只做适时减少，或者做逆向滚动操作。

②股价处于中高位。此时可利用日线和分钟级别的 K 线，在买点共振时进行滚动操作，收益目标极易完成。此时的股价具有中继属性，操作时要谨慎，基础仓位可以不动，滚动仓位在完成收益目标后一定要先卖出，甚至在不确定的情况下不进行滚动操作，宁可错失上涨，也不使自己处于被动地位。

③股价处于低位。这是可以大胆操作的位置，如果没有建仓，可以小单试错建仓，甚至在股价走势比较明确时，直接建立基础仓位。如果已经建仓，此时滚动资金可以大胆参与，可以动用和基础仓位相同的资金进行滚动操作，因为即便收益目标未完成，也可以等下一个 MACD 指标的上涨周期，同样可以完成收益目标。

第四节　MACD 指标的背离

背离是一个相对概念，即与之前的走势相比出现了不一致。MACD 指标的背离分为多方区域背离和空方区域背离。很显然，背离表示原有走势开始弱化，甚至终结，也意味着与原有走势相反的走势将形成。如果与股价实际走势相对应，形成更明显的背离，则在操作上具有更强烈的指导意义。

（1）多方区域背离。

在多方区域，MACD 指标死叉后再次金叉，但 MACD 指标金叉后形成的高点比临近的死叉前形成的高点低，这叫标准背离。很显然，它表示 MACD 指标终结了之前的上涨，将出现明显的下跌行为，且可能是新的下跌走势的开始。此种情况，和股价实际走势相对应，出现不突破临近高点便回落的情况，表示多方力量开始减弱，操作上开始逐步减仓。

MACD 指标的另一种背离称为典型背离，不常见，但操作参考意味更浓。典型背离指 MACD 指标不创新高，但对应的股价却创新高。MACD 指标是反映多空力量对比的指标，该指标不创新高，表示多方力量开始减弱，股价走势随时逆转，但对应的股价却创新高，体现了多方力量的骗线，这是虚假繁荣的真实写照，所以趁此机会，更应该在操作上迅速减仓，甚至在出现第一类卖点时，及时清仓。

在操作时，当股价处于高位，遇到多方区域的 MACD 指标背离，减仓甚至清仓要更坚决；当股价处于中高位，减仓时首先卖出滚动仓位，基础仓位甚至可以减掉一半，由于这种情况下，股价回落的可能性极大，卖出的仓位有足够的机会捡回来，所以操作时不必犹豫；当股价处于低位时，基础仓位可保留不动，卖出滚动仓位，尤其是典型的 MACD 指标背离，对于低位股票，是滚动操作买卖的重要参考。这里是指卖出的重要参考，而在空方区域的 MACD 指标底背离就成为买进的重要参考，尤其是典型的 MACD 指标背离。

（2）空方区域背离。

空方区域是空方力量横行的区域，一旦 MACD 指标在此区域出现背离，说明多方力量开始集结，空方被成功打开缺口，所以无论是建仓还是滚动操作，都是从 MACD 指标在空方区域开始的，而该区域的背离便是极重要的依据。

这里需要说明的是，指标类体系在操作上的优先级别处于第三位，第一位是 K 线实际走势，第二位是均线系统。指标类体系因其具有及时性，是个股交易的最后一道参考，所以当 K 线和均线系统都显示一只股票具备操作条件时，MACD 指标的空方区域背离就成为最后下单的依据了。

在实际操作中，当 MACD 指标出现底部背离时，对应的股价走势都会出现上涨，但上涨幅度和持续时间受 K 线实际走势和均线系统影响。当股价下跌明显，均线系统也处于空头排列时，MACD 指标的底部金叉或者背离，都会使股价出现反弹的力度和时间打折扣，在操作上应尽量排除；而股价处于上涨周期，均线系统由下跌转为走平，或者处于多头排列时，是 MACD 指标底部背离大显神威的时候，也是我们积极参与操作的重要阶段。

①MACD 指标标准底背离：MACD 指标在空方区域出现两次金叉，且 MACD 指标的最低点在逐步抬高。换句话说，只要 MACD 指标不再创新低，

就可称为标准底背离。

一般情况下，出现底背离，股价也会对应回升，尽管有时回升幅度不大，甚至稍作停留后再次出现大跌，但这都是K线下跌途中或者均线系统空头排列所致。当股价继续下跌，而MACD指标稳步抬高时，典型的底背离出现，这表示股价将会随时展开较大幅度和较长时间的反弹。

②MACD典型底背离：股价继续创新低，MACD指标不再创新低。这是多方主力的骗线行为。MACD指标回升，表示多方力量聚集，而股价再创新低，说明多方是在低吸空方抛出的筹码，而不是通过主动拉升收集筹码。这种被动低吸的好处是可以得到更多廉价筹码，同时不易暴露意图，因为股价下跌，很少有人愿意买进，都在逃跑。主力有了筹码，股价的回升就成为必然，所以这是低吸建仓或做滚动操作的最好参考依据！

第四章

精准买卖点

股价运行有三个阶段，即上涨、下跌和区间整理。无论大盘还是个股，也无论从哪个级别来观察，最终都能将股价的运行完全分成上述三个阶段。其中，区间整理是核心，它是多空力量势均力敌的产物，出现的次数最多，也是另两种走势类型的连接。无论上涨还是下跌，都是通过区间整理过渡的。精准买卖点就出现在区间整理被成功打破的节点处。之后，要么是转折的来临，要么是上一趋势的继续，再无第三种可能。所以，这里的买卖点是能通过类似几何学一样的学科来证明的。我们要做的不是担心买卖点是否精准，而是通过学习和不断实践，熟练识别买卖点的出现，在资金管理和交易策略的统筹下，坚决执行。

第一节　股价走势反映一切信息

这是一个简单命题，简单到像一加一等于二那样。它是股市的原初细胞，是一切操作的本源，可称为基础中的基础。它无需证明，人们自然明白。充分、深刻地认识这一点，并将其运用到你个股分析操作的任何方面，才能说你是专业的。

是不是“颠覆三观”？难道市场上的那些大师、专家们夸夸其谈的各种分析都错了？难道寻找公司的内在价值也错了？难道不用看公司的业绩报表？巴菲特老先生也错了吗？他可是不看股价走势的。

事实胜于雄辩。市场上经常出现业绩爆雷，股价大幅下跌的公司，谁亏损最多？正是那些所谓的大师和专家所在的机构、基金。有什么理由替它们的亏损辩解吗？没有。有人说，这是马失前蹄，偶发事件。如果一个操作体系不能做到百分之百赢利，根据墨菲定律，出错是必然的，可能也是致命的。其实，你可以看任何爆雷的公司，它们的股价走势早已反映了一切，即在爆雷信息出现之前，已经不适合参与了。爆雷后，股价走势也迅速反映了这些信息。

如何解释那些成功的大咖的投资结果？他们也是进行公司调研、基本面分析，并大谈价值投资的。很简单，他们调研的目的并非买卖股票，而是确保公司不会有大问题，一旦参与投资，能确保资金安全，因为他们资金量大，无法快速转身。在此基础上，他们才会制订操作计划，并通过资金优势，诱导散户向着自己期望的方向跟进，完成从建仓到拉升，再到出货的过程。这时跟公司基本面就无关了，那成了他们宣传的工具。

有人说，巴菲特可不看股价走势，他只根据公司报表，发现被低估的公司并进行投资。大家忽略了一个问题：如何评判公司的价值，以及是否被低估？那是要知道当前股价的。很明显，股价才是巴菲特投资的参考，低估还是高估也是以股价为依据的。在新冠疫情期间，巴菲特止损航空股，为什么？因为他认为股价还会跌！同时间，他卖掉了苹果公司的股票，以前他可曾说过一辈子不卖呢！也还曾说过不投资科技股！可见他的话多矛盾！在卖掉苹果公司股票后，第二年在股东大会上就说自己可能卖错了！为什么这么说？因为苹果公司股价涨了，且他认为还会涨！他的价值投资此时在哪里？谁对公司的研究能超过巴菲特？他还不是根据股价来进行投资的吗？

巴菲特能成功，当然源于他的能力出众，但更根本的原因是美国出现了数十年的大牛市。中国股市从成立至今三十几年，一直处于螺旋上涨当中，假以时日，出现若干个巴菲特似的人物是必然的。价值投资只是巴菲特的总结，实际操作却是根据股价进行的。无论巴菲特多么回避这一点，也无论他怎么说自己是价值投资者，事实是，巴菲特从没有追高买进任何一只股票，都是在股价回落时买进或加仓的，同时也是在股价上涨时卖出的。这难道是巧合吗？只看股价走势便知，上涨的股票没有买点，只有卖点；下跌尽头的股票才有买点。

股价走势为什么能反映一切信息？因为股价走势记录的本就是股价运行的轨迹，而股价的形成是多空双方撮合博弈的结果，源于每一个参与买卖的人经过深思熟虑后做出的买卖决定，股价是这些决定的综合反映。这些投资者做出买卖决定的依据是什么？当然是他们能了解到的所有信息以及自己的分析，所以每一个投资者的决定反映的就是一部分市场信息。

所以，股价走势记录的是任何人参与股票买卖的最终轨迹。无论是谁，他知道什么，进行了多么专业的分析，只要进行交易，就必然成为股价运行轨迹的一部分，也就将他知道的信息和所做的分析反映到了股价实际走势中。这意味着，你看到的股价实际走势，就是市场所有信息的最终反映。

这对我们的实际操作有何意义？它意味着股价实际走势是我们买卖交易

的唯一参考依据，注意是唯一的！因为除此之外，任何其他分析都会最终体现在股价走势上。我们只需研究针对不同股价走势的应对方式，就解决了所有操作中的问题，这才是交易的根本和核心！

我们换个角度，从实际操作角度看股价实际走势是不是我们买卖交易的最终参考。

先提几个问题：第一，你在买卖股票时，最终下单的依据是什么？第二，你赢利还是亏损的最终依据是什么？第三，你进入股市的最终目的是什么？

你是否能正确回答上述三问？

先说第一问吧。在正式下单之前，也许你经过了很多分析，比如，宏观经济环境属于经济扩张期还是萎缩期，扩张期是值得投资的，萎缩期自然要谨慎投资。如果你的知识再丰富些，会去研究什么是扩张期，哪些行业处于扩张期，持续时间多久，你要不要去进行市场调研，你的调查样本要多丰富，因为调查样本不够丰富，结果可能是不可靠的。你一个人调查显然时间和精力不够，是不是需要团队？要找多大规模的团队调研？这些团队成员可要专业，他们的专业程度谁来评判？你能评判吗？如果不能，是否要找专业的评判机构帮你遴选人才？你准备为调研投入多少成本？调研时间三个月是必需的，你能支付多少调研费用？这种调研只是第一步，你还没进行行业调研和具体上市公司调研呢！

这些调研是你最终买进股票或者卖出股票的依据吗？别说你根本没能力做上述工作，即便有，你会仅凭调研结果决定你的买卖吗？比如，通过调研，你发现贵州茅台真是个好公司，完全具备买入条件，可是现在价格2500元以上了，且已经上涨了几十倍，你买吗？如果买，你认为股价还会翻倍，涨到5000元吗？或者认为贵州茅台能涨100倍？如果不买，那做这些调研的意义何在？你也许不做这些工作，但你会看别人做的相关报告，你会看结论。那你此举的目的是什么？你会凭借此报告进行交易吗？或者看报告只是为了心安，而最终交易还是要看股价实际走势？

再比如，在买卖股票前你是否进行了板块分析或者说行业分析？很多人喜欢做热点板块，这无可厚非。但是，你是否将板块分析作为你最后的操作依据？当你找到热点板块后，又找到了热点板块中最热的股票，你是否会立刻买进呢？不管它出现了多大涨幅，有几个涨停板，都立刻买进？你会这样做吗？很显然没人会这样做，因为这意味着随时会站在高岗上。这说明热点追踪、板块分析仍不是你最终交易的依据，它们只是过程——你选股的过程，因为热点在变化，今天的热点，明后天不是了怎么办？你会换热点继续跟踪吗？不可能，理论上就无法做到！

有人不解，难道我们不能做热点板块的热点股票吗？要知道，做热点股票可以提高资金利用率，是快速赢利的不二选择，当然能做。但正如上所述，分析热点板块和热点个股，不是下单的最后依据，它们只是选股的过程。过程当然重要，但并非不可替代，正如条条大路通罗马，只是选择了不同的到达方式而已。通过热点板块可以选股，通过其他方式也可以选股，所以它们不是我们下单的最后依据。那什么才是呢？

进一步说，如上所述，在你拿到热点板块的热点个股后，为什么有时你不会立刻下单？你担心什么？有人说，股票涨得太高了，想回调一点再买；或者，想买热点板块中还未涨起来的股票等等。看到没，一只股票是否值得买卖，最终看的是它的实际走势，这才是你深入骨髓的买卖依据，是你下单时最后起决定性作用的因素，是每个股民最原始的交易基因，近乎本能反应。所以，股价走势反映一切信息。这个近乎原理一样的存在，告诉每一位股民，只要研究股价实际走势，就能解决所有问题，而根据股价实际走势进行交易本就存在于每个投资者的基因中，只是它就像空气一样，我们时刻都在使用，却忽略了它的重要性。只要能重新认识“股价走势反映一切信息”这句话，并把按照股价实际走势进行买卖落实到每一次交易中，我们就能彻底进入职业殿堂，实现财务自由。

再看第二个问题。如何定义赢利还是亏损？这似乎是不言自明的，但很多人却在实际操作中迷失了。

赢利，指你卖出股票时的价格高于你买进股票时的价格；亏损，指你卖出股票时的价格低于你买进股票时的价格。当然，因为有交易费用，想要赢利，卖出时股票价格需高过买进时股票价格一定幅度。由定义可知，股票的交易价格是你赢利还是亏损的唯一参考依据。既然如此，你去研究股价走势之外的任何信息，是不是有点本末倒置了？

有人说，我进行各种分析，目的不就是想知道股价将来是涨还是跌嘛！如果是涨，那现在买进，将来不就赚钱了？我经常讲一句话：你以为你以为的就是你以为的？且不论你的分析能力有多强，如果你认为上涨，股价将来就上涨，那还不砸锅卖铁买股票？即便是巴菲特，他这样做了吗？没有吧！

股价走势是不可预测的，无论你采用何种分析工具，都无法准确预测下一秒会发生什么！这一点必须极其明确！任何对此有怀疑的人，你只需回答这个问题：当你认为某只股票会涨，你是否会砸锅卖铁，甚至四处借钱买进呢？没人会这样做吧?！如果真有能准确预测股价的人，那世界首富应该是此人！这与事实不符，也就反证了准确预测股价无法实现！

为什么很多人无法理解这么简单的道理呢？仍固执地认为通过综合分析就能判断股价未来走势。那是因为多数人一叶障目，以偏概全。你的分析和股价涨跌之间无必然联系，你所认为的股价上涨的条件并不是充分条件，甚至不会对股价运行有任何影响，仅凭某一次或者几次巧合，就强行将两者建立起联系，甚至自以为能预测股价未来走向，这就有点师心自用了。当然，还有一些所谓的专家和大师，在资本的驱使下，故意说一些似是而非的话，比如某只股票基本面非常好，业绩暴增，未来股价一定大幅上涨等等，诱导散户买进，从而使这些资本完成出货，对此大家更应警惕。

既如此，我们能且仅能根据股价实际走势进行操作，这才是直中靶心的做法，其余的任何分析都不必然影响操作结果。从这个角度讲，股价走势也的确反映了我们所需要的一切信息，即便有没有反映出来的信息，对我们操作而言也如虚空，百无一用。

不要将买和卖理解成对股价未来走势的提前预测，这是绝大多数股民的终极问题。他们认为，买股票不就是认为将来股价会涨吗？卖股票不就是认为将来股价会跌吗？不管买卖的依据是什么，这本身不都是一种预测吗？还真不是，如果思路不改变，会发现出错时却不知所以然，极易自我否定！

正确的理解是：买和卖是对当前股价走势的一种应对。至于之后股价如何走，不知道，那是下一个应对操作了。因此，我们才有交易策略，即“小单试错，拒绝补仓，顺势跟进，敢于重仓”；也才有操作周期的概念，即不能做一锤子买卖，而要把操作放在一个时间段内进行，只要最终完成收益目标即可；资金管理才有意义，即建立基础仓位、滚动资金和备用资金，并反复操作，降低持仓成本。这些动作都是在应对股价可能出现的走势，而不是预测未来股价走势。

有了思路上的改变，我们再举个最简单的买卖信号的例子。5 日均线金叉 10 日均线为买进信号，5 日均线死叉 10 日均线为卖出信号。按照大多数投资者的理解，买进信号出现，意味着股价将出现上涨，所以买进。这就是预测的想法，但很多时候买进信号出现股价不涨，反而出现下跌，那就无法解释了，于是得出结论：技术分析不准。换作基本面分析也是如此，明明一只股票基本面很好，但股价就是不涨，还要下跌，于是又有人说：基本面分析不准。其实都是因为没有正确理解这些分析的意义而已。只要涉及预测性质，没有一种分析是准的。

从应对的思路出发，买进信号表示当前的应对方式是买进，它只表示当前股价所对应的操作，不代表其他任何内容，因为也许下一根K线出来后，就与当前的应对方式不同了。于是，为了解决这种因为股价不断变化而需要采取不同应对方式的问题，设立操作周期，并通过交易策略和资金管理来最终实现赢利。比如，操作时间为两个月，当发现买进信号后，可以小单买进，防止股价下跌，因为股价下跌的应对方式是卖出，如果是小单买进，就不用卖出了，毕竟没多少亏损，而且可能接下来的应对方式又是买进。如果买进后股价继续下跌，不卖出的同时拒绝补仓，这样可防止亏损扩大，这就是应对方式。一旦股价上涨，那就顺势跟进，并在股价明确上涨后重仓参与。这都是针对当前股价走势做出的应对，至于后面股价如何走，不做任何预测。

同样，卖出信号出现后，先小单卖出来应对。如果股价上涨，也少赚不了多少钱，当然，也不需要加仓来提高成本。若股价开始下跌，则顺势跟进，卖出更多筹码，直到清仓。这里同样没有任何预测成分，有的只是应对。

应对式操作和预测式操作的根本区别在于，预测式是肯定会犯错的，因为无论你进行了多么自认为全面的分析，知识面缺失总是不可避免，更何况你所做的分析并不一定是影响股价走势的条件。应对式操作，从理论上讲就不存在错误，只是根据股价实际走势做出的反应，它能通过操作周期和资金管理，在交易策略的加持下做到每一只股票都获利，即百分之百赢利，其理论的核心就是股价走势终将完整，说白了就是没有只跌不涨的股票。通过操作，等到上涨周期的来临，便能获得安全利润，同时，在上涨周期结束时能及时离场也是基于应对式操作的内核。只看股价实际走势，没有预期，就不会在股价出现下跌迹象时还被市场上看多的声音所困扰，从而落入主力出货的陷阱。

股市纷繁复杂，各种分析、消息满天飞，真假难辨，但股价实际走势是去伪存真后的最终结果。要想不被骗，只能看股价走势，而不是去想背后原因。这很好懂啊，你连自己看到的都不信，还怎么能相信你所猜测的，甚至道听途说的呢？股价走势反映一切信息，确切地说，反映的是我们操作股票所需要的，经过市场检验的真实、准确的信息。

第三个问题，我们来股市的目的是什么？当然是赚钱。关键是，有多少人把初心始终存于心间？你又为实现初心做了什么？

无论做何事，有目标是第一步。然后，将目标分解，直到无法继续分解为止。分解后的微目标，可称之为实现总目标的一小步。我们要做的就是努力实现每一个触手可及的一小步，最终积沙成塔。此过程中，关键在于稳，即可持续地一步一步地前行，而不是原地踏步，甚至倒退，否则，最终目标将永无实现之日。一个人，做一件好事不难，难的是做一辈子好事。同样，每一小步的实现都不难，难的是一直向前走。解决这个难题，就需要扫除任何可能导致原地踏步，甚至后退的障碍。

不要问我怎么做到的，我只要最终赢利！

百分之百实现最终赢利是我们的最低要求，记住，是最低要求，不是最高要求，更不是争取实现的目标。有人说，股市中怎么可能百分之百赢利呢？当然可能。关键在于你赢利的标准是什么？根据赢利的定义，股票卖出时的价格高于买进时的价格，扣除相应的手续费后有结余，可称之赢利。显然，据此定义，你今天买进，明天股价下跌，你卖出了，就不会赢利。问题出在哪？能不能解决此问题？

如前文所述，股价涨跌不可预测，即明日股价是涨是跌无法在今天得到确切结论，有的只是猜测，并不能作为操作依据。很好懂，如果能准确知道明天涨跌情况，一年时间你就可以成为世界首富。我们需要的是百分之百能实现的赢利，所以今天买进，明天卖出是不可靠的。那可否买进后一直等待，直到赢利再卖出呢？这同样不可靠。因为公司还有退市风险，买进后跌到哪里、跌多久都未可知，且公司发展前景通过基本面分析也不可预测。

所以，百分之百实现赢利，方式只有一种：买进后，跟踪操作一段时间，比如两个月为一个周期，设定收益目标，比如10%的资产增值，通过资金管理和滚动操作，最终实现赢利。

这种方式能解决所有问题。第一，不需要预测，可采用“顺势跟进”

的操作思想，具体执行的是十六字方针：小单试错，拒绝补仓，顺势跟进，敢于重仓。第二，不需要赌博似的做一锤子买卖，采用的是一段时间的交易，并通过滚动操作不断降低持仓成本，只要一点反弹，便可从容获利。第三，不会出现由盈转亏的尴尬局面，因为只要赢利，随时可以卖出，哪怕只赚一块钱。让每一只股票都最终获利，积少成多，稳步前行才能实现最终目标。

由此可见，为实现最终赢利，我们仅能根据股价实际走势做出应对决策，不能做除此之外的其他任何分析，否则都可能为赢利设置障碍。这就是“股价走势反映一切信息”的根本内涵：它既是多空双方对其所掌握的所有信息消化吸收，并进行充分博弈后的客观反映，也是当下市场股价所能反映出的所有信息。当然，最根本的，还是因为我们为实现最终盈利，我们所能依靠的，当前对市场最真实，最客观的依据，它反映出了我们操作中所需要的所有内容、所有信息。所以在我们的眼里，股价的实际走势确实反映了所有信息，或者说，反映了我们所需要的所有信息。

结论：股价走势反映一切信息，可以使我们坚定操作信心，不必瞻前顾后，诚惶诚恐；也可以使我们抓住主要矛盾，直捣问题核心，将复杂问题简单化；还会使我们操作股票时更理性、客观，不再出现所谓预期，比如股价明明在下跌，如果有所谓的好的预期，不卖出，最终将导致大幅亏损。

第二节 股价走势的完全分类

我们的买卖决策是根据股价实际走势做出的，研究股价走势的各种可能，并制订有效的应对方式，是正确交易的前提。股价运行本质上是多空双方的充分博弈，博弈结果无非三种：多方整体胜出，空方整体胜出，或者多空势均力敌。三种结果反映在股价实际运行上，就对应了三种走势，再无第四种可能，可称之为股价走势的完全分类。

在操作决策上，多方整体胜出是我们跟踪操作的主要阶段；空方整体胜出是我们规避操作，进行观察的阶段；多空势均力敌是我们建仓或者出货的阶段。买点和卖点也都在多空双方打破势均力敌状态后产生。

股价走势分为三种类型：上涨，即多方力量整体胜出；下跌，即空方力量整体胜出；区间整理，即所谓的盘整，多空力量势均力敌。这三种走势类型的确切定义如下。

上涨：股价高点比前一个高点高，同时股价低点也比前一个低点高。

下跌：股价低点比前一个低点低，同时股价高点也比前一个高点低。

区间整理：股价的高低点落在前一个高低点所形成的区域内，或者股价的高点比前一个高点高，同时股价的低点比前一个低点低。

一、区间整理

区间整理是最重要的概念，主要体现在三方面：第一，出现的次数最多，几乎所有的分析和操作依据都与区间整理有关；第二，区间整理是股价走势转折点的起源；第三，区间整理是两种走势类型的连接，比如上涨或者下跌走势得以延续时，是通过区间整理这一走势类型连接的，这就是所谓的上涨中继或者下跌抵抗。

根据定义，区间整理是多空博弈的体现，意味着在某一个价格区间内，时而多方力量占优，时而空方力量占优。

在图 4 - 1 中大的方块内，股价出现几次涨跌的反复，表示多空力量在进行激烈博弈，股价被限定在一定的范围内波动，这就是区间整理。既然是博弈，至少会有三个回合的较量，这样才能防止偶然情况的发生，就像擂台上的拳击比赛。在股价下跌时，出现反弹，表示多方力量在反扑，之后股价再次下跌，反映空方力量的不甘示弱，再之后多方力量又开始占优，股价又开始上涨，这样就形成了区间整理状态，说明空方力量开始与多方力量出现一定的均衡。

区间的意思是股票在这个区域内被反复交易，从图 4 - 1 中的大方块内可清楚看出，这是区间整理中多空博弈的本质。从这一本质出发，如果把交易过程不断压缩，直至在该级别上不能继续分解，会发现，最小的区间整理由三根该级别上的 K 线组成，如图 4 - 1 中的小方块 1 所示，这个交易价格大致重合的区域就是区间整理的区间含义了。这是区间整理的最小单元，所有其他的区间整理都是由此最小单元变形得出的。比如图 4 - 1 中小方块 2

所示区域，就是由多根存在交易价格重叠的 K 线组成的，而图 4－1 中的大方块所圈定的区间整理，是由多根 K 线组成的走势类型构成的，依次是上涨、下跌、再上涨，从而出现了较大范围的重叠交易区间。

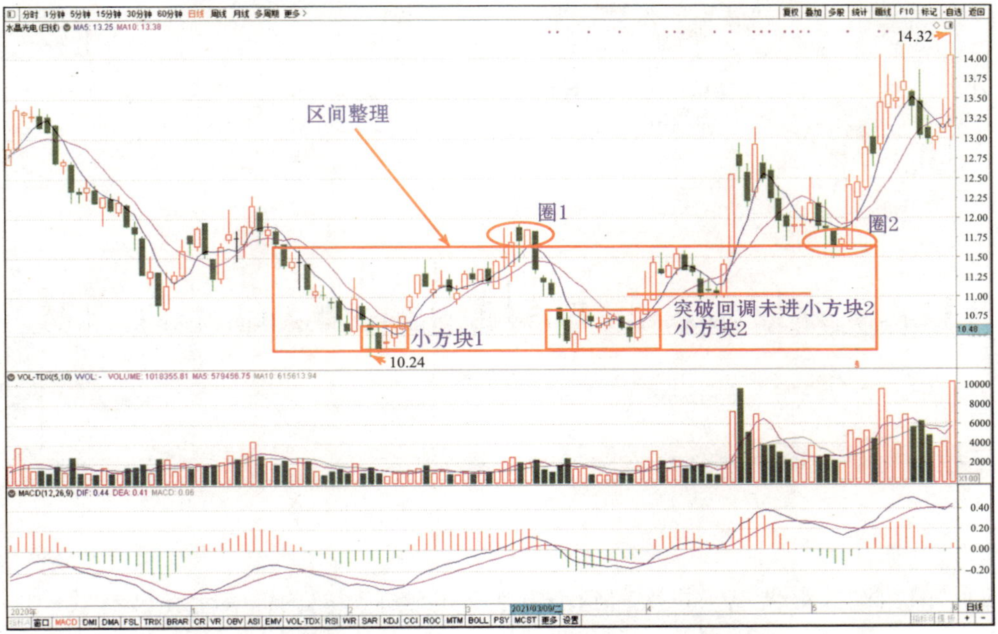

图 4－1　区间整理

多空博弈，本就是对某一价格区间的争夺，所以，重叠交易区间才是区间整理的内涵，而在股价走势图上表现为至少三种走势类型的重叠区域。至于由三根 K 线组成的最小区间整理，其实放在次级别 K 线走势上看，也是由三种走势类型组成的。我们在交易时，通过对次级别走势的观察，可以更好地把握买卖点。如图 4－2 所示，可以和图 4－1 进行对比，更能清楚区间整理的内部走势，能在日线级别上的买点形成的前期做出有效判断，并积极建仓。

从图 4－2 中可以清楚地看到三种走势类型组成的区间整理。一旦某个区间整理被突破，就意味着新的走势类型的形成，或者上涨，或者下跌，所以这就是我们买卖的依据，也是买卖信号形成的最重要节点。

再继续看图 4－1，小方块 2 所形成的区间整理被向上突破后，出现回

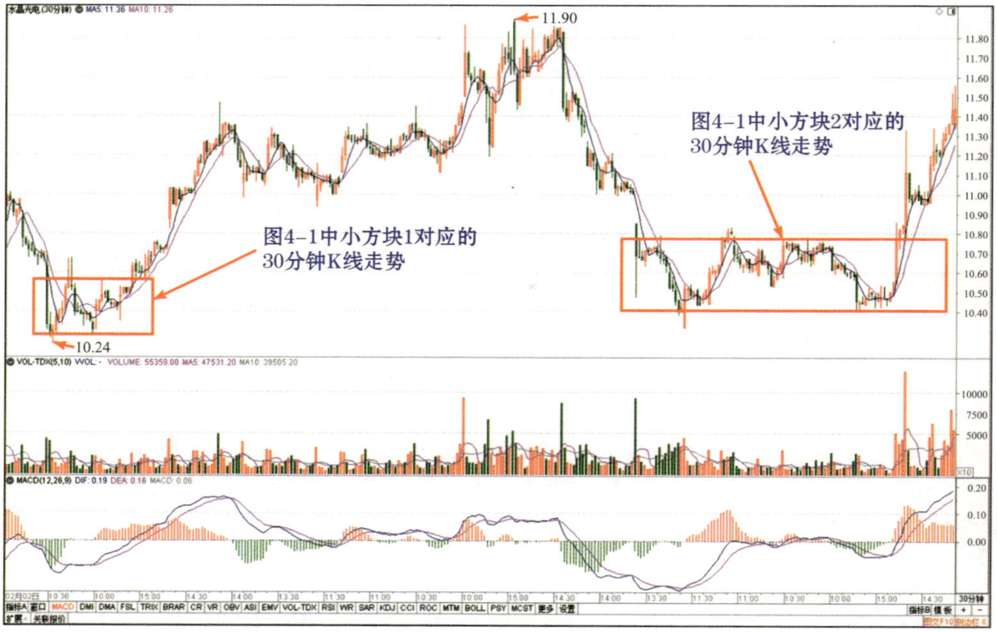

图 4－2　图 4－1 所对应的 30 分钟走势

调，但回调的最低点未再次回到小方块 2 的整理区间内，表示突破有效。这意味着新的走势类型将形成，因为是向上突破，所以必然会形成上涨走势类型，这就形成新的买点了。同理，如果是向下突破小方块 2 所示的区间整理，然后反弹未进入小方块 2 的整理区间，就意味着下跌走势类型将出现，这就形成卖点了。

同样的情况在股价突破大方块所示的区间整理时也出现了，如图 4－1 中圈 2 位置，股价突破大的区间整理后出现回调，但未跌回大的整理区间，所以新的上涨走势类型将出现，这就是较大的买点；相对应的是圈 1，股价突破后回到整理区间内，于是继续进行区间整理。

这里有个问题，在圈 1 处，大的区间整理未形成，怎么知道它突破无效呢？其实仔细观察会发现，在股价突破小方块 1 所示的区间整理后，到圈 1 的过程中，也出现过区间整理，圈 1 的位置就是突破这个区间整理无效的再次回落。这个过程在图 4－2 中相应的位置看得更清楚。在图 4－2 中，股价突破小方块 1 后出现的上涨阶段，有一个明显的区间整理，图 4－1 中圈 1

位置的回调，就是对这个区间整理的突破无效后所出现的回落。

整理区间并非股价整理期间最高点和最低点所形成的区间，而是在股价整理期间“低点中的最高点”与“高点中的最低点”所形成的区间。这就是多空博弈最激烈反复的区间，也是三种走势类型中股票重复交易的区间。

多空博弈充分，一旦有效突破，才表明一方的力量更强大，所以，在股价整理区间，重复交易最多的区间才被称为整理区间。

（1）区间整理发生在任何操作级别上，大级别的正常走势，在次级别上可能会出现明显的区间整理。

在我的操作体系中，操作级别做如下区分：月线，周线，日线，30 分钟 K 线，5 分钟 K 线，1 分钟 K 线。周线是月线级别的次级别，日线是周线级别的次级别，30 分钟 K 线是日线级别的次级别，5 分钟 K 线是 30 分钟 K 线的次级别，1 分钟 K 线是 5 分钟 K 线的次级别。

1 根 K 线在其次级别走势中最少由 5 根 K 线组成，因为 3 根 K 线就能组成最小单元的区间整理，所以，在所操作的级别上，正常的股价走势，在其次级别上会出现明显的区间整理。如前文所述，买卖点都是股价突破区间整理后形成的，当我们发现一只股票上涨，想要买进时，去观察它的次级别走势，甚至是再次级别，一直到最低级别，即 1 分钟 K 线走势，等待买点的出现。当然，在等待买点的过程中必须逐级分析，不能直接看 1 分钟 K 线上的买点。比如周线在上涨，想买进，要看它的次级别，即日线上是否出现买点；如果日线也在上涨，就看 30 分钟级别上是否出现买点，以此类推。这就是先大后小地进行分析，逐级框定最理想的买点。

（2）区间整理具有普适性，它普遍存在。

区间整理的本质是多空双方对某一价格或者某一价格区间的充分博弈，反复争夺，这意味着它存在于任何操作级别中。股价的运行就是从一个区间整理到下一个区间整理。区间整理是多空力量的暂时平衡，当这种平衡被打破后，当然需要下一个区间整理来重新达到平衡。这是买进、卖出和持股的本质依据，在不同的操作级别上，配合相应的资金管理，便能无往而不胜。

当一个区间整理被向上突破，意味着原有平衡被做多资金打破。作为买进获利的我们，自然是跟着多方力量，顺势买进，获得收益。买进后何时卖出呢？这就需要等待下一个多空双方的平衡。从多方力量占优到下一个多空力量平衡，此期间就是我们的持股阶段。当新的平衡出现后，如果继续由多方力量打破平衡，我们便继续持股。当出现空方力量打破平衡时，卖点出现，因为这时空方力量开始占优，需要在股价下跌一段时间后才能达到新的平衡。

多空博弈达到平衡是常态，而上涨和下跌是打破平衡的非常态。在交易时，首先观察股价处于何种状态中，即处于三种走势类型中的哪一种，是上涨、下跌还是区间整理？这是进行精准买卖的前提。

下面以日线为例进行介绍。

①如果股价处于上涨走势类型，表示在此周期中多方力量占优，当有筹码时便可以持股，直到下一个多空力量平衡的区间整理。如果去观察日线的次级别走势，发现不断有区间整理出现，那便可以据此周期上的买卖点进行滚动操作。

如果没有筹码，则在日线级别上是没有买点的，不能买进，但是，观察对应的30分钟K线走势，会出现区间整理以及突破区间整理后的买点，这里是可以操作的。需要特别强调的是，级别越小，可参与的资金越少，且它的卖点也是在该周期中产生的，要相应地执行操作。不能出现30分钟K线上的买点后，却按照日线上的卖点出货，这是严重亏损的诱因，这相当于把卖出的灵敏度几倍削弱了。所以，按照30分钟K线走势上的买点买进，资金要减少一半，且卖点也要在30分钟K线走势上完成。需要注意，一天有8根30分钟K线，在没有T+0交易制度的前提下，有当天无法卖出的可能，这是一种潜在风险。解决方式是寻找在收盘前30分钟K线走势上出现买点的股票进行参与。

上涨走势类型表示多方力量占优，之后一定会走向多空力量的平衡，甚至是下跌走势类型。无论上涨走势类型演变成新的区间整理还是下跌走势类型，都不会出现买点，所以在个股上涨时该级别上是没有买点产生的，这意味着，没有任何股票值得追高，因为这有悖于精准买卖！

②股价处于下跌走势类型，意味着空方暂时占优。之后股价只可能演变为两种走势类型，也就是区间整理和上涨走势类型。上涨走势类型是多方力量突然大幅占优后的V形反转，而区间整理是绝大多数情况下转变的走势类型，它表示多空力量博弈从空方占优过渡到了多空力量的暂时平衡。

无论转化成哪一种走势类型，都意味着下跌的暂时结束，所以，股价下跌中只有买点产生，不存在卖点。

有人担心：难道看着股价下跌，不卖出，等着它大幅下跌导致严重亏损吗？其实，在股价进入下跌走势类型之前，卖点已经出现，按照精准买卖的要求，此时应当已经减仓甚至清仓。下跌走势类型是区间整理被向下突破后产生的，卖点就出现在向下突破整理区间，反弹无法回到整理区间后。当然，这个反弹要从次级别以下走势中观察，这样可以尽早发现卖点。有的股票在日线级别上似乎出现连续下跌，没有出现反弹，但如果看30分钟及以下K线走势，都能发现反弹无法进入整理区间，这就是卖点。

在下跌走势类型确立后，我们要做的就是等待下一个买点的出现，或者到时建仓，或者做滚动操作，此前不做任何操作，这就是精准买卖的要求。

③股价进入区间整理走势类型。此种情况下，需要继续细分之后股价可能的走势类型，并做好应对。

第一，股价由上涨进入区间整理。由多方力量占优到多空力量平衡，表明空方力量的强势，是进而演变为空方力量占优的必经之路。这样的区间整理是产生卖点的必要条件，如果有筹码，要做好减仓或者清仓的准备。

这里还可继续细分：如果这个区间整理出现在低位，即股价上涨幅度不大，表示多方力量只是小憩一下，后面继续向上突破区间整理，进入新的上涨走势类型的可能性很大。所以，股价开始上涨后出现的第一个区间整理，经常被称为空中加油。从第二个区间整理开始，理论上股价有可能向下突破区间整理，进入下跌走势类型。当然，实际走势中，也许股价还会继续上涨，出现更多的区间整理，但在操作上，从第二个区间整理开始就要做好随时减仓甚至清仓的准备。

第二，股价由下跌进入区间整理。从空方力量占优到多空力量平衡，说明多方力量在增强，是股价转变为上涨走势类型的必要条件。买点都是在股价下跌后出现区间整理时产生的，反映的就是这个道理，所以这里是我们准备建仓或进行滚动资金买入的机会。

继续细分：如果这个区间整理处于下跌初期，那可能意味着空方力量在小憩，俗称为下跌抵抗，之后再次向下突破，出现新的下跌走势类型的可能性很大；但无论之后出现多少次区间整理，总有一次区间整理是最后一次，多方力量累积得足够大，进而向上突破，形成上涨走势类型，这就是买点了。由此可知，买点都出现在下跌之后的区间整理处，理论上讲，从下跌之后的第二个区间整理开始，都可能出现买点，要做好建仓或者进行滚动操作的准备。

由图4－3可知：方块1，是股价在下跌之后出现的最后一次区间整理。当然，股价走出来才知道是最后一次区间整理，在出现股价后面的走势之前是无法知道的。在操作中，我们永远不要预测哪次区间整理是最后一次，操作时也只能根据股价实际走势做出应对，绝不能按照预期交易。

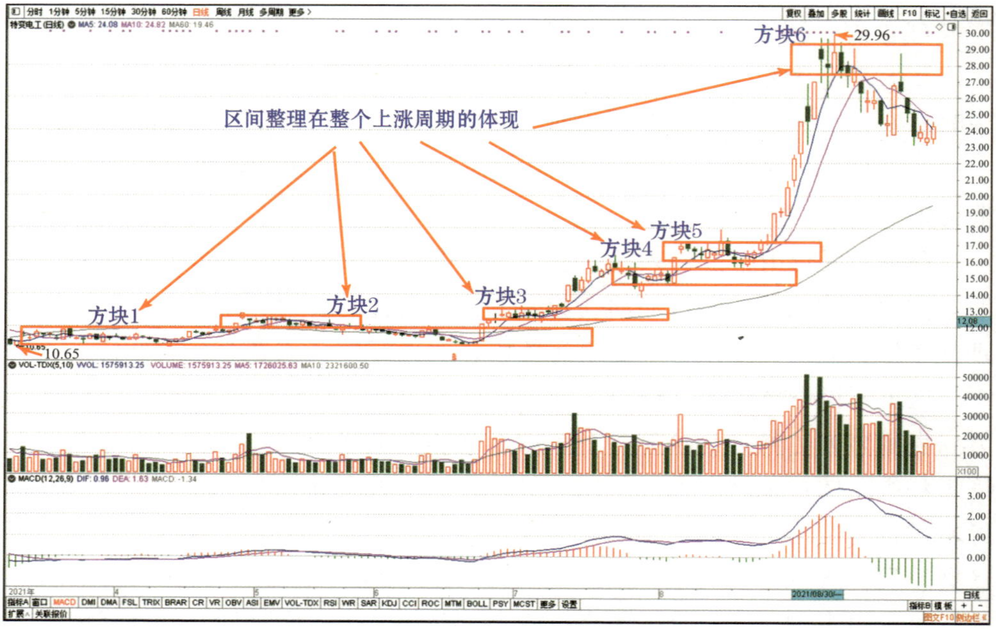

图4－3　区间整理的作用

方块2，是股价在突破底部区间整理方块1之后，形成的新的区间整理。但是，股价并未继续突破方块2上涨，而是在回调时跌破方块2，进入原有的方块1中。这表示对底部区间整理方块1的突破是无效的，股价还要继续进行一段时间整理。

方块3，是股价再次突破底部区间整理方块1所形成的新的区间整理。方块3中，股价在回调时并未跌到方块1的整理区间内，表示这次的突破是有效的。因为这是向上突破底部区间整理，所以必然会形成向上的新的区间整理或者是上涨走势类型。无论哪种，都可以出现买点，也就是股价都会上涨。

方块4，股价突破方块3后，出现一小段上涨，之后回调，但并未再次回到方块3中，说明突破有效，并形成了新的区间整理。方块3相对于方块1方向是向上的，所以上涨趋势形成。根据上涨走势类型的定义，低点不断抬高，高点也不断抬高，在股价上涨过程中，每一次的股价回调都不跌到上一个区间整理内，意味着上涨的持续，是可靠的买点。

方块5，是股价向上突破方块4后形成的新的区间整理，因为股价回调并未再次进入方块4，所以上涨持续。随后股价突破方块5形成的区间整理，出现了一波快速拉升。在这波拉升中，并未出现最少由三根K线形成的区间整理，直到方块6。

方块6，是由三根K线组成的最小的区间整理。股价出现较大幅度上涨后形成的多空力量的平衡，意味着空方力量开始聚集，这是形成卖点的必要条件。当股价向下跌破方块6所形成的区间整理，并在反弹时未进入该区间整理内，说明卖点出现了，该清仓了。

以上是日线级别上对区间整理的观察。在实际操作中，若发现股价可能突破某个区间整理，一定要观察它的次级别走势，也就是30分钟K线走势，只要在次级别走势中，股价回调不回到原有区间整理内，便表示突破有效，这时很容易及时发现买点。比如图4－3中，股价突破方块5后，在日线级别上似乎没出现回调，但在30分钟甚至更低级别的走势中，这个突破后的回调很明显，那时可以积极跟进了！

图4－4是图4－3中，股价突破方块5的第一天出现的5分钟K线走势图。

图4－4是在图4－3中股价突破方块5的当天进行5分钟K线图展开后得到的。从图4－4中清楚看到，方块1是图4－3中方块5所形成的区间整理，股价在突破之后有一个回调确认突破有效的过程，这个从日线图上看不出。当股价回调不再跌入原有区间整理后，表示突破有效，因为是向上突破，所以买点形成。圆圈处非标准阳克阴K线形态，表示股价企稳回升，在5分钟K线走势展开以后，买点就变得很清晰了。

在图4－3中，股价突破方块5之后的第二天，股价收出小阳线，并未出现区间整理便继续上涨，可是从图4－4中可以看到，第二天形成明显的区间整理，也就是方块2的位置，在之后仍然突破方块2，回调不再跌入方块2所示的区间整理内，表示新的上涨开启。这部分走势就是图4－3中突

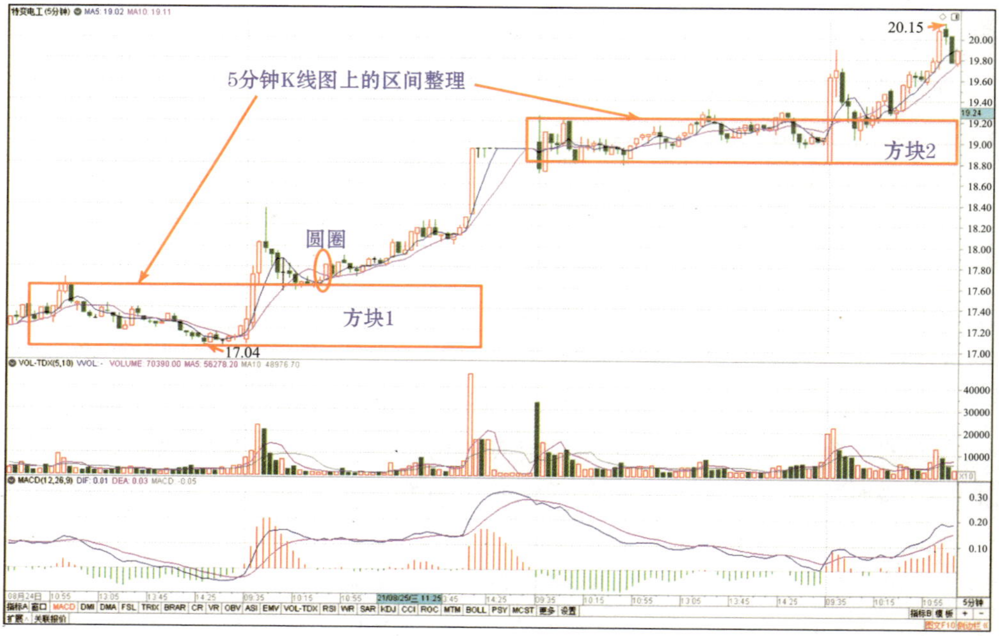

图 4－4　5 分钟 K 线图上的区间整理

破方块 5 之后的第三天走势。

这说明，股价有效突破区间整理形成买点或者卖点是普遍存在的，即便在你所关注的操作级别上未出现，也会出现在次级别或者更低级别的走势中，这就是精准买卖的内涵。不要找理由说买卖点已过，于是追高，或者错过卖点，只要观察更低级别的走势，就能很好地等到买卖点的出现。当然，操作级别越低，对应参与的资金要越少，这是要注意的。

（3）区间整理的连接作用。

整理区间是多空力量博弈区间，表示双方力量暂时平衡。股市中的投资者，在某一时间断面会分为多方和空方，想买进股票的称为多方，想卖出股票的称为空方。当多空双方执行了自己的操作意愿后，在下一个时间断面就可能相互转化，原来的多方变成了空方，而原来的空方又变成了多方。这很好懂，多方买进了股票，就想着要卖出，自然成了空方；而原来的空方卖出股票后，有了资金就开始思考什么时候买进，这就变成了多方。

多空双方的相互转化无时无刻不在进行，所以在某只股票上，随着时间的推移，多空双方力量在不断变化，区间整理就是这种变化暂时达到了均衡。随着股价的涨跌变化，这种平衡总有一天会被打破。同样，当股价处于上涨阶段，多方力量占优，随着时间的推移，股价不断上涨，多方力量不愿再买进，因此力量减弱，而已经有筹码的空方力量，卖出意愿变强，于是空方力量增加。一增一减，就必然出现在某一个时间段内双方力量达到均衡，这就是区间整理的由来。当这个区间整理被打破后，要么多方力量继续占优，股价继续上涨，要么空方力量开始占优，股价进入下跌阶段。可见，无论股价怎么运行，都要通过多空力量的平衡来过渡，这就是区间整理的连接作用。

买和卖做的是上涨阶段和下跌阶段，这两种走势类型是靠区间整理连接的。这意味着所有的分析起点都是区间整理，它的结束是另两种走势类型的起点。基于区间整理的普遍存在性，当你在寻找买卖点时，即便所操作的级别上暂时没有区间整理，在它的低级别上区间整理也会存在。所以，寻找区间整理，并等待打破区间整理的那一刻，就是我们做的所有工作。

如此，我们的日常交易变得简单了：寻找区间整理——向上突破区间整理，则买进——持股等待下一个区间整理，或者再下一个区间整理——股价向下突破区间整理，则卖出。一个完整的交易过程结束。在整个交易过程中，利用低级别的区间整理被向上突破的买点进行滚动操作，那就是锦上添花了。

由于区间整理的普遍存在性，即便你所关注的操作级别上股价单边上涨，它的低级别走势中也会出现区间整理，也存在买点，所以，严格来讲不存在所谓的追高。只要寻找到相应级别上的买点，并用与之匹配的资金进行操作都是可以的。在图4－3中，股价在日线级别上单边上涨，但在图4－4所示的5分钟K线图上就有明显的区间整理出现，利用5分钟级别上与之匹配的资金进行交易，就不存在所谓的追高了。

同样，日线级别上的单边下跌，在低级别走势中必然存在区间整理，股价跌破区间整理后的反弹不再进入整理区间，表示卖点产生。这就是区间整理的连接性。不要认为错过了卖点，寻找低级别上的卖点，并分批卖出，这是对区间整理连接性的最好应用！

二、上涨走势类型

上涨走势类型的定义：股价高点不断抬高，低点也不断抬高的走势类型。

与区间整理的定义相比较，在某个级别上，上涨走势类型表现在K线走势上，不能出现有三根K线重合的交易。这意味着与前一根K线比，每一根K线都在创新高，且不创新低。

需要强调，在做走势类型分析时，需要限定某个级别，比如日线，当然，也可以是周线或者30分钟K线等等。这完全看自己需要，但是不能将各操作级别混用，这很容易迷失。比如，在日线上，股价处于上涨走势类型，但你看30分钟K线及以下级别K线上，一定会有区间整理出现，这就会对走势类型的判断产生干扰。参照物要明确，这样才能做出清晰的买卖决策。

明确股价所处的运行状态，是做出交易决策的前提。比如，你现在有筹码，而股价处于上涨走势类型，那么持股就是必需的，直到出现区间整理后才可能出现卖点并做出卖出决策。

上涨走势类型是获利的主要走势类型，所有分析和操作都是为了这个阶段的利润。在不同级别上，上涨走势类型产生的利润不尽相同，明确这一点，对资金的管理非常重要。比如日线级别上，上涨走势类型由几天或者十几天走势组成，一般会有百分之十几或者百分之几十的涨幅，这已经很可观了。如果是由五六根K线组成，百分之十以内的涨幅是很普遍的。但是如果在周线级别上，同样是几周，或者是十几周的上涨阶段，那就是翻倍的涨幅了。上涨走势类型对获得丰厚收益非常关键，我们要找的就是具备这种潜力的股票。当然，如果是月线，能持续三五个月的涨幅，就很了不起了。

通过“先大后小”式的逐级分析，在资金量与各级别合理匹配的保障下，我们就可以抓住大级别上的上涨走势类型，而通过按照小级别的滚动操作就很容易等到大级别上涨阶段的来临。比如，月线级别上出现了对股价下跌后形成的区间整理的向上突破，这是形成上涨阶段的迹象，通过对次级别的跟踪，精准把握买点并建立与月线级别匹配的仓位。这个仓位通过月线进行持股不动，而其他资金可以在周线或者日线级别上等待买点，反复操作。如此，一旦月线级别上出现上涨走势类型，那就是至少翻倍的行情了。当资金量不断增大后，这样的操作就成了常态。

这样的方法在周线上同样适用。寻找周线级别下跌后出现区间整理的股票，然后等向上突破区间整理后建立与周线级别匹配的仓位，该仓位一直拿到上涨走势类型的出现。为防止出现意外，利用其他资金在日线及以下级别上寻找买点，反复操作。一旦周线级别的上涨走势类型出现，那就会有百分之几十的利润产生。

由图 4－5 可知，上涨走势类型是获利的主要走势类型，一旦遇到绝不可轻言放弃，毕竟这是可遇不可求的，需要经过长时间等待方能一睹芳容。尤其对于主要操作级别上的仓位，必须等到新的区间整理的产生，因为这是必然结果，绝不可在上涨走势类型运行中匆匆离场。同时，在日线级别明确进入上涨走势类型时，一定要利用滚动资金在 30 分钟 K 线及以下级别走势中进行滚动操作，因为这是最安全的滚动操作时间。当第二个上涨中的区间整理出现后，要留意次级别上的卖点。第一类卖点是股价创新高后，MACD 指标顶背离；第二类卖点是次级别上的高位区间整理被向下突破，且反弹时不再进入区间整理内。

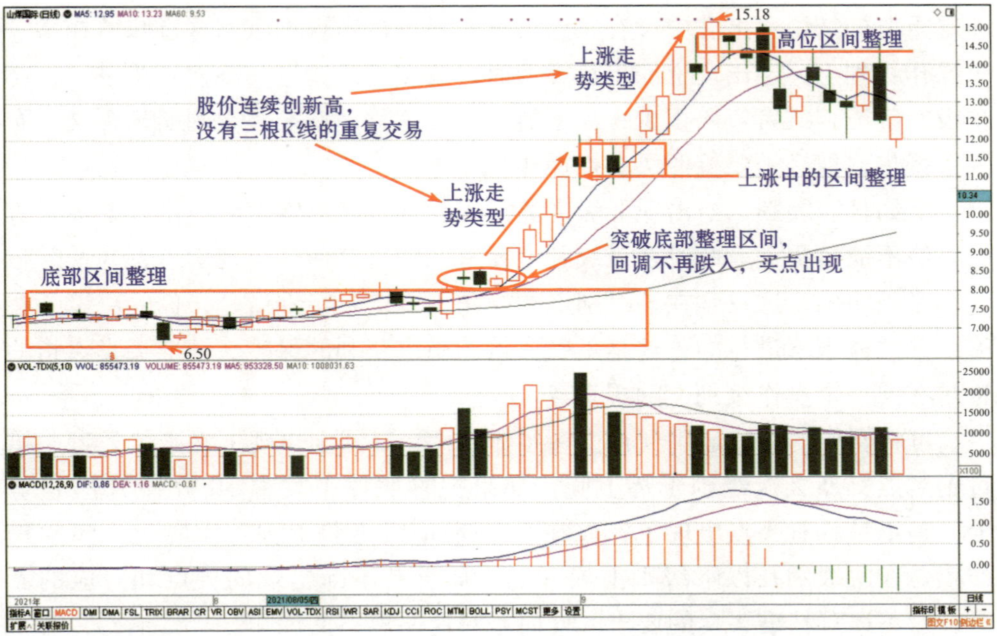

图 4－5 上涨走势类型

在日线及以上级别中，出现上涨走势类型的时间跨度较大，但在分钟级别上却是很容易看到的。只是，由于我国目前没有实施T+0交易制度，分钟级别上的上涨走势类型用于滚动操作更为合适。分钟级别上的操作对于资金的灵活度要求很高，一次性参与的资金不可过多，其原则是能够一笔卖掉。

由于时间的限制，分钟级别上的涨跌幅度也会随之减小。比如30分钟K线走势同日线比，每根K线的平均涨跌幅度一定是大幅缩小的，5分钟K线更是如此，这也意味着上涨走势类型结束后的上涨幅度会大幅减小。这就要求我们必须大幅降低分钟级别操作中的收益预期，目的是确保赢利能够实现。经过长时间的大量实践，30分钟K线走势中的收益目标定为1%，5分钟K线走势中的收益目标定为0.5%，因为在相应级别上，相应幅度出现的频率极高，且很容易实现。长期、可持续地实现每一笔交易的成功，是实现财务自由的根本。这也是第三操作体系和第四操作体系的由来。

上涨走势类型无论持续多久，终会结束。与其相连接的只能是区间整理和下跌走势类型，无论是哪一种，都意味着上涨的结束。即便之后再次出现上涨走势类型，也与这一个上涨走势类型无关。明确这一点，便可得到一个非常重要的结论：上涨中没有买点出现，只可能出现卖点。这意味着在某一个操作级别上，当出现上涨走势类型时，买点已经错过，不能再买进了，哪怕没有筹码，或者筹码很少，也不能加仓。这就是精准买卖的明确含义。有人会惋惜，但必须要按照买卖点操作。

比如日线级别，当出现上涨走势类型后，在该级别上已经错过了买入机会，绝不能再买进。此时在该级别上要考虑的只有何时出现卖点，并及时减仓。必须明确，这只是在该级别上的操作。一定要特别清楚，你的决策是在哪个参照体系下进行的，这是正确决策和稳定获利的保障。精准买卖点指的也是在同一个操作级别上的买卖点。

可将同样的思路运用到每个参照体系中。日线上出现上涨走势类型，错过了买点，那么次级别走势上呢？如果把参照体系放在30分钟K线走势上，是不是就有买点出现了？放在5分钟K线走势上呢？实际上，滚动操作就是在次级别及以下级别上展开的，那里有不断出现的买点和对应的卖点，这不违背精准买卖的要求，反而是对这一思路的深化。

同理，周线上出现上涨走势类型，只表示在以周线为参照物的操作体系中，买点错过了，但日线及以下级别走势中还会出现买点，那就按照相应参照体系操作，不同的是参与资金量降低罢了。这也是滚动操作的要义，即用不高于基础仓位的资金在低级别上进行反复操作，当然是在买卖点明确的时候操作。

随着参照级别的降低，会发现上涨走势出现得越来越频繁。方法是统一的，滚动资金就是在等待上涨走势出现。在5分钟参照体系中，等待股价连续下跌后的区间整理，当这个区间整理处的股价不再创新低，便开始回升，表示第一类买点出现；或者股价虽然创新低，但对应的MACD指标却出现底背离，这也意味着第一类买点的出现。当股价向上突破低位的区间整理，并且在更低级别的参照体系中发现股价回调，并不再回到整理区间内，表示第二类买点出现。这些都是滚动操作的机会，不过只能在5分钟这个参照体系内观察。在用滚动资金买进后，收益超过0.5%随时可以准备卖出；或者在确保0.5%收益的前提下，等待上涨走势类型的结束，出现卖点后再减仓。这是因为分钟级别的时间太短，多空力量转化极快，经常出现几根K线的上涨，被一根K线的下跌全部吃掉的情况。当然，在更低级别中会出现区间整理和卖点的提示，但时间太短，很难做出反应，所以才要求在确保0.5%收益的前提下去等待上涨走势类型的结束。

对于以30分钟为参照体系的滚动操作，方法一样，不同的是把收益幅度提至1%。这是因为30分钟形成的一根K线，很容易出现超过1%的上涨幅度，所以一旦出现上涨走势类型，这个收益目标是极易完成的。

基础仓位在上涨走势类型结束后的卖点出现时卖出；滚动资金也是在上涨走势类型结束后，出现卖点时卖出。两者的不同之处在于所参考的操作级别：基础仓位可以在周线级别上执行，或者在日线级别上执行；滚动资金可以在分钟级别上执行。无论在哪个级别上操作，也无论用多少资金执行的操作，都是遵循了精准买卖的思想，在买卖点明确后再操作。

在实际操作中，不同级别的上涨走势类型表现出不同的运行特点，级别越大，越容易一鼓作气地完成，这主要得益于对人为因素的过滤。股价走势是多空双方博弈的结果，时间周期越短，偶然因素作用就越大。如果资金量较大，甚至还能短期内引导股价运行，这就是有实力的主力资金干的事。但是将时间周期拉长，无论你有多少资金，都将无法左右股价运行，那么股价的走势便能相对真实地反映市场中多空双方的交易意愿。

比如，月线级别上的上涨走势类型容易一次完成，中间不经过区间整理。对于周线及以下级别上的上涨走势类型，上涨阶段至少会出现一次区间整理，当第二次区间整理出现后才可能出现卖点。所以，当资金量不断增大后，月线级别上的买点是建立基础仓位的重要参考，但清仓却不能仅靠月线上的卖点，因为那样涨跌幅度跨度太大，甚至当卖点出现时已完全没有利润了，这时要结合月线和周线进行操作。尤其当月线上出现三根以上 K 线组成的上涨走势类型后，要时刻注意周线上的卖点，并据此完成清仓。此时的收益基本一倍以上了。

周线及以下级别是我们日常交易的主要参考依据，在这些参照体系中，上涨走势类型一旦确立，基本由两段以上组成，也就是由“上涨走势类型→区间整理→上涨走势类型”这个基本单元组成。从第二个区间整理开始，上涨阶段可以随时结束。这对实际交易来讲，就出现了一个非常安全的买点，可称之为第三类买点，也就是第一段上涨走势类型后的区间整理，被次级别走势向上有效突破时形成第三类买点。这个买点出现意味着第二段上涨走势类型将展开。很多人愿意买上涨态势明确的股票，但也需要有精准买点才行，第三类买点就是上涨走势类型中非常安全的追涨点。

第三类买点之后，理论上讲，没有再适合买进的信号了，只能进行次级别以下的滚动操作。如果没有筹码，要么放弃操作，要么降低参与资金，在更低级别上等待可参与的买进信号出现，不能强行追涨操作。上涨后的股价走势只有卖点，没有买点，一定要记住这句话。

三、下跌走势类型

下跌走势类型指和前一根 K 线比，股价不断创新低，却不创新高。这是标准的下跌走势类型，和区间整理的定义相比较，表示在下跌中不存在该级别上的区间整理。

实际操作中，只要股价处于下跌状态，没有出现明显的区间整理，都可以称为下跌走势类型。比如由三四根 K 线组成的区间整理，不影响下跌的大局，可以忽略不计。

股价运行是三种走势类型相互转换和连接而成的，一种走势类型的结束意味着另两种走势类型的产生。下跌走势类型结束后，区间整理或者上涨走势类型就在相同级别上出现。无论出现哪一种，都说明股价下跌终止，风险释放殆尽，这就是收益产生的开始。从这个角度讲，下跌走势类型，除了初期出现卖点进行清仓操作之外，是我们密切跟踪但不操作的重要走势类型。

不操作跟踪它干吗？做好随时操作的准备啊。其实等待的时间可能非常短，尤其是在滚动操作中。在分钟级别上，比如 5 分钟 K 线走势中，最多两天内一定会出现第一类买点，甚至每天都会出现。方法是一样的，即下跌走势类型结束的标志是区间整理出现，而股价不再创新低，或者创新低后出现 MACD 指标底部背离，这都是第一类买点出现的信号，滚动资金就可以操作了。在日线及以上级别中，这也是上涨阶段回调结束的标志。可见，我们所跟踪的是上涨周期回调的股票，这时的下跌走势类型才有意义，那种处于下跌周期的股票是没必要跟踪的。

图 4 - 6 中，下跌走势类型 1 最为标准，下跌走势类型 2 中间出现过小的区间整理，因为持续时间很短便向下突破，可忽略不计。

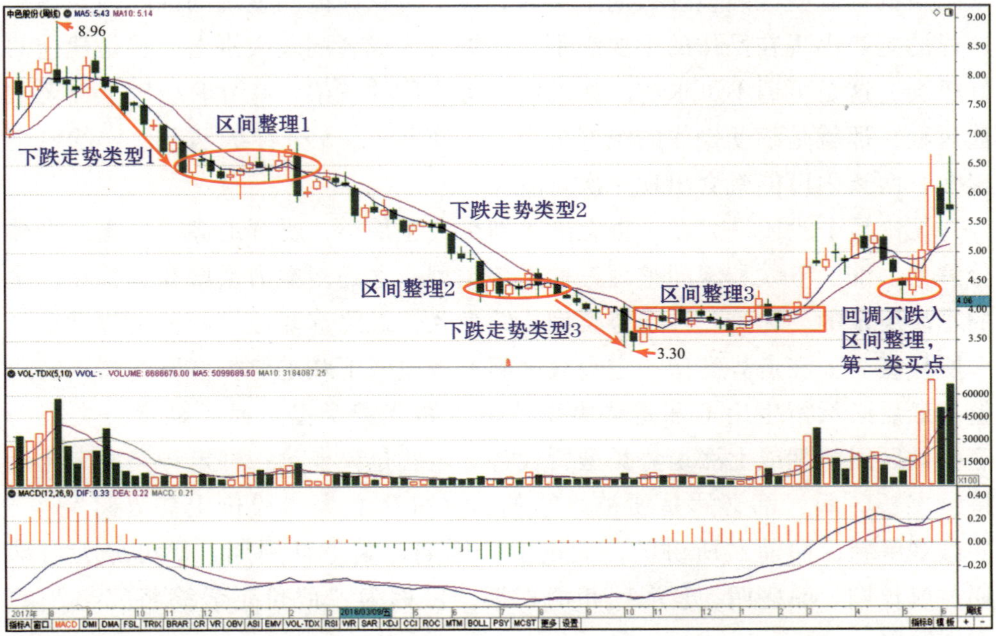

图 4 - 6 下跌走势类型的连接

下跌表示空方力量占优，无论它持续多久，必然会被多方力量的不断聚集而终结，所以，连接下跌走势类型的一定是区间整理，甚至是上涨走势类型。利润就开始于下跌走势类型结束的时候。什么时候下跌结束呢？区间整理出现，且股价不创新低便企稳回升，或者虽然股价创新低，但 MACD 指标出现底部背离，这都是第一类买点出现的条件。当股价突破区间整理上沿，且回调不再跌入时，第二类买点出现。

图 4－6 中，下跌走势类型 1 出现后，被区间整理 1 所终结，有没有出现买点呢？在大阴线跌破区间整理 1 时，MACD 指标并没有出现底背离，同时股价反弹时也没再进入区间整理 1 内部，说明新的下跌还要出现，于是，下跌走势类型 2 出现。之后出现了区间整理 2，跌破后未出现反弹便形成了下跌走势类型 3。终结下跌走势类型 3 的是区间整理 3。此时我们看到，股价不再创新低，MACD 指标逐步回升，股价向上突破区间整理 3，并在次级别走势中未跌回区间整理 3，买点出现。

通过上述过程，我们再次明确，买点一定是在下跌结束后产生的，而下跌结束的标志是区间整理被向上突破，且不再跌回区间整理的区间内。如果这样的走势出现在操作的主要级别，比如日线或者周线级别上，就是建仓的好机会，这是可遇不可求的。如果已经有仓位的股票，在分时级别上出现上述过程，那就是滚动操作的绝好机会了。实际上，5 分钟级别上这样的机会很多，两天内可能就会出现一次。

无论是个股还是大盘，也无论级别是大还是小，所有走势图都能最终被分解为上涨、下跌和区间整理三种走势类型，这是多空力量博弈和相互转化的本质决定的。无论一种走势类型持续多久，最终都要被另两种走势类型之一所代替。上涨走势类型一定会被区间整理或者下跌走势类型所终结，区间整理最后必然衍生出上涨走势类型或者下跌走势类型，而下跌走势类型一定会被区间整理或上涨走势类型所代替。也就是说，每一种走势类型，无论持续多长时间，都必然是要被终结的，这可称之为“股价走势终将完整”的微观解释。而前文所讲的，无论上涨周期还是下跌周期，都可分为启动期、成长期、鼎盛期、衰竭期和消亡期，可称为“股价走势终将完整”的宏观解释。

买股票的目的是赢利，即股价要上涨，至少不能下跌，而下跌走势类型的结束便是区间整理或者上涨走势类型的开始。因此，我们买股票时就一定要跟踪处于下跌中的股票，这样才能等到区间整理或者上涨走势的到来。如果跟踪区间整理的股票，意味着只有一半的成功机会；而跟踪上涨走势的股票，那就没有收益机会了，因为之后是区间整理或者下跌走势，无论哪种都无法产生利润。有人说，我可以在上涨走势中追进去啊！这样做就无法确保赢利了，只能是凭感觉的业余做法。我们想要的是能够复制的、可以确保赢利的操作方法。

了解股价走势的完全分类，是精确找到买卖点的前提，因为无论级别大小，都能将股价走势完全分类，这就为各级别的精确买卖奠定了基础。如此配合资金管理和交易策略，就能实现稳定赢利。

比如，建仓从“先大后小”的角度进行分析。“先大后小”指的是先大级别，再小级别。这样无论资金量大小，都可采用相同的分析方法，只是换一下操作级别而已。如果资金量很大，可以先找月线级别上的买点，甚至是季线级别或者年线级别。即便这样的大级别，也可以进行走势上的完全分类，所以用相同的方法可以找到月线级别上的买点。比如，连续下跌后的区间整理出现，股价不再创新低，或者创新低但 MACD 指标底背离，第一类买点出现。此时便可以在月线级别上不断建仓了，最终买进与月线级别匹配的仓位，也就是计划参与资金的 50%。买进方法可以采用在低级别上的买点不断买进的方式，在周线或者日线级别上等待买点，不断买进与之匹配的资金。

在月线级别上建立基础仓位后，用同样的方法，在周线上进行走势分类，并等待买点的出现，然后用和周线级别匹配的资金进行滚动操作，或者用和日线级别匹配的资金在日线级别上进行滚动操作，再或者用与 30 分钟 K 线级别匹配的资金在 30 分钟级别上进行滚动操作。其分析和等待买点的方式相同。这就是股价走势完全分类的作用，一法通则万法通。

主要仓位清仓的依据可以是月线级别上的卖点，即上涨后出现区间整理，股价不再创新高，或者股价创新高但 MACD 指标顶背离出现，第一类卖点形成。实际操作中，由于月线级别上的波动幅度很大，一根月线可能就是百分之几十的波动，所以在上涨走势类型趋缓时，可以注意次级别走势，也就是周线的走势，这样能第一时间发现卖点，并清仓。

资金量略小时，方法过程均相同，只是操作级别同步下降而已，把月线降为周线，周线降为日线，以此类推。资金量再小，则继续降低操作级别。

需要说明的是，分时级别的滚动操作要确立收益目标，并在实现后及时了结，以此保持主动权。这是因为分时级别受情绪影响过大，几根 K 线的上涨，可能一根 K 线就吃掉了。所以，滚动资金买进后，5 分钟 K 线上的买点，收益超过 0.5% 即可卖出，如果股价涨势良好，可以等到该级别上的卖点出现，但需确保收益不低于 0.5%；30 分钟 K 线上的买点，收益超过 1% 为完成目标，如果上涨走势良好，可以等待该级别上卖点的出现，但不能低于 1% 的收益。

以上操作过程，可总结为十六个字：先大后小，精准买卖，降低成本，滚动操作。

简单解释如下。

先大后小：指先分析大级别上的买卖点，再分析小级别上的买卖点。比如，先找月线级别上的买卖点，之后找周线级别上的买卖点，再找日线级别上的买卖点，甚至继续向下找分时级别上的买卖点。

精准买卖：指只能按照买点和卖点的提示操作，未出现买卖点时不操作。

降低成本：顾名思义，将持仓成本不断降低。持仓成本为主要仓位的成本，即计划参与资金的 50%。不可做虚假持仓成本，比如 100 万元资金，赚了 5 万元，却只剩余 100 股，那账户上显示的成本肯定为零了，这没意义。正确的做法是，主要仓位是 50 万元，则要赢利 50 万元才能将成本降为零。如果按照总资金计算，要赢利 100 万元才能将成本降为零。

滚动操作：指主要仓位保持不动，用低级别上的买卖点，和与之匹配的资金进行反复操作，降低持仓成本，同时使等待股价上涨的时间具有价值。

第三节　股价走势终将完整再探讨

股价走势分为三种类型：上涨、下跌和区间整理。无论哪种类型，无论走势过程多么复杂，也无论持续时间有多长，都必然会结束，被另两种走势类型所代替，这就是股价走势终将完整的所有内涵。

何为完整？有开始有结束才叫完整。股价走势被完全分类后，每一种走势类型都有开始，也有结束，都会最终衍生其他走势类型，这是不以人的意志为转移的。拿到一只股票，一眼看去，便能分辨出它处于所观察级别上的何种走势类型。这种走势类型必然会结束，当结束时会产生什么走势类型，能不能产生买点或者卖点，该如何操作等问题，瞬间便能知晓并做出应对计划。

比如，一只股票正处于区间整理阶段，首先观察它的前一个比邻的走势类型是上涨还是下跌。如果是上涨，则继续看该区间整理是股价上涨以来的第几个，如果是第二个，甚至更多个，则该区间整理结束后就可能产生卖点，对于操作来讲，没有筹码的不必买进，有筹码的可等卖点卖出；如果该区间整理所处位置较低，比如是第一个，在股价刚突破底部后形成，那就可能出现第三类买点，或者出现更低级别滚动操作的买点。

如果该区间整理的前一个比邻走势类型是下跌走势类型，则观察该下跌走势类型是不是第一段下跌，如果是，则可能出现第二类卖点；如果下跌走势进行了几种走势类型的连接，那么这个区间整理就可能是最后一个，之后便是上涨走势的来临，此时就会有第一类买点或第二类买点的出现，自然是要做好建仓准备了。如果股价处于大的上涨周期的回调阶段，那无论加仓还是进行低级别的滚动操作都可以。

一、下跌走势必然结束

股价走势能被完全分类，基于各走势类型必然会结束，这在股价走势图上一目了然。股价走势是多空力量博弈的结果，下跌表示空方力量强于多方力量。随着股价的下跌，空方力量不断减弱，新买进的筹码，由于还未赚钱，无法转化为新的空方力量，所以原有筹码处于净消耗状态。对于场外资金，股价在下跌后具有了更强烈的吸引力，从逐利的本质出发，有买进意愿的人也会越来越多。空方减，多方增，随着时间的推移，必然会实现二者力量的平衡，此时股价不再单边下跌，而是围绕某一价格区间反复整理，这表示原有下跌走势结束了。

这就是下跌走势结束的必然性，所谓“没有只跌不涨的股票”就是这个意思。这对实际操作的意义非常大。

（1）拒绝抄底。下跌走势必然结束，而结束的标志是区间整理的出现，所以如果是建仓，在下跌走势结束前都不买进。

（2）中低位的下跌不惊慌。下跌走势终会结束，股价处于中低位，主力资金无法获利出货，下跌只能解释为驱赶微利筹码。所以保持耐心，等待买点出现的那一刻，要么建仓，要么进行滚动操作，而不是慌不择路，止损出局。下跌中没有卖点，只有买点，所以在下跌中卖出止损的操作都是错的，违背了精准买卖的要求。

中低位的滚动操作分两种：先卖出再买回，或者先买进再卖出。在下跌初期，如果卖点明确，可以先卖出，等跌势结束，出现新的买点再买回；如果仓位本身很轻，则不必卖出，等下跌结束，出现买点后先买进，在上涨结束时，寻找卖点卖出滚动仓位。

（3）下跌走势在连续出现两个区间整理后才可能结束。这并非绝对的，属于实操中的经验总结。

下跌走势确立后，第一个区间整理多为下跌中的抵抗，可理解为多方力量的第一次阻击。既然空方已经占优，除非多方力量快速集结，否则怎么可能让多方一击必中呢？所以在经历第一次博弈后，空方力量乘势而追，便会出现新的快速下跌。在第二次区间整理出现后，多空双方再次平衡，如果下跌之前股价涨幅较大，获利筹码多，空方力量过于强大，那么第二次区间整理后可能还会下跌；但如果股价处于中低位，空方力量本不算强，股价下跌后多方也容易聚集，第二次区间整理后多方就可能恢复元气，股价展开新的上涨。

至于要出现几次区间整理下跌才会结束是无法预知的，所以耐心等待是唯一要做的。结束的判断标准是股价不创新低便开始回升，表现为阳克阴K线形态，或者股价在区间整理后继续创新低，但跌幅很小便开始回升，同时MACD指标出现底背离，这也表示下跌结束了，其实这就是第一类买点的条件。

当然，尽管无法预知下跌走势何时结束，但下跌后的第一个区间整理，不是下跌结束信号的可能性是极大的。无论滚动操作还是建仓，此时均不可为，除非是股价向上突破区间整理，并在回调时不再进入该区间整理，第二类买点形成后才可操作。

（4）分时K线中的下跌走势类型是进行滚动操作的首要参考。

下跌走势类型终将结束，如果以日线为分析对象，一个下跌的结束，要经历十几或者几十个交易日，有的甚至要整理三四个月或者五六个月之久，操作非常考验耐心。但是，如果将分时级别作为分析对象，比如 30 分钟或者 5 分钟 K 线走势，那就快速多了。5 分钟 K 线走势中，不超过两天便会有买点产生，因为那将有 96 根 K 线；30 分钟 K 线走势中，基本不超过一周便会有买点出现，那也有 40 根 K 线。进行滚动操作，在这里等待买卖点最好不过了。当然，由于级别小，涨幅也随之减小，所以每一次的滚动收益不能要求太多，且参与的资金也要与之匹配好。5 分钟 K 线走势中，有超过 0.5% 的收益即可卖出；30 分钟 K 线走势中，有超过 1% 的收益即可卖出。经实践，这两个收益目标是出现频次最高、最容易实现的——积跬步以至千里。

同时，如果在日线级别上建立基础仓位，30 分钟级别上参与滚动操作的资金可以和基础仓位相同；参与 5 分钟买点的滚动资金，只能为基础仓位的一半。1 分钟 K 线走势波动幅度太小，不便按照上面的买点操作，但不妨碍它作为另两个买点的参考。比如 5 分钟 K 线走势上有迹象出现买点，则可观察 1 分钟 K 线走势，以便及时确定买点。在卖出时，观察 1 分钟 K 线走势会更早确定卖点。

这里的操作仍需按照“先大后小”进行，5 分钟 K 线级别上的买点要在 30 分钟 K 线级别上的买点形成后，或者即将形成时，再或者良好向上运行中使用，绝不可在 30 分钟 K 线处于下跌走势时，用 5 分钟 K 线级别上的买点做反弹，这是不允许的。

图 4－7 中，整个下跌过程由三段下跌走势组成，之间由两个区间整理进行连接。第三段下跌走势伴随着 MACD 指标的底背离，同时第三个区间整理也被向上突破，表明整个下跌过程结束。

股价突破最后一个区间整理后，有一个回调过程，如果股价不创新低，说明在本级别上下跌过程正式结束，开始通过区间整理来酝酿上涨走势。这里不可预判上涨的幅度以及持续的时间，可能是反转，出现大的回升，也可能只是反弹到前一个区间整理下沿附近便结束。这都是站在同一个操作级别上分析的，如果从更高级别的走势上看，股价可能只是在进行下跌后的第一个区间整理，之后出现破位下行也无可厚非。“先大后小”，这是在实际操作中要时刻注意的，至少要看主要操作级别比邻的上下两个级别。对于日

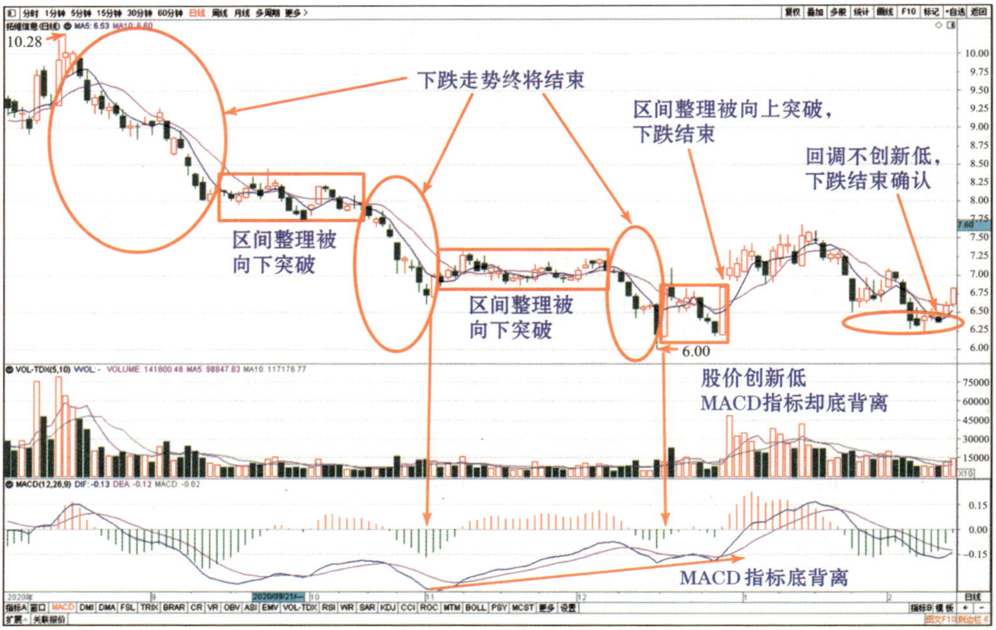

图 4－7　下跌走势终将结束

线来讲，周线和 30 分钟 K 线走势要密切留意，但主次要分清。比如图 4－7 中，日线级别上要出现上涨走势了，那就执行买进操作，即便周线上是下跌后的第一个区间整理，也只是提醒我们上涨的幅度可能受限，注意获利后及时了结，但不能因此不操作。只要更高级别走势不是下跌走势类型，都可拿来操作获利。

股价走势终将完整，下跌走势类型的结束就是这种完整性的具体体现。之所以称其为微观的，是因为跟我们的实际操作紧密连接，具体到了买卖点的出现，而不是从宏观角度给我们方向。股价运行由上涨周期和下跌周期组成，每一个周期都会经历启动期、成长期、鼎盛期、衰竭期、消亡期，这就是股价走势终将完整的宏观体现，它告诉我们当前股价处于什么阶段，能不能操作，但何时操作，具体怎么买卖并未告诉我们。

将宏观继续分解便到了微观，无论启动期还是成长期、鼎盛期等，都是由具体的上涨、下跌及区间整理走势类型连接而成的。每一种走势类型无论持续多久，过程多复杂，都必然要结束。当一种走势类型结束后，就会衍生出另两种走势类型，并孕育出买点或者卖点，给出具体的操作建议，这就是其微观性的体现。可见，股价走势终将完整，是我们整个操作理念的核心，是所有其他操作思想的来源，是敢于参与股市操作，且能长期稳定获利，最终实现财务自由的根基。在我的第一本书《股市赢家密码》中，操作理念是“顺势跟进”，它也来源于股价走势终将完整的思想。所以，“股价走势终将完整”是原理性的存在，是“道”，其余的思想或者方法，都是它的衍生，是“术”。这体现出了《道德经》里面的一句话：道生一，一生二，二生三，三生万物。明白了这个“道”，任何操作才会胸有成竹。即便偶尔出错，也会迅速纠偏，进而保持主动，立于不败之地。

股市千变万化，在这纷繁复杂的变化中，总有不变的东西，那就是“股价走势终将完整”。它就像灯塔，指引我们前进的方向。股价在下跌，那就等下跌结束再做操作决定，而下跌结束的标志是区间整理的出现。有人问，区间整理后还下跌呢？那是下一个下跌走势了，与前一个下跌走势无关。还有人担心，如果股价一直下跌，直到退市呢？那可就不完整了。如果你换一个角度，退市不就是不再下跌了吗？那不就是下跌的结束吗？至于能不能操作，那是后话了，因为操作的依据是下跌结束后，股价向上突破区间整理出现买点，如果退市，那就不存在向上突破区间整理，自然也不会出现买点了，那还做什么呢？

股价走势终将完整，解释了股市中的终极疑问，贯穿于从选股到操作的所有过程。这是股价运行的本质，反映的是资金运作的本质，更进一步地讲，反映的是宇宙万物运行的本质，即有开始便有结束。

二、区间整理必然结束

区间整理指在某一价格区间内股价进行整理，即股票被反复交易，这是多空力量在当下的动态平衡。

多方是想买进筹码的资金，空方是想卖出筹码的资金，在某一时刻，有交易意愿的多空双方资金量大体相当，于是交易轨迹显示为平衡状态。随着时间的推移，这种动态平衡一定会被打破。

在股价上涨中出现的区间整理，大部分买入筹码已经获利，会导致有卖出意愿的资金量不断增加，而有买入意愿的资金量在减小，最终两者资金量达到平衡。股价上涨初期，场外资金因为有继续获利的可能，处于不断增加状态，而有卖出意愿的资金，只有少部分意志不坚定者卖出，但是，随着股价不断上涨，新买进的资金也获得利润，变成空方的筹码，导致空方力量继续增加，这会增加场外资金的风险，所以新买进的资金会逐步减少，直到最后一次区间整理达到终极平衡。这个终极平衡持续时间越长，卖出资金的意愿越强烈，而买进意愿的资金越不会买进，最终必然以卖出意愿资金获利了结者不断增多打破这种动态平衡。于是，原有犹豫的卖出意愿资金不再犹豫，开始卖出，而原本有买进意愿的资金见此状况更加不敢买进。所以说，这种区间整理的动态平衡最终必然会被打破。

如果是下跌中的区间整理，与上述过程一样，不同的是，有买进意愿的多方资金不断增加，而卖出筹码不断减少，最终会在某个时刻达到终极平衡。但随着时间的推移，多方力量看股价不再下跌，会继续增加买进意愿，而空方筹码看到股价不再下跌，更会减少卖出意愿，所以这个终极区间整理必然会以多方力量的不断增加而打破平衡。这就是区间整理必然结束的本质由来。至于在终极区间整理之前出现的区间整理，是由于某一方力量还未消失殆尽，同时另一方力量还没有足够聚集，而继续沿着原有方向打破暂时的平衡。

区间整理被打破的标志如下。

（1）股价突破区间整理的上沿，次级别走势中回调不跌入原区间整理内便继续上涨。

观察次级别走势是为了及早发现区间整理被打破，在原有级别上，有时候股价突破后会出现比较明显的上涨幅度，不利于及时跟进操作。比如日线级别上的区间整理，向上突破后有时会有明显的上涨，等回调确认突破有效后再操作，会错失很多利润，尤其是滚动操作的利润。在次级别 30 分钟走势内，突破原有区间整理后都会有回调，一天 8 根 K 线，足以表明主力的态度了，这样能更早发现突破有效。

（2）股价跌破区间整理下沿，次级别反弹不进入原有区间整理内便继续下跌。

这里会形成第二类卖点，观察次级别走势更有利于卖出。

区间整理会持续多久，不必做预测，也不可能准确预测，我们只能观察。区间整理的过程有多复杂，我们也不必深究，因为我们不做学术研究，我们只关注最后的买卖点。

区间整理的最小单元是三根 K 线组成的重复交易区间，第四根打破这种区间整理都是合理的。将其延展，每一根 K 线，它的次级别及以下级别是由一种或者几种走势类型组成的。比如一根上涨的周线，在日线或者 30 分钟 K 线上就是由几段上涨走势组成的。所以，区间整理可以由最小单元组成，也可以是由至少三段走势组成的共同交易区间，这就是它的复杂性。当股价离开区间整理后，回调再次进入区间整理内，表示突破无效，形成了区间整理的扩展，等等。

这些复杂的东西，我们可以忽略，只关注其明确突破后形成的买卖点，并以此做交易决策。我们学习操作方法是为了赢利，是为了具体操作，绝不是为了搞学术研究。只要抓住关键点，并理解这一关键点形成的原因，其余的可不在意。在实际操作中，我们甚至可以将走势类型更形象地展示出来，其目的也是更简单直观地操作。我们可以用均线系统跟踪股价走势，并依据均线的运行方向来判断股价走势类型。比如，均线上涨表示为上涨走势类型，下跌表示为下跌走势类型，而大体横向运行就表示为区间整理了。

具体为：用 5 日均线和 10 日均线组成均线系统，来跟踪股价实际走势。均线是用股价收盘加权平均得来的，直接反映了股价的实际走势。

为什么用这两条均线？如前文所述，区间整理的最小单元是三根 K 线，均线若想反映这样的区间整理，最少要计算出 5 个交易日的收盘情况。当 5 日均线走平时，才能反映出三根 K 线组成的最小区间整理。如果用 3 日均线，当出现由 3 根 K 线组成的区间整理时，第三根 K 线在均线上计算出的点与前一个点组成的线段，仍处于下跌或者上涨状态，因为前一个点的计算还没有出现区间整理的情况。如果用 4 日均线，则第 4 日出现突破区间整理的情况，开始出现拐头向上或者向下，便没有了均线走平这一过程。所以，5 日均线是最低的均线要求。此时即便在第 4 日或第 5 日股价突破基本区间整理的单元，也会有一个走平的过程，比如第 5 日均线的数值与第 3 日均线的数值可能是相同的。股价向上突破，在区间整理前是下跌走势类型，那么第 5 日均线的数值是由三个区间整理的 K 线加上向上突破的两根 K 线收盘价组成的，而第三日的 K 线是三根区间整理的 K 线加上下跌走势的最后两根 K 线，这就导致可能计算结果相差不大，就形成了均线走平状态，这反映出区间整理的最小单元。

5 日和 10 日均线组成的系统便能反映出从最小区间整理开始，至区间整理以后的扩展。将此系统放在各操作级别上便形成了完备的操作系统，且确立买卖点的方法也形成了统一。我用的操作级别是：月线、周线、日线、30 分钟 K 线、5 分钟 K 线及 1 分钟 K 线。将两条均线放在这样的操作级别上，分析交易时“先大后小”，便能对整个操作一目了然。

有了均线系统对股价走势的追踪，实际操作中便可以将一些不影响股价运行方向的小的区间整理过滤掉，让操作事半功倍。

图 4－8 中，通过均线系统对股价走势的追踪，简单明了地区隔开了有意义的区间整理。当不影响股价运行方向时，这样的区间整理无伤大雅，只是资金小憩而已。当 5 日均线走平，表示可能改变股价运行方向的区间整理产生；当 10 日均线走平，表示影响更大的区间整理出现。这两条均线相互纠缠，表示资金博弈充分，时间越久，越表示充分博弈下对股价未来新的运行方向影响巨大。但无论时间持续多久，这个区间整理必然会结束。图 4－8 中的大方块便是如此。这可是周线级别，区间整理时间超过 8 个月时间。

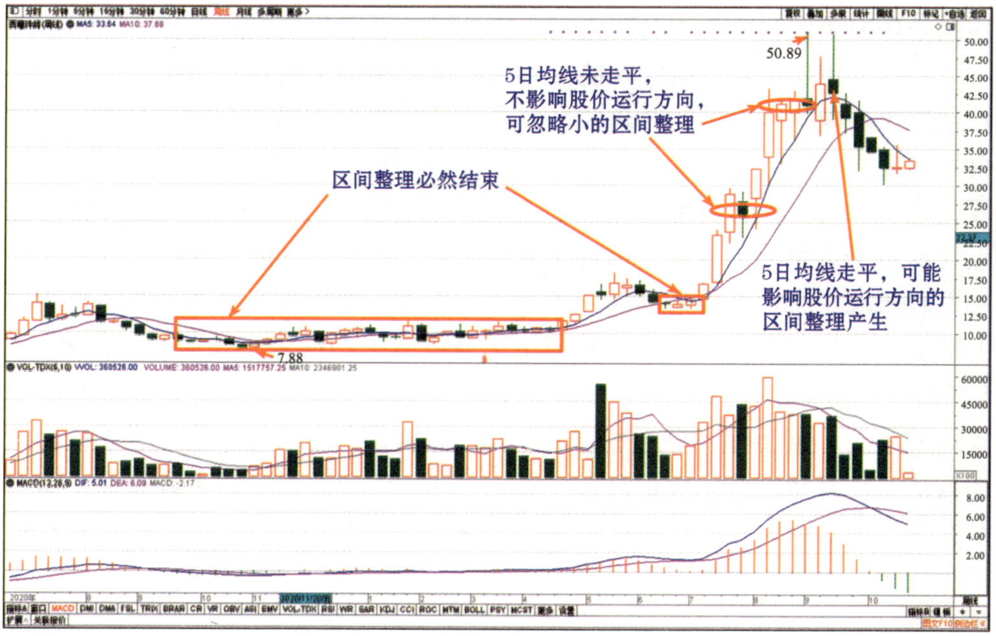

图 4－8　区间整理必然结束

继续看图4－8，大的底部区间整理被向上突破，出现一个上涨走势类型，之后回调，未回到大的区间整理内，表示突破有效，意味着新的上涨将继续。小方块中形成的区间整理导致了5日均线走平，但10日均线还未走平便被向上突破，鼎盛期来临。

在整个鼎盛期，圆圈处有三根K线出现重合交易区间，形成了区间整理，但因为5日均线都未走平，不影响股价运行方向，所以操作上继续按上涨走势进行。直到5日均线走平的那一周，表示可能改变股价运行方向的区间整理出现了，因为是大涨之后出现的，所以做好清仓准备。

均线系统走平，是出现区间整理的最直观表现，对操作的参考意义极大。5日均线和10日均线配合不同级别的K线走势图，便能得出所有的操作买卖点。至此，便将复杂的K线运行，转换到只观察均线运行方向即可得出股价走势的结论。在均线运行的关键节点，通过买卖点形成的条件，寻找最具操作价值的买卖点，而不是手忙脚乱地认为任何一个买卖点都可操作。

三、上涨走势必然结束

上涨是获利的主要阶段，散户如此，主力亦如此。将纸面富贵兑现成真金白银，是散户需要的，也是主力需要的。将利润兑现后，没有了引导股价上涨的意愿，也就阻断了股价继续上涨的可能，上涨就结束了。这就是上涨走势必然结束的内在逻辑。

都知道上涨走势必然结束，但何时结束才是我们关注的要点。上涨时多方力量占优，当卖出资金越来越多，多方无力招架时，双方必然实现动态平衡，表现为区间整理的出现。这就是实际走势中上涨结束的标志。这里的上涨结束表示前一段上涨走势的结束，并非意味着区间整理后不再上涨，因为那是下一个走势类型，与上一段无关。但是，股价正式下跌的起源，必然是上涨走势后出现的区间整理。实际操作中，第一段上涨出现的区间整理不会是下跌的开始，但从同方向的第二段区间整理开始，都可能是下跌的起源，这是多空博弈需要剔除偶然因素的客观表现。

上涨走势必然结束，对操作的指导意义非常强烈，能否正确认识是能否最终获利的关键。只知道出现买点时买股票，却完全忽略买股票的目的，而买入后的上涨如果不兑现，就只能是筹码，并非真实获利。卖出的根本依据是上涨走势终将结束，如果不卖出筹码，股价迟早下跌，那买股票还有何用？

以下从多空两个角度看股价走势终将完整对操作的作用。

（1）空方角度。

所谓空方角度，指你已经有筹码。理性看待，此时获利卖出是最好的选择，但绝大多数散户极难做出决定，担心卖出后继续大涨，似乎少赚钱比不赚钱更难受。这是散户由赢利转为亏损，最终却不得不所谓的“专业止损”的最大思想障碍。试想，你担心后面大涨，它就真的大涨了吗？你认为少赚的钱就真的少赚了吗？绝不能把想象的事当作要发生的事来处理，尤其在股市中，这会极度放大我们的贪婪、恐惧和犹豫等，让操作变形。

当有筹码时，只有两种操作，一是降低成本，二是兑现利润。当认为股价仍有上涨空间，且已经处于赢利状态，可采用先卖出再买回的策略降低成本，这就是逆向滚动操作。比如，日线级别是我们操作的主要级别，当次级别 30 分钟 K 线上出现卖点时，可先卖出一半，等股价回落后，在 30 分钟 K 线上出现买点，则买回卖出的股份，以此在不增加总持仓的情况下降低成本；当日线级别上出现卖点，也可卖出大部分仓位，等回落后再买回。

为什么不先买进再卖出呢？这是因为上涨走势终将结束。上涨走势何时被区间整理取代，无法预知，尤其是在上涨第二段之后的区间整理处，所以先买进再卖出极易提高成本，并在突然下跌时手忙脚乱，甚至操作错误。而先卖出，即便股价不跌也无伤大雅，因为锁定利润就没有错。当股价下跌后企稳，则将卖出的买回，完成成本的降低。买回后股价继续跌呢？那说明上涨结束了，兑现利润便是。

（2）多方角度。

你现在没有筹码，可称为多方。对于上涨中的股票，买进需极其谨慎，这就是上涨走势必然结束的提示。精准买卖指的是在出现买点和卖点时操作，处于上涨走势类型时，没有买点，追着买完全不应该。难道要放弃对此类个股的操作吗？当然不是。上涨走势必然结束，结束之后呢？是不是有新的买点或者卖点出现呢？如果总体上涨幅度不大，当上涨走势被区间整理取代后，稍作休整继续上涨的可能性极大，那时便出现新的买进信号，根据信号操作才是理性和专业的。在股价整体涨幅不大时，难道不能追进吗？

不能。

股价在底部企稳回升，处于第一段上涨走势类型，如果认为股价涨幅不大而追进，容易落入陷阱——一是股价重回底部区间整理状态；二是下跌中继，后面还会创新低继续下跌。只有当第一段上涨走势被区间整理取代后，再次向上突破区间整理，才能形成上涨趋势，此时买进才是安全的。

趋势至少由三段走势组成，当第三段走势与第一段相同时，表示形成相应的趋势。比如第一段是上涨走势，第二段是区间整理，第三段仍是上涨走势，则构成上涨趋势。根据上涨趋势的定义——低点不断抬高，高点不断抬高，第一段上涨的起点便是第一个低点；第二段走势，即区间整理的低点便是第二个低点；第一段上涨走势的高点便是第一个高点；当股价突破区间整理后便形成第二个高点，所以在向上突破区间整理时买进，就买在了上涨趋势确认的节点上。此处，至少第二段上涨走势的利润可以拿到。

上涨走势必然结束，我们不能在上涨中去追，即便总体涨幅不大，值得买进，也要在出现区间整理后，形成新的买点时再进。如果在同级别上没有买点，可以看其次级别走势，也必然会有买点的出现。深刻理解上涨走势终将结束，坚持不追着买进，就能彻底避免追高被套、高位站岗的尴尬局面。上涨走势必然结束，没有一只股票值得在上涨走势中追高。

用5日均线和10日均线组成的系统，跟踪上涨走势，会对上涨走势必然结束认识得更加清晰，同时也可以过滤掉小的区间整理。5日均线和10日均线多头排列，表示上涨走势良好，此时如果有筹码，一定要坚决持有。当5日均线走平，进而10日均线走平，说明可引起股价走势转折的区间整理出现，需引起警惕。如果有筹码，可减仓。当发现均线出现多头排列后的第一次死叉，则多数情况下还有第二阶段的上涨，操作上可利用此机会降低成本，即先减仓，等回调结束后再买回。如果是第二次死叉，则要做好随时清仓的准备，毕竟股价走势终将完整，上涨走势的结束是必然的。

如图4－9所示，上涨走势必然结束，通过均线系统可清楚展示。

如图4－9所示，均线相互纠缠，如果出现在长期下跌的底部，就可能形成转折性区间整理，这是我们买进股票的重要参考阶段，也是买点形成的阶段。当上涨出现后，通过对5日均线和10日均线组成的系统的跟踪，可以简单明了地剔除小的区间整理。在第一次多头排列后出现的均线死叉，基本都会有修复，要么形成新的多头排列，继续上涨，要么股价不创新高，出

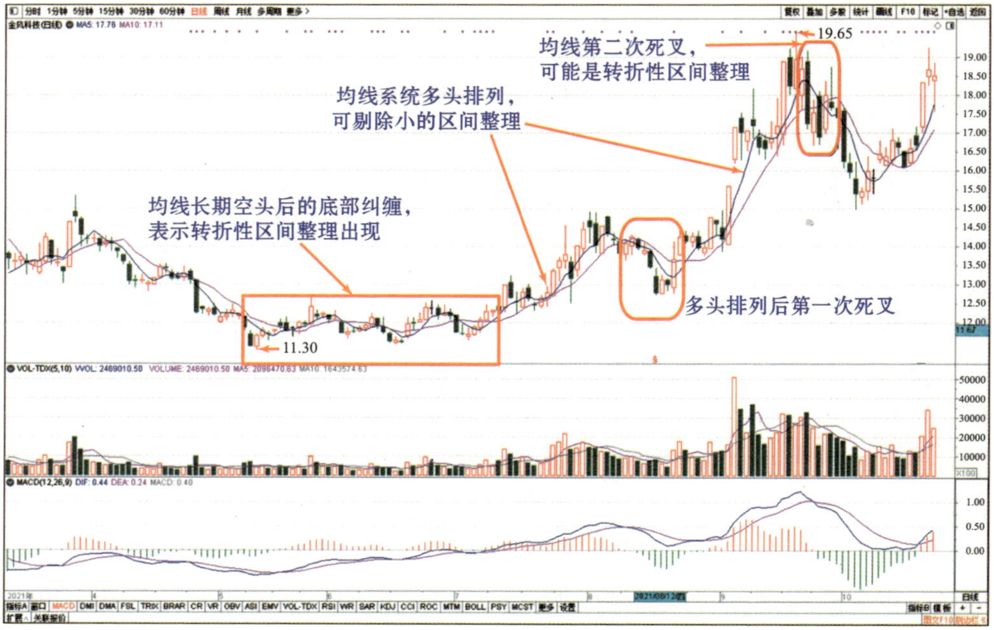

图 4－9　上涨走势必然结束

现卖点，或者股价创新高，但 MACD 指标顶背离，也出现卖点。从均线第二次死叉开始，都可能出现股价的转折，所以只要出现卖点便可减仓，甚至清仓。

这里有个问题，图 4－9 是日线级别，当均线出现死叉后，如果在反弹时没有及时卖出，便可能出现较大的利润回吐，也就是卖不到较好的高点附近。其实不然。上述讲的是操作方法，可以用在日线级别上，也可以用在 30 分钟或者 5 分钟 K 线级别上。实际操作中，如果日线级别上有迹象形成卖点，则可以通过 30 分钟 K 线走势，更早地发现卖点的出现，并执行减仓操作。所以将先大后小的思路运用好，将同样的操作方法在各级别上使用，便能买在起涨点，并卖在起跌点上。

各走势类型必然结束，这使我们操作时保持足够的清醒。上涨时不要盲目乐观，因为上涨走势必然结束，要做好卖出的准备。只有兑现筹码才是整个操作的结束，也才能获得真正的利润。下跌时也不必过分悲观，如果有筹码可以先减仓，然后耐心等待下跌走势的结束。没有只跌不涨的股票，所以希望就在前方，等下跌结束后继续操作便能最终获得利润。至于区间整理，它是上涨和下跌的连接，看到区间整理，意味着买点或者卖点要出现了。区间整理很是磨人，但无论怎么折腾都必然结束，所以不必急于买进或者卖出操作，耐心等待区间整理结束后的买点或者卖点的出现。

股价走势复杂凌乱，利用均线系统对其进行跟踪会显得简单明了，所以买点和卖点是基于均线系统做出的。将5日均线和10日均线组成的系统，运用到各操作级别上，便能很好地把握交易机会，包括滚动操作的机会。

第四节 第一类买点

买点总共有三类，之后在同一操作级别上便再无合适的买进机会。第一类买点代表下跌的终结和上涨的开始；第二类买点是对第一类买点的确认，股价上涨的可靠性更强；第三类买点代表上涨被确认后的正式上涨的开始，或称之为加速上涨的开始。探讨买点时必须在同一级别上，跨级别寻找买点将引起混乱，并无意义。比如，日线级别上出现第一类买点，但在周线级别上还未形成买点，如此该不该买呢？

同样，在同一级别上，第三类买点已过，意味着这个操作级别上再无合适的买进机会，但并不是说其他级别上也没有合适买点。比如周线级别上第三类买点过了，但在日线级别上可能还会出现回调后的第一类买点。所以，在操作时一定要分清自己所用的操作级别。事实上，先大后小的分析思路就是为了理顺这样的关系。比如在月线级别上难得发现第一类买点，那就建立主要仓位。当然，在建仓时可以寻找低级别上的买点，以便成本更低些，但必须清楚，这是按照月线级别建立的主要仓位，意味着这部分资金要按照月线级别操作。至于滚动资金，可以按照周线及以下级别上的买点操作，只要与对应级别匹配好即可，然后按照相应级别卖出。

为了简单方便，买点和卖点都是以5日均线和10日均线组成的系统为基础做出的界定。这是对股价实际走势的简化跟踪，同时也过滤掉了一些小的区间整理，避免了一些麻烦。

第一类买点产生的条件如下。

（1）5 日均线和 10 日均线长时间空头排列，并在此期间出现至少两次相互纠缠。

（2）在第二次或之后的相互纠缠中，股价不创新低，便以阳克阴的 K 线形态企稳回升；或者股价虽创新低，但 MACD 指标底背离，此时股价以阳克阴的 K 线形态企稳回升。

同时满足以上两个条件，第一类买点产生，即阳克阴确立的那一刻就是第一类买点确立的那一刻。

以上条件可以用在任何级别上的任何调整结束后的操作，所以，如果从微积分的角度观察，任何买点都是由低级别的第一类买点先产生的。我们不搞学术研究，在实际操作中，我们只需要观察同一个操作级别上的第一类买点，并以此买进，做基础仓或做滚动仓都可以。

图 4－10 是大级别月线走势图，这样看得比较清楚。当大级别上出现买点时，小级别上的操作才更安全，同时，这也是大资金运作的首要参考，有的甚至要看季线和年线。赢利永远是第一位的，而时间只是辅助，资金量越大，这一排序越明显。

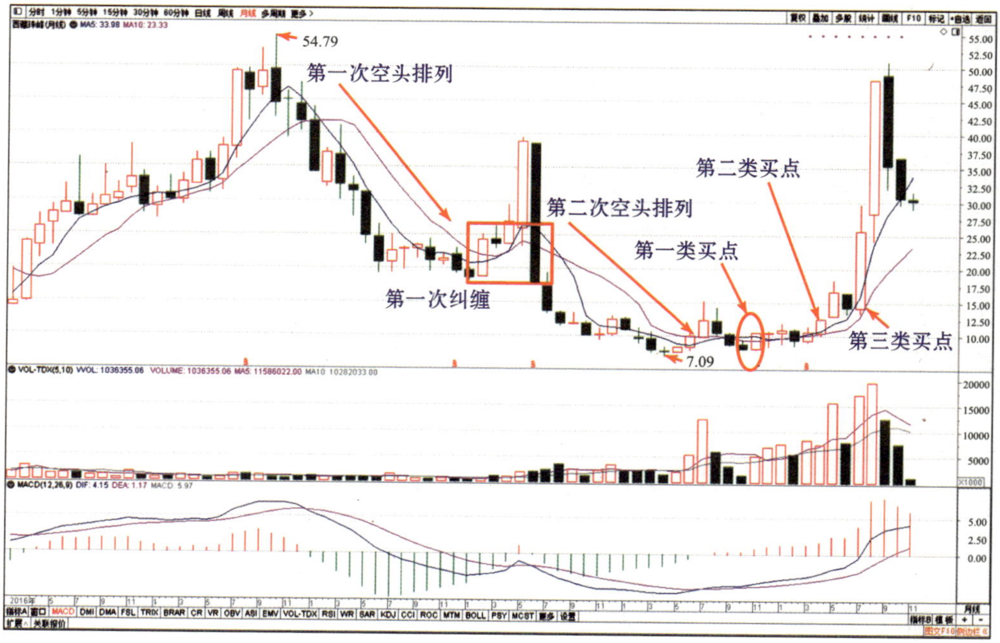

图 4－10　第一类买点

图4－10中，股价自高点开始回落，出现了均线系统的空头排列，之后出现第一次纠缠，并再次空头排列。在第二次均线系统纠缠之后，阳克阴K线形态出现，第一类买点形成，如图4－10中圆圈所示。

第一类买点出现后，股价又经过四五个月的区间整理，这在周线或者日线上显得非常煎熬。但由于大级别上出现了买点，因此等待是值得的。图4－10是西藏珠峰（600338）月线走势图，当时股价在10元附近，我在东方财富网公开跟踪了三个多月，最终等来了大幅上涨，其根本依据就是大级别上的第一类买点出现。至于第二类和第三类买点的确定，需要次级别走势类型辅助，后文再详细介绍。

根据条件，均线系统在下跌后出现第二次甚至更多次纠缠后才会出现第一类买点，这意味着第一类买点可能会变化。根据定义，第一类买点是下跌的正式终结，上涨的真正开始，那么在均线系统空头排列中第二次纠缠后出现疑似第一类买点，但事后发现股价继续下跌，均线系统继续空头排列，于是第三次甚至第四次纠缠出现，那么原先的疑似第一类买点就失效了，只有最后一次均线系统纠缠后出现的买点才是第一类买点。在实际操作中，这可能导致按照第一类买点操作出现失误。级别越低，这种失误的可能性越大。我们看日线及以下级别走势，在股价开始下跌后，均线系统可能出现多次下跌中的纠缠。

解决上述问题，方法有两个。第一个是看大级别上的第一类买点出现后开始操作。级别越大，越不会出现失误。比如月线级别，一旦出现第一类买点，就不会失误，因为月线下跌中出现第三次均线系统纠缠情况极少。不过，级别越大，第一类买点出现的频率越低，越难发现。第二个方法就是等出现第二类买点或者第三类买点时操作。这无论在哪个级别上都比较常见，也非常安全。

分析个股是否能操作，时刻遵循“先大后小”的顺序，即先寻找大级别上的买点，再观察小级别上的买点。这与我们所采用的均线系统有关。我们采用5日均线和10日均线组成的系统，只有较大级别上出现买点，才能确保该股具有长时间的操作价值。这与很多人观察多条均线组成的系统是一致的。比如，当你用5日、10日、30日、60日、120日、250日组成的均线系统时，你打开日线便能了解该股所处的位置，是否具有长期操作价值也一目了然。但这么多均线势必复杂，且在分析时容易顾此失彼。通过将均线系统简化成两条，并用先大后小的不同级别分析，方法统一了，且简单明了，更容易操作。

与多条均线对应，在周线级别上的5日均线和10日均线相当于日线级别上的30日和60日均线；在月线级别上相当于120日均线和250日均线，即半年线和年线。所以，只有采用先大后小的综合分析才能确保个股具有确切的买进机会。

根据第一类买点的条件，当发现一只个股下跌中出现第二次均线系统纠缠，要引起足够重视，尤其在周线及以上级别中。当在周线上发现下跌后的第三次纠缠，甚至是第四次纠缠，基本可以判定买点要出现了。即便是在日线级别上，出现四次下跌中的均线纠缠都不多。

下跌中的均线纠缠表示较长时间的区间整理，这是多空动态平衡的标志。如果长期下跌后出现多空动态平衡，说明转折将近。下跌后的转折自然就是上涨了，这就是三类走势类型之间的转换。级别越大，区间整理所耗费资金越多，所以下跌后形成区间整理的次数越少，股价反转态势越明确。月线上出现第二次均线纠缠便反转是常态，周线上也不超过四次。

从下跌的起点算起，均线系统单边下跌形成空头排列，之后必然被多方阻击，形成第一次金叉后的纠缠，这就是第一次明显的区间整理。多空动态平衡出现后，空方实力正盛，多方多是一些抄底的散户，不足以逆转空方力量，这就是第一次单边下跌后的反弹都会继续下跌的原因。在反弹结束后，股价继续下跌且创新低，则第二次空头排列必然出现。根据股价走势终将完整的微观含义，这种下跌必然被区间整理或者上涨所取代。当第二次均线纠缠出现后，第一类买点就可能出现，如图4－11中圆圈处所示。

图4－11中，在均线系统下跌后的第二次纠缠时出现明显阳克阴K线形态，第一类买点可能出现。之所以如此讲，是因为根据第一类买点的定义，股价就此反弹或者反转，不会再创新低，否则第一类买点将出现变化。图4－11中，疑似第一类买点出现后，股价出现反弹，但高度未突破第一次均线纠缠时出现的高点，表示股价还会继续寻底。如果按照第一类买点进入，此时应该先获利了结。之后股价再次下跌，并出现第三次均线系统空头排列。当出现第三次均线纠缠，发现股价并未创新低，甚至还未低于疑似第一类买点出现的位置，阳克阴K线形态再次出现，说明第一类买点被确认，第二类买点出现。

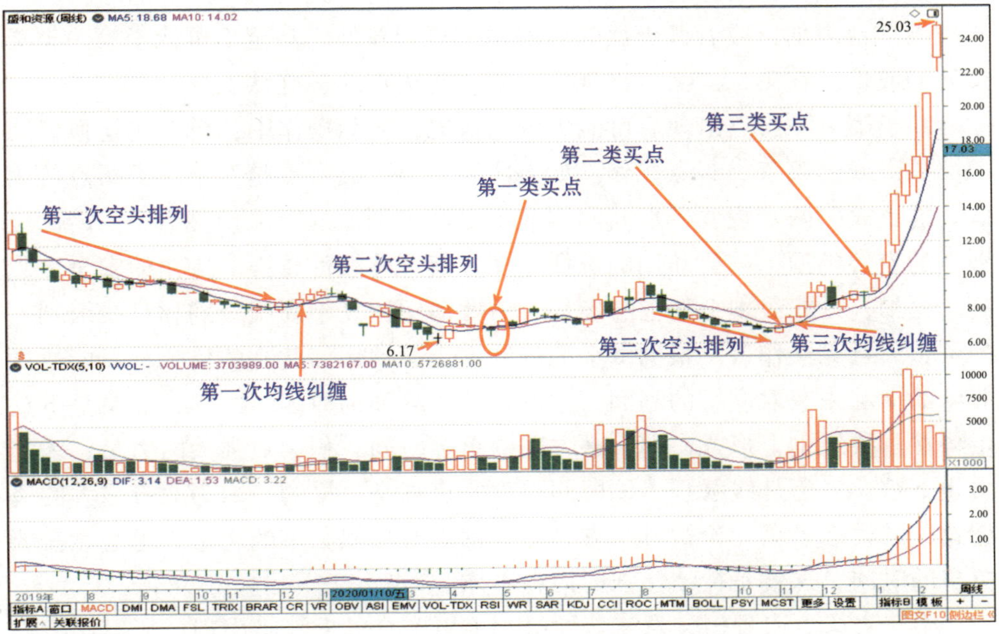

图 4－11　周线级别上的第一类买点

股价开始回升，当突破底部平台上沿时，通过低级别走势可以看出，回调未进入底部平台上沿，说明突破有效，第三类买点出现了。在此之后，在同一级别上，合适的买点将不会出现，如果要操作，只能寻找更低级别上的买点，不可在该级别上去追高。具体讲，图 4－11 是周线级别，在第三类买点出现后，周线上不再有买点了，如果要操作，只能去日线及以下级别上寻找买点。在哪个级别上找到的买点，对应地也只能在该级别或者以下级别上进行卖出操作。比如，日线级别上出现买点，则只能在日线级别上等待卖出，或者为了卖得更好一点，可以在 30 分钟级别上寻找卖点。此时已经与图 4－11 中的周线级别无关了。这是对于没有筹码，第一次买进的操作而言。如果有主要仓位，则主要仓位按照周线不动，滚动资金在日线及以下级别上根据买点和卖点操作。

继续看图 4－11，如果出现第三次均线系统空头排列时股价创新低，则原有的第一类买点失效，在第三次均线纠缠后出现阳克阴 K 线形态，则称之为疑似第一类买点，并且这一买点的最终确立，仍需要第二类买点的出现，也就是股价在反弹后，突破底部平台的上沿，且在低级别走势中回调不再跌入平台内部，或者股价反弹后回调不再创新低，甚至不再低于第一类买点处的股价。在第二类买点出现后，第一类买点才被确认。

基于第一类买点出现后可能失效的情况，实际操作中，更多的是根据第二类买点或者第三类买点操作。如上所述，第二类买点是对第一类买点的确认，这也表明两个重要低点共同构成了更高级别上的上涨走势类型。越高级别上的走势类型，需要动用的资金越多，其可持续性越强，操作的安全度越高。比如，月线级别上的上涨走势，需要动用远高于周线级别和日线级别上的资金，且无法作假。根据资金的逐利本质，动用如此多的资金，只能通过股价的上涨来获取应得的利润，这就是持续性强的原因。同样，如果是下跌走势在月线级别上形成，那么多方需要更多时间，积累更强大的力量，才能阻止下跌。对于月线级别上的区间整理，道理是一样的，因为双方强大的资金达成的动态平衡无论被哪一方打破，都需要积累更多的力量，也必然需要更多的时间，这就是持续性强的内在本质。

第二类买点出现后，意味着同级别上更安全的上涨将出现，所以实际操作多数从这里开始。但必须强调，没有第一类买点，就不存在第二类买点。第一类买点就像坐标原点，它的左边是下跌的结束，它的右边是上涨的开始。通过第二类买点对第一类买点的确认，股价才进入上涨周期，根据股价走势终将完整，我们才能将上涨周期分为五个阶段，即启动期、成长期、鼎盛期、衰竭期和消亡期，才能进行有计划的跟踪操作。

在选股时，必须进行先大后小的逐步分析，目的是确保大级别上的第一类买点已经出现，这也是明确股价是否进入上涨周期的重要依据。比如，月线及以上级别上出现了第一类买点，才能说股价进入上涨周期了。如果只是日线级别上的第一类买点出现，可能对应的只是一个反弹而已，无论从可操作的时间跨度还是获利的幅度上看，都是很少的，甚至一不小心就落入主力陷阱。要想实现财务自由，就必须解决资金量大了以后的操作问题，而大级别上的第一类买点被确认，就是大资金操作时的重要依据。

根据月线及以上级别上的第一类买点或者第二类买点建立主要仓位，并用和主要仓位相同的资金利用周线级别上的买点进行滚动操作，甚至可以用主要仓位一半的资金利用日线级别上的买点进行滚动操作，这对大资金来说是必须执行的操作方式。即便是巴菲特，也是利用这样的加减仓，不断聚集和分散资金进行滚动操作而立于不败之地的。所谓的价值投资，只是巴菲特总结的一个名词，以便于记忆和传播，但实际操作时怎会如此呢?！否则，你就不会看到巴菲特说加仓或者减仓某一类股票了。

根据精准买卖的要求，买卖点出现后才能进行相应操作，所以寻找或者等待个股出现第一类买点成为日常工作。因为第一类买点需要第二类买点的确认，所以，月线及以上级别上出现疑似第一类买点后可以建仓，其他级别上都需要等第一类买点得到确认，也就是等第二类买点出现后再操作。当然，周线级别上，如果发现下跌中出现了三次均线纠缠，也可以建仓，不过需采用分批建仓的方式。如果资金量不大，主要操作级别是日线，在发现第一类买点疑似出现时，必须确认周线均线系统是走平状态。同时，在建仓时必须遵循交易策略，即按照更低级别上的买点分别买进与之匹配的资金。

对于300万元以内的资金，将日线级别作为操作的核心，在30分钟和5分钟K线级别上进行滚动操作。开始建仓时，日线级别上疑似第一类买点出现后，去观察5分钟K线走势，如果出现第二类买点，则先买进与5分钟K线级别匹配的资金，即总资金的八分之一。买进后股价下跌，说明日线级别上的第一类买点失效，则拒绝继续买进。当日线级别上再次出现疑似第一类买点时，继续观察5分钟K线上的第二类买点，如果出现，则继续买进八分之一仓位，这部分仓位可与第一次买进的仓位滚动操作。如果股价上涨，则对应的30分钟K线级别上会出现第二类买点，此时不再卖出仓位，买进四分之一仓位，与原有的仓位进行基于30分钟K线级别的滚动操作，直到日线级别上出现第二类买点，则这总共的半仓便不再操作。

基于日线级别的主要仓位便是这半仓。如果采用正向滚动操作，可以从日线级别上的第二类买点出现开始，在5分钟级别和30分钟级别上，用与之匹配的资金进行滚动操作。如果采用逆向滚动操作，可在日线级别上出现第三类买点时，买进全部资金，之后便可以在5分钟和30分钟级别上采用先卖出再买回的方式进行滚动操作了。

关于资金与级别的匹配关系，如果是卖出行为，以日线为主要操作级别时，当日线级别上出现第一类卖点后可以清仓，30分钟K线级别上出现第一类卖点时只能卖出一半筹码，5分钟K线级别上出现第一类卖点时能动用四分之一筹码。如果是买进建仓，仍以日线级别为主要级别，则在日线级别上出现买点后，只能买进计划资金的一半，30 分钟 K 线级别上出现买点后只能动用总资金的四分之一，5 分钟 K 线级别上出现买点后就是总资金的八分之一了。如果主要操作级别更大，比如周线或者月线级别，仍按照上述方式匹配资金，每降低一个级别，可动用的资金为上一个级别的一半。

继续看日线级别上的第一类买点，如图 4－12 所示。

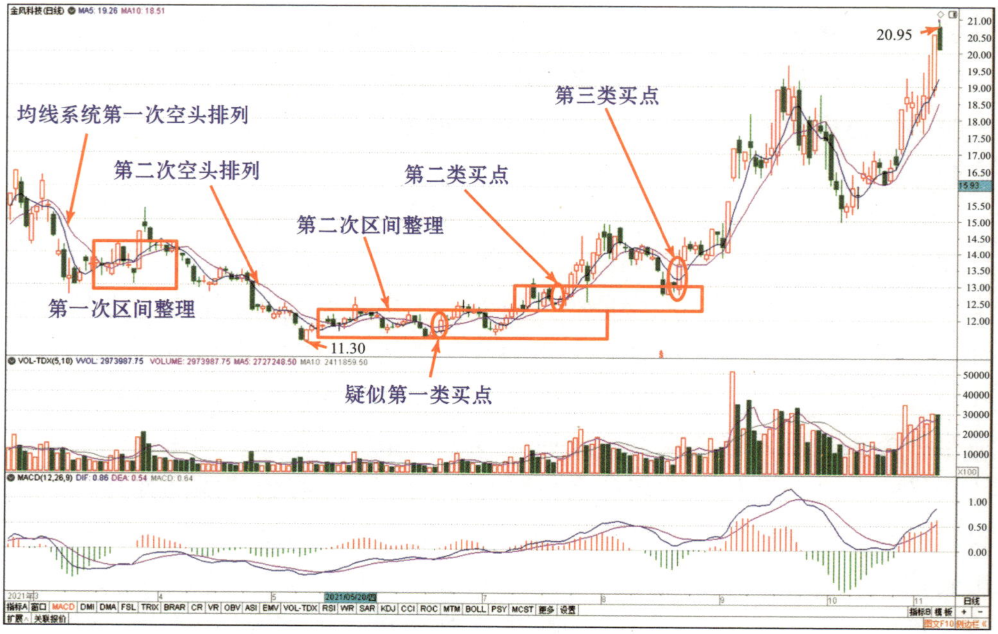

图 4－12　日线级别上的第一类买点

日线级别因为易受市场情绪影响，走势相对凌乱，这也是主力资金愿意展现技巧的级别。主力资金的对手盘是散户，它的目的就是将拥有利润的筹码兑现给散户，同时在实现目标前，尽量让更少的散户拥有筹码，或者即使有筹码，也让其利润尽量低，否则容易在主力高位卖出兑现利润时引起麻烦。麻烦主要有两个：一是主力拉升时增加成本，因为散户获利丰厚后会随时卖出；二是主力获利出货时会增加难度，因为散户更灵活，恐慌性抛盘会迅速压低股价。

图4－12中，均线系统第一次空头排列后出现反弹，这基本可定性为下跌抵抗，所以下跌中出现的第一个区间整理不参与操作。在第二次空头排列出现后，形成第二次区间整理，均线系统开始纠缠，此时，股价不创新低且出现阳克阴K线形态，疑似第一类买点出现，如图4－12中第一个圆圈所示。疑似的意思是无法确定区间整理是否扩展，也无法判断股价是否会继续创新低。当股价出现反弹，并突破了第二次区间整理的上沿，回调时未再进入第二次区间整理的范围内，则第二类买点出现，这是对第一类买点的确认。股价继续回升，出现上涨后的第一次均线系统多头排列。之后必然出现上涨后的第一次区间整理，均线系统开始纠缠，出现死叉。如果股价回调不跌破第二类买点，则第三类买点成立，如图4－12中第三个圆圈所示位置。

当疑似第一类买点出现后，便可进入操作程序，即建立操作周期，制订操作计划，设定收益目标，根据前面所述的交易策略开始建仓。在此期间，可以根据30分钟及以下级别的第一类买点、第二类买点和第三类买点进行滚动操作。分时级别由于其股价走势更迅速，三类买点出现得会更复杂。为了确保滚动操作的成功率，将收益目标定得较低，即30分钟滚动操作收益目标为1%，5分钟滚动操作收益目标定为0.5%。在分时级别上出现买点后，只要满足上述收益目标即可卖出，不必等到卖点的出现。当然，如果收益目标完成，股价仍在明显上涨，则可以等待卖点的出现，但前提是确保收益目标的完成。一旦发现股价上涨乏力，开始有下跌迹象，则立刻卖出滚动筹码，完成收益目标。

第一类买点的条件只有两条，非常简单，也容易捕捉，适用于各级别上的操作，且级别越大，越容易识别，成功率也越高。一种方法贯穿整个操作过程，适合大小各种级别，可被各种体量的资金使用，从几万元到几百亿元等等。即便是巴菲特拥有的数千亿美元资金，只要级别够大，也是可以操作的。事实上，巴菲特说买进后可数年、数十年不动，就是利用了年线上的第一类买点进行的操作。比如贵州茅台，它的年线级别上的第一类买点出现在2004年，第二类买点出现在2006年，第三类买点出现在2015年，到现在都没有出现卖点，如果按照年线级别，自然可以持有好多年。

第五节　第二类买点

买点表示多方力量开始占优，它在区间整理被向上突破后产生。根据惯性定律，一方力量获得优势后便会持续一段时间。多方力量占优，表示股价上涨会持续，这是将其定义为买点的原因。毕竟，买进是为了股价上涨而获得利润的。

股价走势终将完整，下跌走势必然终结，所以新的上涨走势就在下跌走势终结之后出现。最后的区间整理被向上突破，表示新的上涨走势被确认，第一类买点也因此由疑似变成现实。这就是第二类买点形成的内在机理。

第二类买点是确定的，它在区间整理被向上突破后出现。区间整理被向上突破，说明下跌走势被终结，否则股价会继续创新低，而不会出现向上突破。即便区间整理偶尔被上涨突破，在回调确认时也会再次跌入区间整理内而出现突破无效。所以，当股价有效向上突破区间整理，意味着下跌走势的结束、上涨走势的正式确立，这就是第二类买点的独特之处。

第二类买点形成条件如下。

（1）股价长时间下跌，5 日均线和 10 日均线组成的系统经过至少两次纠缠后形成明显的区间整理。

（2）股价突破区间整理上沿，并在次级别或以下级别走势中回调时不再进入区间整理。

（3）次级别或以下级别回调结束后出现阳克阴 K 线形态，则第二类买点确立。

根据第二类买点的形成条件，它并非出现在操作级别上，而是出现在次级别或者以下级别的走势中。比如，我们依据日线进行操作，那么第二类买点就出现在 30 分钟或者 5 分钟 K 线走势中，甚至是 1 分钟 K 线走势中。但在日线级别上，至少表现为一根大阳线突破了区间整理的上沿。之所以说至少，是因为很多时候在日线上也表现出突破底部区间整理后有个回调确认，确认成功后出现第二类买点。只不过，这种回调确认在次级别或者以下级别上表现得更明显，而在日线级别上只用几根K线完成。

在实际操作中，首先关注操作级别上股价是否向上突破区间整理上沿，突破后才有形成第二类买点的可能。然后观察次级别走势，这是对原级别走势的放大，在次级别走势中可以观察到股价回调的细节，当不再跌入原区间整理时，便能第一时间发现，也才能及时捕捉到第二类买点的形成时机。之所以要观察次级别走势，是因为在主要操作级别的走势中，股价突破区间整理后，可能一路上涨而不出现回调，即便出现回调，也是在出现一定上涨幅度之后，那时的回调可能就会形成第三类买点了。

第二类和第三类买点的区别很微妙，甚至有的时候会重合。当然，这对实际操作无影响。我们不做学术研究，不必清晰分辨属于哪一类买点，只要明白这里是买点，股价接下来有惯性上涨，可以买进获利就够了。纠结于买卖点的细节区别，可能会陷入自我混乱，不利于操作。股市中稳定赢利的根本是操作思想，是对股价运行的本质把握，对资金运作规律的理解，以及只进行应对交易，而不去预测股价未来走势。有了正确的做法，并持续行动，就能实现财务自由的目标。

图4－13是周线级别上第二类买点出现的走势。

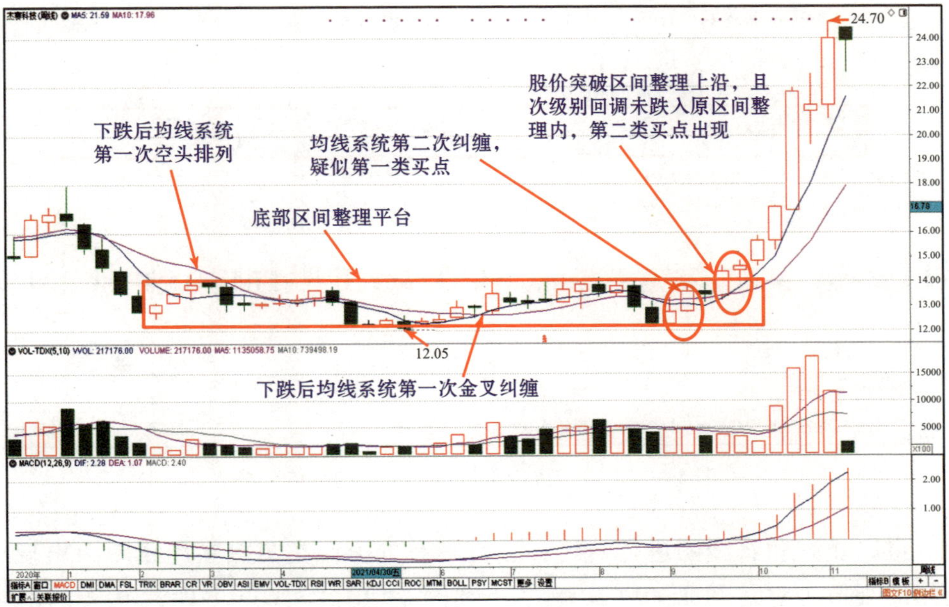

图4－13　周线级别上的第二类买点

如图 4－13 所示，股价开始下跌后，5 日均线和 10 日均线组成的系统出现第一次空头排列，之后便出现金叉纠缠，这是第一个明显的区间整理。股价反弹后再次回落，但未创新低便出现明显的阳克阴 K 线形态，疑似第一类买点出现，如图 4－13 中第一个圆圈所示位置。股价稍作停留后再次上冲，向上突破了底部区间整理平台，且次级别走势回调未再跌入原区间整理，第二类买点出现，如图 4－13 中第二个圆圈所示位置。图中方块是整个底部区间整理，上沿在 14 元附近。

第二类买点涉及次级别走势，这与第三类买点有所区别。所以，为了精准定位第二类买点出现的时机，需要打开所操作级别的次级别走势进行观察。图 4－13 是周线级别，我们可以看第二类买点出现时日线级别的具体走势，有时甚至可以继续观察更低级别的走势。

图 4－14 所示为日线级别上第二类买点的具体走势。

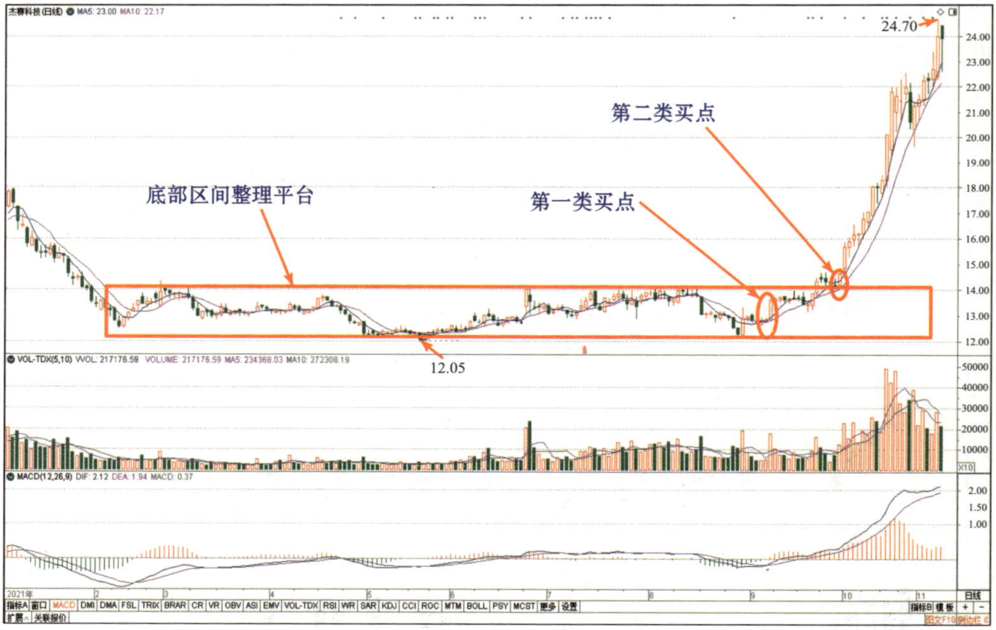

图 4－14　日线级别上第二类买点的具体走势

将周线图和日线图进行对比，会清晰看到第二类买点在周线图中出现时具体的细节走势。图 4－14 中第二个圆圈是第二类买点出现时几天内的走势。在股价突破底部区间整理后，出现了几天的回调，但回调并未再入区间整理内，而是通过阳克阴宣示了新的上涨的开始，这就是第二类买点出现的那一天。在周线图上并未出现这样的回调。这也是第二类买点和第三类买点可能重合的情况。

第二类买点至少以周线操作级别为基础。周线级别上的均线系统由下跌转为走平，才能确保股价出现一定幅度的回升，这就像在我的第一本书《股市赢家密码》中所说的60日均线要从下跌转为走平才具备可操作条件一样。周线级别上出现第二类买点，可以确保在未来两个月操作周期内，通过反复滚动操作，使资产增值达到10%以上。日线级别上的第二类买点出现时，如果周线未满足买点出现的条件，会影响股价反弹力度，进而为收益目标的完成制造障碍。

第二类买点出现的频次很高。它可以出现在大跌结束后出现反转时，也可以出现在上涨阶段回调结束时。它是我们实际操作中重要监视的买点。建仓时可以用它，滚动操作时也可以用它。

按照第二类买点形成的条件，在日线和周线操作级别上很容易发现。在月线级别中，由于时间跨度较大，第一类买点出现后底部区间整理不会很明显，毕竟一根K线代表一个月时间内的股价走势，最小的区间整理就要整理三个月，第二类买点出现时就要横跨至少半年之久，甚至一两年也正常，所以，如果在月线级别上发现第一类买点和第二类买点，那就捡到大牛股了，第二类买点出现时就是成长期，甚至是鼎盛期开始了。

但是，在日线以下级别，股价走势受市场情绪波动影响巨大，表现为股价反复无常，且复杂多变。下跌时经常出现多个区间整理，四个甚至更多，一旦开始回升，经常是V形反转，没有明显的区间整理过程。这很正常，因为分时级别上的一个走势类型，在日线级别上可能只是一根K线。因此，在利用分时级别进行滚动操作时，第一类买点、第二类买点以及第三类买点都需要经过适当变形。

分时级别上的第一类买点：5日均线和10日均线空头排列后，最后一次金叉，且MACD指标在底部金叉或者处于金叉区域，第一类买点形成。

分时级别上的第二类买点：第一类买点出现后，5日均线和10日均线多头排列，第一次死叉后企稳，阳克阴K线形态出现，或者第一次死叉后股价回调，但未创新低便企稳，第二类买点形成。

由此可见，在分时级别上，由于股价运行很快，第一类买点具有很大的不确定性，操作时容易失误，即便我们只要 0.5% 的滚动收益都很难确保完成。所以，分时级别上多数按照第二类买点进行滚动操作，这会安全很多。但是，第一类买点在物极必反状态下也十分安全，比如股价下跌后出现第三次、第四次甚至第五次金叉，一般就预示着反转了，滚动收益也会极易完成。

图 4－15 所示为 30 分钟走势上的第二类买点。

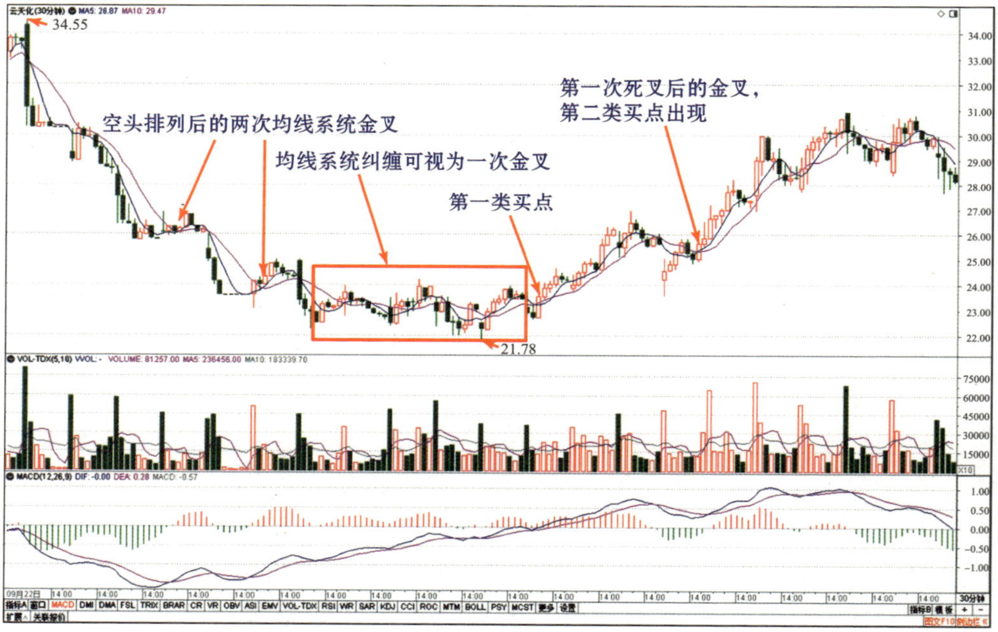

图 4－15　30 分钟走势上的第二类买点

图 4－15 中比较明显，这是最简单明确的买点，在很多的股价运行图中要比上图复杂得多，所以很多人按照买点出现的条件，发现会出现失误，有时次数还不少，这就需要在实际操作中做出总结。

有如下总结。

（1）如图 4－15 中方框所示，均线系统多次纠缠，第一类买点出现在哪一个金叉处呢？这是常遇到的问题。这里需明确：只要股价不创新低，没出现明显的均线空头排列，都是区间整理，只不过是扩展的区间整理。面对这样的走势，在最后一次均线金叉时的阳克阴 K 线形态处为第一类买点。如何判断是最后一次均线金叉？第一，股价不创新低后的金叉，大概率为最后一次金叉；第二，股价突破区间整理平台时，邻近的金叉为最后一次金叉。这里在理解上会有误区，认为出现第一类买点时就可买进，其实不然。第一类买点被确定后才可操作。第一类买点具有不确定性，所以买进操作宁可滞后，不可操之过急。

（2）对第二类买点判断失误。第二类买点的形成要求均线死叉时股价不能调整太多，如果调整幅度太大，那就可能形成新的下跌，不会出现第二类买点。一般调整幅度在均线多头排列时上涨幅度的三分之一以内，如果调整幅度超过上涨幅度的一半，就要警惕，宁可不参与操作。调整幅度越小，阳克阴 K 线形态出现时，第二类买点越明确，有的甚至都形成不了均线系统死叉便开始回升，此种情况下要敢于追着买进。

（3）分时级别上的买点出现后，股价未涨多少就重新下跌，这是常有的事。分时级别上的买点是用来滚动操作的，只要完成滚动收益目标，都是有效的买点。实际操作中，在收益目标完成后，如果股价上涨良好，可以继续持有，等待卖点的出现。但是，如果上涨乏力，有随时继续下跌的迹象，则及时卖出，完成收益目标即可。30 分钟滚动收益目标为 1%，5 分钟滚动收益目标为 0.5%。

利用分时级别上的第二类买点进行滚动操作是日常工作的常态，尤其对于在实现财务自由途中的投资者。以日线级别为操作的核心，在分时级别上进行滚动操作，在两个月的时间周期内，实现资产增值 10% 是可以做到的，并能够持续下去。很多时候都可以超额完成收益目标。

随着资金量越来越大，操作会越发轻松。以月线为操作的核心，在周线和日线级别上进行滚动操作，这样可以获得大幅度收益。即便是熊市，也能获得不错的利润。在熊市中，如果在月线级别上出现第一类买点，那将是孕育超级牛股的迹象。建仓这类股票，利用周线和日线级别上的第二类买点进行滚动操作，获得的收益甚至不比牛市差。所以，正确的操作方法是股市稳定赢利的坚强保障。下面举个例子。

将图 4－16 与图 4－17 进行对比，中国软件在 2018 年 3 月份出现月线级别上的第一类买点，同期的上证指数均线系统死叉，开启熊市模式。2019

年 2 月，中国软件出现月线级别上的第二类买点，同期上证指数企稳，出现第一类买点；2019 年 3 月，中国软件上涨幅度接近翻倍，同期上证指数收出小阳线，并开启了一年多时间的震荡下跌。到 2020 年 7 月份，中国软件从第一类买点出现开始，股价最多上涨了十倍，同期上证指数点位回到了 2018 年 2 月份的水平。两年半的时间，上证指数原地踏步，中国软件开始了牛市征程，这就是月线级别上的第一类买点的作用。所以，即便是熊市，在月线这种级别上，资金都不会作假，一旦出现买点，都是可以积极参与的。长期下来，必然会持续赢利，实现真正的财务自由。

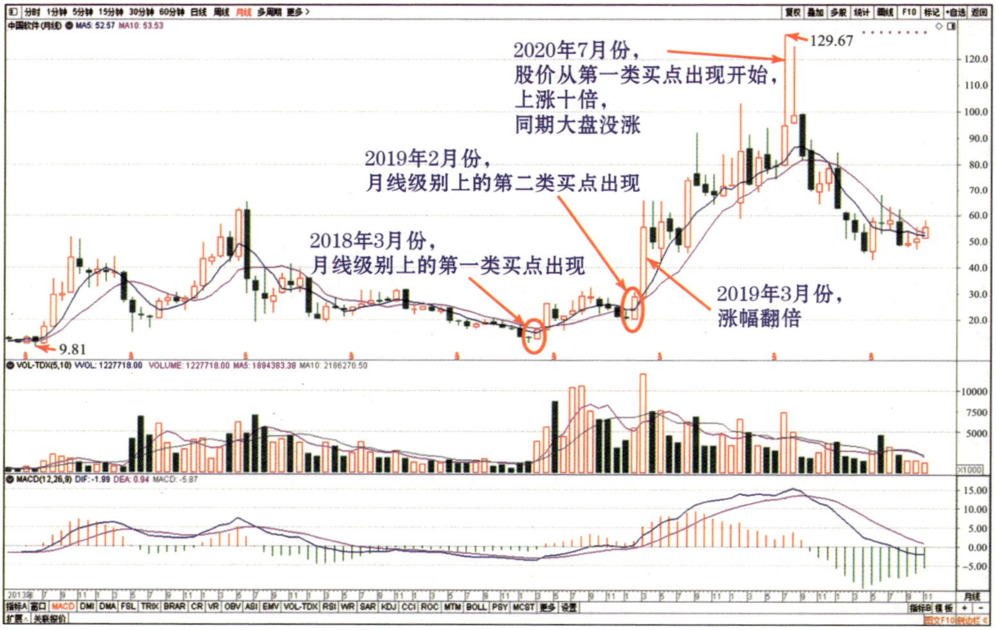

图 4－16　中国软件月线走势图

此类例子还有很多，比如贵州茅台、五粮液、海天味业、比亚迪、北方华创等等，大家可以对比当时大盘走势进行分析。由此可知，熊市中，个股出现月线级别上的第一类和第二类买点，将是大牛股的征兆，不再理会大环境的影响。

第二类买点是对第一类买点的确认，同时也是对操作上的补充。由于第一类买点的不确定性，在操作上会先从小级别上的买点开始，尤其是日线及

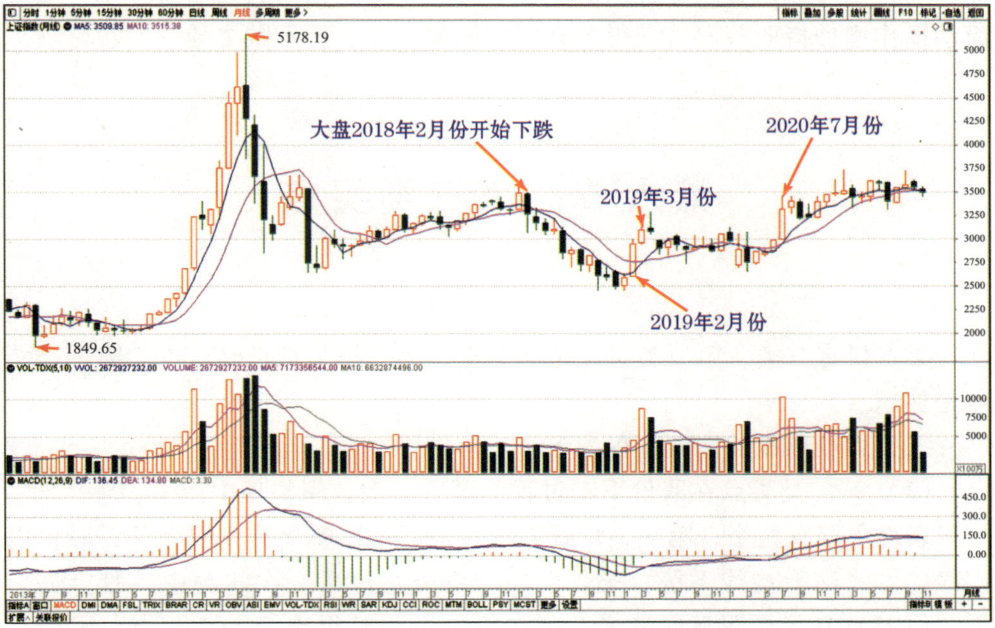

图 4－17　上证指数与图 4－16 同期走势图

以下级别。如果第一类买点出现改变，也不会出现较大损失，可以继续等待下一个第一类买点出现后操作，仍旧是从小级别上的匹配资金开始，直到出现第二类买点再买进主要操作级别对应的仓位。

对于周线和月线级别，第一类买点出现失误的可能性较小，所以可以一次性建立主要仓位，在第二类买点出现时，甚至可以将资金全部买进，之后便按部就班地进行逆向滚动操作，降低持仓成本了。第一阶段的工作是将主要仓位的成本降为零，这是所有操作的目的。从月线级别上看，当第二类买点出现后，很容易出现一倍甚至几倍的涨幅。如果从第一类买点算起，通过滚动操作，在一到两年时间内，实现稳定增值一倍，甚至实现三到四倍的收益是极可能的。

将主要仓位成本降为零以后，才更有信心持股，也才能轻松抓住一只股票的鼎盛期。股价走势终将完整，在宏观上，一只股票是一定会有鼎盛期的，这是主力主要的获利阶段。但是，主力不会送钱给我们，所以必然会经历无法忍受的股价波动的折磨，只有将持仓成本降为零，才能不受这些折磨的影响，坚定地持有到鼎盛期的到来，甚至在主力反复洗盘的过程中，通过滚动操作增加持股筹码，获得更丰厚的利润，并立于不败之地。

第六节　第三类买点

买点只有三类，第一类买点是启动点，第二类买点是确认点，第三类买点是加速点。

三类买点形成的标准过程如下。

（1）第一类买点在股价下跌过程的最后一次区间整理中产生。

表现主要有两个，第一，均线系统在最后一次空头排列后金叉，股价以阳线的方式站上均线系统；第二，均线系统在最后一次纠缠中，股价创新低，但 MACD 指标明显底背离，则在股价企稳时出现第一类买点，即阳克阴 K 线形态出现时就是第一类买点，这是股价上涨的启动点。实际操作中，这个买点并不能十分确定，所以，只能通过在小级别上操作的方式不断试探。

（2）第二类买点是对第一类买点的确认。

第二类买点出现后，表示第一类买点得到确认，股价将进入正式上涨周期。因此，第二类买点出现在股价向上突破下跌阶段的最后一个区间整理后，回调不再跌入原区间整理，并以阳克阴 K 线形态宣布企稳回升时。在股价走势上，第二类买点出现后，会在第一类买点出现的上方形成新的区间整理。为了尽早发现第二类买点，通常观察所操作级别的次级别回调走势。第二类买点出现后股价开始上涨，并在距底部不远处形成新的区间整理。这个区间整理的低点与第一类买点出现时的区间整理的低点，就形成了一个上涨趋势，即低点不断抬高，高点也不断抬高的走势。一旦上涨趋势形成，快速上涨将为期不远，股价走势便会形成上涨走势类型—区间整理—上涨走势类型的格局。

（3）第二个区间整理上沿被有效突破后，意味着快速上涨极可能来临，这也就是第三类买点出现的时机。

上涨启动后的第二个区间整理经常被称为空中加油，表现为均线系统多头排列后，或者死叉纠缠，或者仅靠近，不死叉，便再继续向上。所以，一旦出现第三类买点，意味着会有一段快速上涨走势类型出现，这是我们非常乐意参与的阶段。第三类买点无论在什么操作级别上都必然会出现，也容易被发现。如果说大级别上的第一类买点不容易被及时看到，那么第三类买点在任何级别上都会频繁产生，是我们重点监视和操作的买点。

以上是三类买点形式的标准过程，能在走势图中清晰分辨这三个过程，是确立股价上涨阶段的基础。如果一只股票走势很复杂，无法清晰判断股价的区间整理，宁可放弃操作。我们只做看得懂的、足够安全的股票，这是稳定获利的保障。不打无把握之仗。

第三类买点产生的具体条件如下。

（1）第一类买点和第二类买点出现，上升趋势形成，表现为5日均线和10日均线长期下跌后，迎来第一个真正意义上的多头排列。

（2）上涨趋势形成后，迎来第一次区间整理，表现为均线系统多头排列后，第一次5日均线和10日均线接近、黏合，甚至是死叉。

（3）股价突破上涨趋势形成后第一次区间整理的高点，表现为5日均线和10日均线死叉后再次出现金叉，或者还未死叉便重新拐头向上，则第三类买点出现。

需要解释的是：第一点中，真正意义上的多头排列指的是5日均线和10日均线多头排列后持续一段时间，股价同时突破了均线金叉时所处区间整理的高点。在区间整理中5日均线和10日均线相互纠缠，不能算真正意义上的多头排列。第二点中，均线系统多头排列后，出现第一次股价整理状态，这是必然的。弱势一点的股票均线会死叉，强势一点的股票，5日均线还未死叉10日均线便重新拐头向上。这类股票最应该及时抓住第三类买点跟进。第三点中，通过观察次级别走势是否回调时进入原有区间整理，可以提前确认第三类买点是否确立。

第三类买点出现后，股价会展开快速上涨走势段，但这里必须有MACD指标的配合，也就是说，MACD指标不能处于背离状态，否则第三类买点失效。图4-18中，在第三类买点满足条件后，MACD指标正处于0轴附近，且处于上涨初期，这是非常标准的走势，具有非常大的快速上涨的可能。

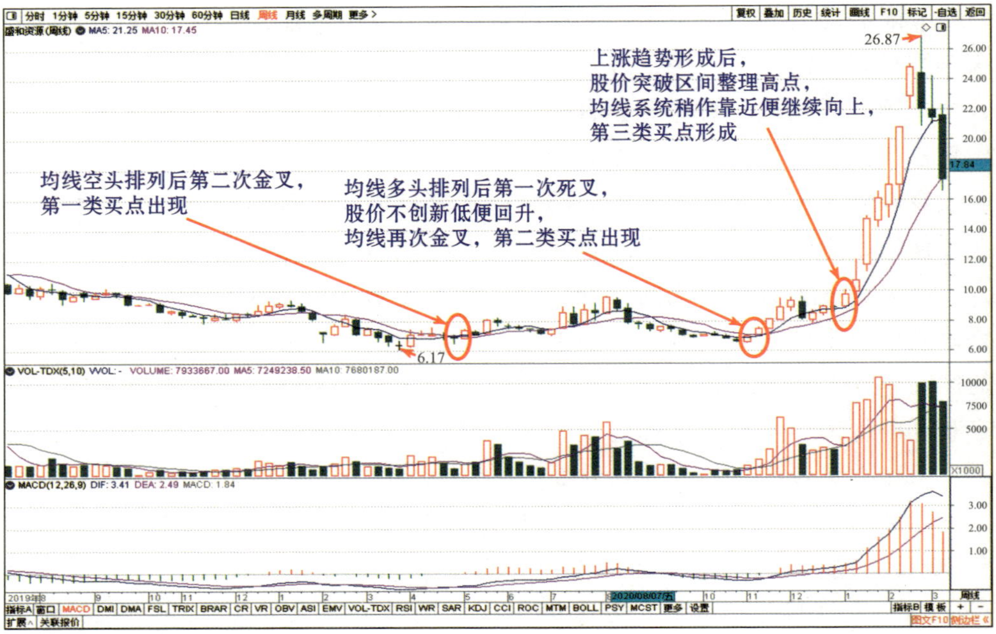

图 4－18　第三类买点的形成

实际操作中，并非每一只股票都按照标准走势运行，所以，我们要仔细分析甄别。图 4－18 是周线运行图，如果这里不清晰，可以看看月线级别。总之，要找到一个自己能看明白的，走势相对清晰的级别进行操作。从先大后小角度分析，当大级别走势上出现买点后，在较小级别上即便操作失误也无伤大雅，通过耐心等待也能最终获利。这里必须纠正一种错误思想，即认为只要找准了买点，买进后就一定会涨。我们不是机器，人犯错是必然的，这里有太多的客观因素影响，比如你能力不够，对买点把握得不够准确；你在操作中犹豫了，动作不够坚决果断；不是你的问题，是主力运作时设置了陷阱，等等。有些问题是不可避免的，所以不要奢求总是买进后立刻涨。

正确的想法是，即便我买进后下跌，也不担心，因为大级别上的买点确保了我的安全，通过耐心等待和更低点上的滚动操作，也能最终获得利润，这才是稳定获利的根本。让每一只股票最终清仓时获利，而不是纠结于我今天买进后股价是否会下跌，才能真正摆脱操作时的不良情绪，让每一笔操作都理性、客观，也才能使我们的操作保持主动，这也是最终获利不可或缺的要素。

图 4－18 中，均线系统空头排列后，第二次金叉可视为疑似第一类买点

出现，因为是周线，所以确立的可能性很大，但仍需第二类买点的确认。股价反弹后开始回调，均线系统也从反弹时的多头排列到出现死叉，但股价回调后未创新低便再次回升，以阳克阴的K线形态确定了企稳回升的到来，同时均线系统重新金叉，第二类买点出现，它确认了第一类买点的成立。当这两个买点出现后，上涨趋势出现了。低点不断抬高，这是上涨趋势形成的条件。

继续看图4－18，上涨趋势形成后股价继续上涨，并在前高点附近出现了小的区间整理，5日均线上涨趋缓，并靠近10日均线，但是未死叉便重新向上，股价突破了区间整理的上沿，第三类买点形成。此时，我们观察MACD指标正处于0轴附近，并有加速上涨迹象，这是非常理想的第三类买点，也异常标准，说明股价加速上涨将到来。如果此时MACD指标在高位，或者处于背离状态，那要引起警惕了，可能是主力所设的陷阱。这是周线，主力设置陷阱需要巨大的投入，所以概率不大，但在日线及以下级别上是常看到的。所谓的背离状态，是指股价创新高，但MACD指标从死叉到再次金叉，红柱与邻近红柱相比在变短，说明多方力量在衰竭，不必贸然跟进。

再看日线级别上的第三类买点，如图4－19所示。

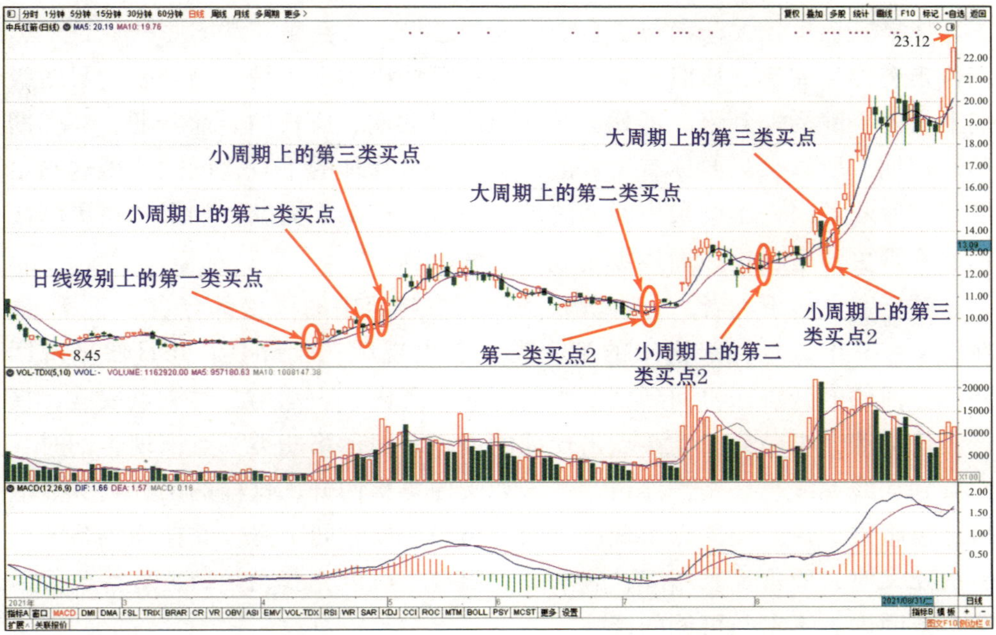

图4－19　日线级别上的第三类买点

图 4 – 19 中，提到了小周期和大周期，这是从时间跨度角度分类的。实际操作中，有的人着眼于短期内操作，有的人着眼于长期内操作，这对买卖点的分辨也会不同。资金量略小者，可以先看短期内操作，不断地按照买卖点要求锁定利润；资金量较大者，因为具有较强风险抵御能力，也能够通过资金管理把握操作节奏，所以可以把眼光放远一点，进行时间跨度较大的操作。

图 4 – 19 中所举例子非常典型，一个大周期内包含了两个小的操作周期，每个周期内的买点非常明显。先从大的周期上看，图 4 – 19 中，日线级别上的第一类买点满足了股价长期下跌后企稳的要求，均线系统从纠缠变为金叉，股价开始向上突破。第一类买点出现后，股价稳步上行，均线系统开始多头排列。但是第一类买点需要被确认，所以要等均线系统多头排列后第一次死叉，股价回调不创新低。图 4 – 19 中大周期上的第二类买点就满足了这个要求，均线系统死叉后再次金叉，股价未创新低便企稳回升，阳克阴 K 线形态和均线系统金叉确认了这一点。随后，股价继续回升，并在第一次反弹高点处稍作停留，这个区间整理最终被大周期上的第三类买点有效突破，所以这个买点的所有条件都是满足的。

如果资金量较大，参与了整个周期的运作，收益是非常丰厚的，且根据股价走势终将完整，该股从第一类买点在日线级别上出现，已经表示日线级别上大的上涨周期到来，那就会必然经历启动期、成长期、鼎盛期、衰竭期和消亡期，所以，只要你有足够的资金和资金管理的手段，就能获得这确定性的丰厚收益，而不会被中间的波动所吓倒。这个大周期，如果站在更高级别上看得更清楚，比如周线级别或者月线级别。

对于资金量不大者，分阶段获利，不参与其中的调整部分也未尝不可。在图 4 – 19 中，日线级别上的第一类买点出现后，股价上升几日便出现回调，但回调的低点未再回到底部小的区间整理内，表示第二类买点成立，接着股价上涨，突破第二类买点出现前的高点，表示第三类买点出现，同时我们看到均线系统也是稍作停留，并未死叉便再次回升，这样的第三类买点值得迅速跟进。这三类买点出现后，股价出现一段时间上涨，并在均线系统第一次死叉时，股价反复纠缠，表示卖点出现，可以先获利了结，等待股价后期走势明确，不参与可能的调整。

股价开始第一次调整后，均线系统也经过了两次纠缠，可以把这个调整看作新的下跌周期，所以第一类买点2便是这个下跌周期结束的标志。当然，第一类买点2也需要被确认，所以，在股价上涨一段时间后出现回调，均线系统也死叉，但股价并未回到第一类买点2出现后所出现的区间整理，企稳回升表示了小周期上的第二类买点2的出现，均线系统再次金叉。之后，股价经过一段时间上涨，突破了邻近的小的区间整理的上沿，且回调时不再跌入该区间整理，表示突破有效，于是，小周期上的第三类买点2出现，股价快速上涨出现了。

小资金更灵活，大资金略显笨重，所以小资金是可以进行两个小周期操作的，但对于大资金，如果按照小周期操作，刚减仓结束，说不定新的买点又出现了，另一个上涨小周期又开始了。所以，大资金按照较大级别操作，保留主要仓位不动，利用滚动资金在日线或者周线级别上的买点上操作是最好的方式。当然，小资金也有盲区，可能会错过大的上涨。比如图4－19中的第一个小周期操作，当减仓结束后，股价并未回调，或者均线死叉后并未长时间下跌就返身向上，开始新的快速上涨，因为这里是可以形成大级别上的第三类买点的，如此小资金就错过了。而对于大资金，因为主要仓位是不动的，不会被赶下车，而且因为仍在滚动操作的节奏中，大资金可以在股价继续向上突破的第一时间继续跟进操作，如此获得更丰厚的利润。

分时级别上的第三类买点，是进行滚动操作的重要参考，对于目标收益不高的操作更是如此。为了确保滚动收益的稳定性和可持续性，我们将30分钟级别上的滚动操作收益定为1%，将5分钟级别上的滚动操作收益定为0.5%。在分时级别中，由于时间极短，每根K线的平均涨幅十分有限，级别越低，每根K线的平均涨幅越小。针对滚动操作锦上添花的辅助作用，以及积少成多的滚动操作理念，寻找对应分时级别上出现频次高且易于把握的上涨幅度，将其作为收益目标，这就是0.5%和1%收益目标的由来。

在确保滚动收益目标完成的情况下，如果股价仍处于明显上涨状态，则可继续持股等待新的区间整理的形成，尤其是上涨气势正盛的股票。对于上涨力度较小的个股，在分时级别目标收益完成后可及时获利了结，因为在分时级别上，一根K线的下跌就会吃掉多根K线的缓慢上涨，所以目标利润完成后的下一刻便出现亏损的情况实在太多，一定要及时锁定收益。

图4－20中，第二类买点的出现确认了第一类买点的成立，此时买进基本可以实现收益目标。尤其是第三类买点出现后，快速拉升成为可能，对于

只需要完成1%上涨目标的滚动操作，是极易完成目标的。所以在滚动操作中，发现分时级别上的第三类买点，应该积极参与。实际操作中，滚动操作的资金和主要仓位相同，这意味着在第三类买点上滚动资金是可以全部参与的。对于第一类买点和第二类买点，可以将参与资金量降低，这就是小级别资金匹配的意义。因为对应的大级别处于持股状态，所以分时级别上的买点即便出现失误，耐心等一两天也会重新涨上来。当然，第一类买点并非必然参与，因为滚动操作是锦上添花，以高成功率为前提，如果有不确定的风险，宁可不参与。

图4-20　30分钟级别上的第三类买点

继续看图4-20，在第三类买点出现后，股价连续拉升，1%的收益目标在第一根上涨K线上就完成了，但基于上涨力度强劲，可以在确保收益目标的情况下等待区间整理的出现。在经过几根K线的拉升后，上涨开始趋缓，5日均线有走平迹象，此时可获利卖出，不必在意后市是否还有涨跌，这是滚动操作的要义所在。滚动操作是以不断累积收益为目标，即便股价上涨，也与滚动收益无关，那是主要仓位获得的利润。

将主要仓位和滚动资金配合使用，可以解决掉操作中的很多思想问题。比如，主要仓位不动，滚动资金完成收益后即可卖出，即便股价上涨，那也不是滚动资金减少盈利了，而是主要仓位增加了更多盈利；相反，如果股价下跌，不应后悔没有清仓，锁定更多利润，而应该庆幸滚动资金卖出了，不仅赚到了额外利润，还获得了活动资金，在股价下跌后又可以等待买点进行下一个节奏的操作了。如此，时间就产生了价值，因为股价即便不出现绝对上涨，只是长时间来回波动，通过滚动资金的反复操作也能获得不错的累计收益。何况，股价走势终将完整，没有长时间不涨的股票，只要股价上涨，主要仓位就可获得利润，这就相当于实现了双重收益。

在此种操作中，可以很好地解决耐心的问题。如果买进股票后长时间不动，在股价不涨时极考验耐心，因为会看着别的股票上涨而想象成自己可以获得利润，这很煎熬。事实上，你看到的利润并不一定属于你，当你换股操作时，可能就是新的下跌的开始，而你原有的持股开始了新的上涨周期，这样的例子太多了。通过主要仓位加滚动资金的配合，就会在股价没出现绝对涨幅时不显得寂寞了。通过滚动操作，不仅获得了额外利润，也能够使主要仓位等到新的上涨节奏的到来。股价走势终将完整，在大级别上的买点处建立的主要仓位，是新的上涨周期的开始，不会再经历下跌周期，所以只要耐心等待，很快就会迎接上涨的来临，此期间的滚动操作，是降低持仓成本，获得额外利润的最有效手段。第三类买点，就是分时级别上实现这种目的的最佳信号。

买点只有上述三类，且条件是统一的，适用于任何操作级别。无论你资金量大小，操作方法相同，不同的只是参考操作的级别。从小散到实现财务自由的大资金，一种方法贯穿其中。从分时级别上的细微操作，到大资金运作的资金管理，都可以根据三类买点进行建仓和滚动操作。将资金有效地进行聚集和分散是任何投资行为的根本宗旨，哪怕是股神巴菲特也是如此。巴菲特跟我们的不同之处，在于他看的是年线级别和季线级别上的买点，尽管由于其资金量巨大，不需要那么精准地在买点出现时操作，但从年度的角度看，一定是在出现买点的年份操作的，而他加仓的时间节点也与季线上的买点大体重合。他不可能了解我说的三类买点，但殊途同归，巴菲特思想中的买卖点与我们所说的买卖点在本质上是相通的，因为这都是股价运行的本质规律。

第七节　第一类卖点

卖点是整个操作的核心，我们所有的操作，不是在卖出，就是在卖出的路上。无论将卖出放在多重要的位置上都不为过。只有明白这一点，你才懂得股票操作的意义。

买股票是为了卖出获利，所有计划的制订、所有操作方法的研究都是围绕如何能获利卖出展开的。一只股票是否具备操作价值，首先考虑的是有没有获利卖出的机会，或者是否具备滚动操作的条件。而滚动操作中，每一笔交易能否获利卖出，不仅要在滚动操作前做出判断，更需要在计划制订时就考虑进去。

看到股票出现买点，认为可以买了，为什么？因为这样的股票具备了将来获利卖出的机会。你在买股票时，考虑的是将来如何获利卖出，而不是为了买而买。有的股票即便出现买点，也不能操作，比如处于高位的股票。为什么？因为在这样的位置买进后，无法确保获利卖出，所以才说没有任何一只股票值得追高。可见，为了获利卖出而买进才是我们思考问题的出发点和落脚点。

买股票时你要考虑在什么情况下卖出，无论采用什么操作系统，都必须把卖出条件清晰地表达出来。只有如此，我们才能强化记忆，才能充分认识到，原来我们做股票就是为了卖出，才不会在获利后，或者出现卖点时不知所措。我们的日常工作就是等待所做个股满足卖出条件的那一刻，在不同级别上的卖点出现后卖出不同仓位的资金；在没有出现卖点时，可利用空余资金进行分时级别的滚动操作，以此降低持股成本。

每天开市，要问自己的第一句话是：今天满足卖出条件吗？需要减仓或者清仓吗？如果不需要，则再问自己：需要进行滚动操作吗？滚动资金买进后，有没有卖出机会？滚动资金今天就可以卖出，还是需要等两天卖出？看到没？所有工作都要围绕着卖出操作进行。如果以月线级别建立主要仓位，清仓要看周线级别；如果周线级别上不具备卖出条件，则可考虑进行滚动操作。滚动操作是在周线、日线和30分钟K线走势上完成的。当股价处于中低位时，可采取先买进再卖出的方式；当股价处于高位或者鼎盛期时，要采用先卖出再买回的方式进行滚动操作。

卖出筹码是整个操作周期的最后一步，从某种意义上讲，所有的工作都是为了这一步。无论有多少盈利，在卖出前都是纸上富贵。同样，即便暂时出现浮亏，只要还具备操作价值，通过反复滚动操作也能最终获利，所以在清仓前不必过分关注账户的得失，应把精力放在对股价实际走势的应对研究上。

清仓完成后，一个操作周期宣告结束，无论将来是否操作同一只股票，都与上一次的操作无关。只有清晰地将每一个操作周期分开，才不会彼此干扰。比如，操作同一只股票，第一个操作周期赢利十万元，清仓了；第二个操作周期中，因为各种原因股价开始明显回落，已经亏损五万元了，需要减仓，等待下一个买点的到来重新操作，但有人却与第一次操作结合，认为还赢利五万元，可以继续持有，最终的结果可想而知，把第一个周期的盈利也亏完了。显然这就造成了互相干扰。

卖出操作不是看账面是否赢利，看的是有没有满足卖出条件。即便是亏损，也可以先行卖出，或者减仓，等待下一个买点出现后买回便是，这种先卖出再买回的方式也是快速降低成本的手段。这和先买进再卖出的操作具有同等重要的地位，甚至比其地位更重要。

卖出并非指一次性清仓。不同级别上的卖点可采用不同仓位的卖出操作，级别越小，卖出的仓位越小。比如，在大级别上没有卖点，表示主要资金是可以继续持股的，但分时级别上出现了卖点，那就可以小仓位卖出，比如卖出与30分钟级别匹配的仓位，同时，在相应级别上，股价回落后出现买点，再把卖出的资金买回。只有保持卖出的节奏，才不会在大级别上的卖点出现，或者有突发利空下跌的情况下手足无措。

总之，卖出操作，这是应该时刻存在于脑海中的，随时准备执行的操作。不要舍不得卖出，无论是否赢利，只要出现卖点，卖出就一定是对的。账面赢利，卖出叫锁定利润，即使股价继续上涨也没关系，因为只要赚钱，总会积少成多；即便账面亏损，卖出也并非意味着清仓不做了，因为股价走势终将完整，现在的下跌意味着将来的上涨，所以在下一个买点继续买回来便是。只要我们通过操作，最终让每一只股票都获利就行。只要在卖点出现时卖出，就不存在错误，至少在轻仓或者空仓的时候，你的思维是清醒理智的，可以为下一阶段做出更合适的操作计划。

第一类卖点的形成条件如下。

（1）在某一操作级别上，自重要低点上涨以来，至少出现两个区间整理，表现为5日均线和10日均线至少出现两次死叉。

（2）在上涨过程的最后一次区间整理中，5日均线死叉10日均线，或者均线系统反复纠缠后最后一次死叉，同时伴随着阴克阳K线形态的出现。

（3）在最后一次区间整理中，股价创新高，有的甚至股价无法创新高，但MACD指标出现明显顶背离，则在阴克阳K线形态出现时，第一类卖点产生。

对以上卖出条件须做如下解释。

第一，卖出条件适用于任何操作级别。在实际操作中，为了使卖出更及时，将次级别卖点作为卖出的主要参考。比如，月线是主要操作级别，则清仓决定要根据周线级别上的卖点做出；日线是主要操作级别，则在关键节点处，清仓决定要根据30分钟K线做出。何为关键节点？指的是主要操作级别进入可能产生卖点的区域，比如出现滞涨，或者5日均线和10日均线由上涨状态进入走平状态，此时要特别留意次级别上的卖点，做好分步减仓，直到最后的清仓。如果主要操作级别走势良好，次级别上的波动可以进行滚动操作，而不需要动摇主要操作级别上的持仓。

第二，卖出条件中的“自重要低点上涨以来”如何理解？股价的上涨可分为若干阶段，最低点为整个上涨的起点，它是整个大的上涨周期的起点。但在上涨过程中必然会遇到调整，每一个调整过后的低点都可以算作新的上涨起点，这就是把大的上涨周期分成若干小的上涨周期，这个重要低点就是指离当前股价最近的小的上涨周期的起点。

第三，如何判断是最后一次区间整理？和第一类买点一样，从上涨后的第二次区间整理开始，都可能是最后一次区间整理。如果没有更明确的条件（3）作为辅助，只能通过在更小级别上卖出匹配资金的方式等待股价走势更明确，或者等待第二类卖点出现后再清仓。

第四，条件（3）是最明确的第一类卖出信号。在大级别上出现了K线卖出形态，意味着在更低级别的走势中，一定出现了第一类卖点，甚至第二类卖点。如果以日线级别为主要操作级别，当在关键节点处出现K线卖出形态，或者交易时间出现疑似 K 线卖出形态时，要留意次级别走势，如果出现第一类卖点，就要果断减仓，待收盘前日线级别上的卖出信号明确再清仓，如此便提前把握了卖出节奏。

第五，MACD 指标背离，指的是在 MACD 指标从死叉到再次金叉时，对应的红柱长度明显比邻近的红柱长度短。这表示虽然股价在涨，甚至创出新高，但力量不济，所以当出现阴克阳 K 线形态时，新的下跌就开始了。这是第一类卖点出现的最明确信号。

第六，条件中所说的均线系统至少两次死叉，在实际中，可能只有第一类卖点出现时均线系统才死叉，第一次死叉因为股价走势过于强劲而未出现，代之的是均线系统靠近或者接触。

日线级别上的卖点最标准和明确，尤其是第一类卖点。在周线和月线级别上，由于时间跨度太大，当出现明确卖点时，股价波动幅度已经很大，届时再操作就错过了最佳时机。所以，在卖出时一定要结合不同级别共同分析，尤其是在关键节点处。当周线级别滞涨，或者月线级别上出现大阳线，则需在次月交易中引起足够警惕，比如有的股票一个月翻倍，甚至更多，在次月一定要密切注意，做好及时减仓准备。

第一类卖点在最后一次 5 日均线死叉 10 日均线时表现得最标准，因为只要股价开始下跌，这一步是必不可少的；但有时，更明确的卖点表现为股价创新高，且 MACD 指标背离，这种情况不一定每一次卖出时都出现，但只要出现，第一类卖点就非常确定了。

图 4－21 中，从起涨点开始，三类买点都表现得很明确和标准，在第三类买点出现后，股价开始加速上涨。之后，股价出现第一次区间整理，均线系统也出现死叉。在突破第一次区间整理后，股价创新高，但伴随而来的却是 MACD 指标顶背离，第一类卖点符合条件，同时也因为出现了第二次区间整理，更确认了第一类卖点。再之后均线系统死叉，标准的第一类卖点产生，如果以日线为主要操作级别，那该清仓了。

图 4－21 中，第一类卖点出现后产生了区间整理，股价跌破这个区间整理下沿，并在次级别的反弹中未进入该区间整理内，第二类卖点出现。第二类卖点出现意味着正式下跌的明确，如果还没有清仓，那就该抓住这次机会清仓了。至于开始加速下跌的第三类卖点，绝不允许在卖出清仓节奏中到时还有筹码。那第三类卖点有何用？在低级别上的逆向滚动操作中，第三类卖

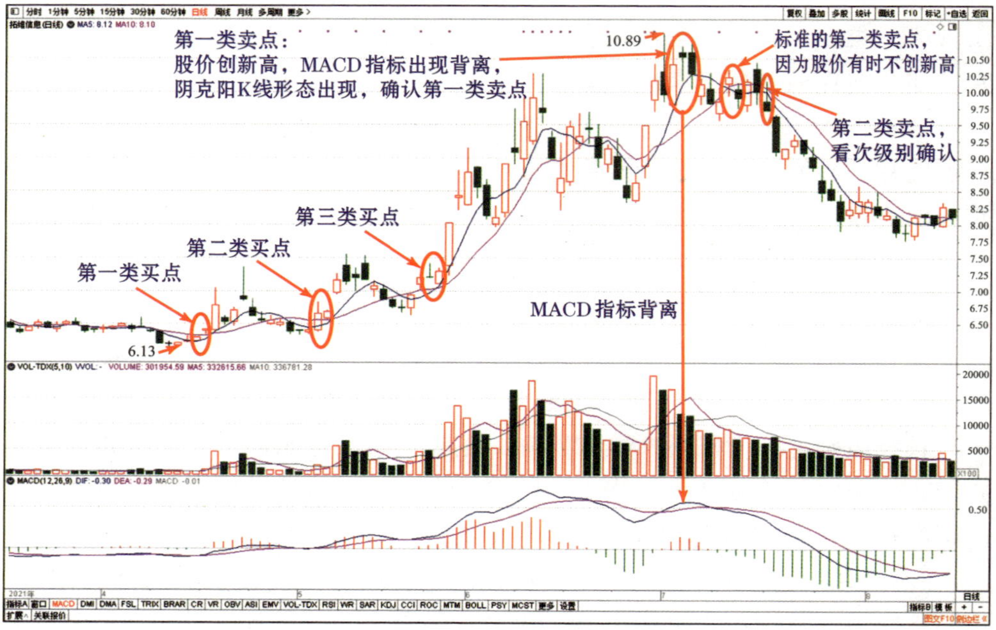

图 4-21　日线级别上的第一类卖点

点出现时可以快速降低成本。

卖出操作要时刻存于脑海中，并准备随时执行。有了这种警惕性，第一类卖点才能很好地抓住，才不会幻想着一直涨。股价走势终将完整，只有执行了卖出操作，才能确认最后的利润。第二类卖点是对第一类卖点的确认，也是给清仓未完成者一次纠错机会，如果此时还没有卖出，只能说明你对卖出操作理解得不够深刻，对其没有足够重视，无法在股市中稳定获利，只能成为被主力资金蹂躏的对象。

卖出操作要果断坚决，理论上不存在卖出错误。卖出后，资金回归，意味着新的操作周期随时可以展开，我们保持了主动权。如果发现一只股票清仓后，没有下跌，而是继续出现新的买点，那就制订新的操作周期，接着做即可。担心卖出后股价继续上涨是没必要的，现实操作中不会给我们带来所谓的少赚即亏损的情况。尽管如此，有的投资者就是无法扭转思想，那么解决这一问题的方式就是分批卖出。观察小级别上的卖点，并减仓与小级别匹配的仓位。如果股价上涨，不必遗憾，因为大资金还在里面；如果股价下跌，则卖点会被逐级确认，继续减仓，直到最后的清仓。开始了减仓动作，且卖点在不断地向高级别明确，也就不会出现对清仓的担心和心理障碍了。

先大后小地分析第一类卖点在实际走势中的应用如图4-22所示。

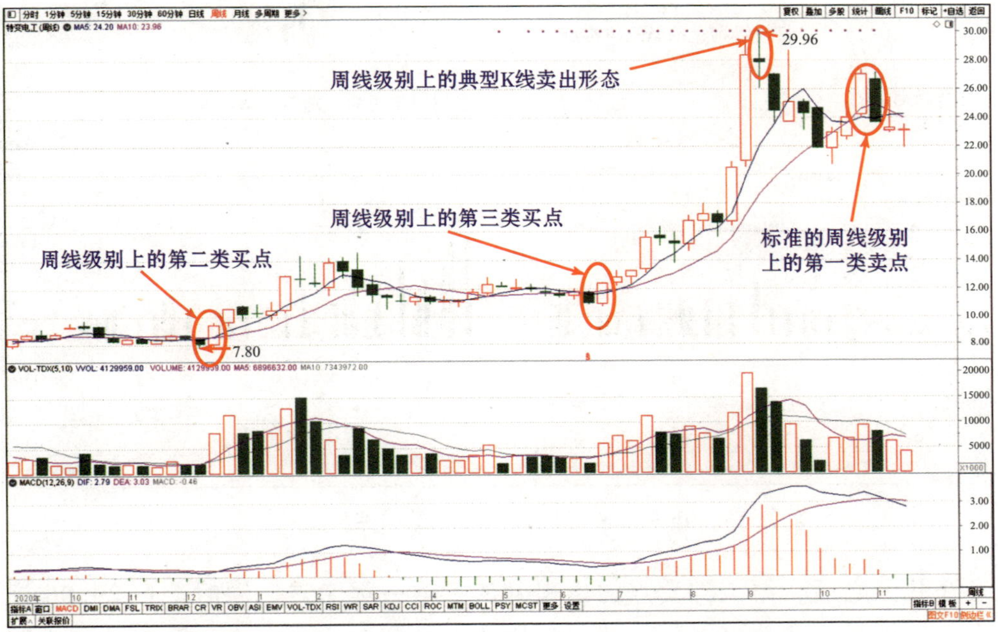

图4-22　周线级别上的第一类卖点

周线级别时间跨度较大，如图4-22所示，第一类卖点出现后，与最高点相比，跌幅近20%，丢掉这样的利润有点可惜，所以除非是超级资金，对于绝大部分资金而言，可以观察更多细节，以便能卖在更理想的价格上，比如，以先大级别后小级别的分析方式进行操作。

对于大级别上的操作，当出现大阳线时，就要在第二根K线形成过程中密切观察次级别及以下级别上的走势，以提前确认卖出信号的出现，比如月线级别、周线级别。在图4-22中，典型K线卖出形态就是在连续出现两根大阳线后出现的，通过对次级别走势的观察，可以更早地进行减仓，甚至清仓。图4-23是对周线级别上的这根K线卖出形态进行细化的日线走势图。

从图4-23中可以看出，在26~28元之间，标准的第一类卖点出现，

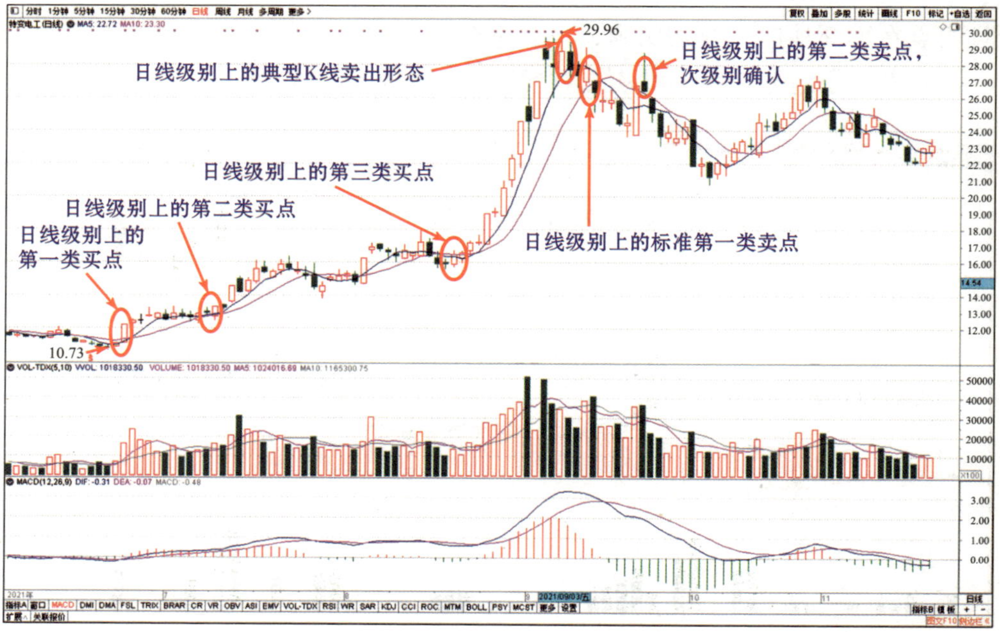

图 4－23　日线级别上的第一类卖点

且在几天之后，第二类卖点的出现确认了第一类卖点。同时，在 29.96 元高点出现后，股价出现了滞涨，高位的小的区间整理出现，典型的阴克阳 K 线卖出形态也预示着股价即将出现下跌，这种情况可以在更低级别的走势中加以明确。通过对 30 分钟 K 线走势的观察，发现在日线级别上出现典型 K 线卖出形态时，其次级别已经出现了第一类卖点，如图 4－24 所示。

在 30 分钟走势中，第一类卖点表现得明确且确定，因为出现了典型的第一类卖点，即股价创新高，MACD 指标却出现了背离，如图 4－24 所示。之后又出现了标准的第一类卖点，5 日均线死叉 10 日均线。再之后没多久，第二类卖点在 30 分钟走势中确认了第一类卖点。

通过周线级别、日线级别、30 分钟级别的不断细化，就能够在主要操作级别的关键节点处，更早地抓住卖出信号，并在理想的高位处开始减仓。如图 4－24 所示股票，即便是以周线为主要操作级别，这次的减仓也能在 28 元以上完成，这比单纯看一个级别操作好得多。

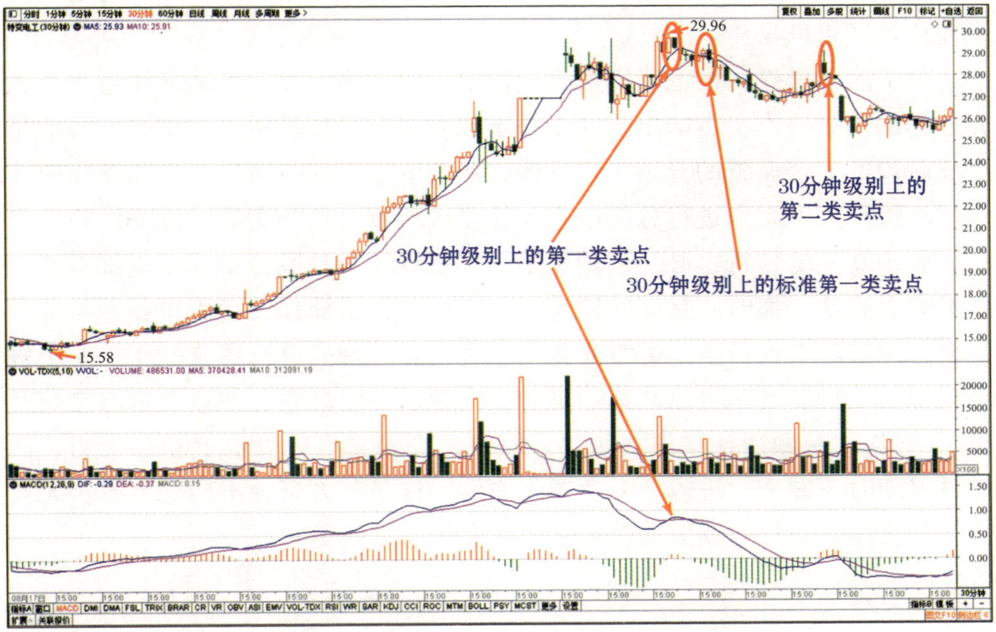

图 4-24　30 分钟级别上的第一类卖点

通过对卖点进行不断细化可知，在我的第一本书《股市赢家密码》中所说的典型 K 线卖出形态，都可以在其次级别走势中转化成第一类卖点。同样，该书中的取款密码，都可以转化成其低级别走势中的第一类买点、第二类买点或者第三类买点。这就是一个由繁入简的过程。通过先大后小不同级别地分析和操作，能使用各种体量的资金，真正做到一法通则万法通。当然，如果你还是业余选手，建议先看我的第一本书《股市赢家密码》，先进入职业殿堂，这对深刻理解本书内容更有益处。

第一类卖点是减仓和逆向滚动操作的第一选择。对于分时级别上的滚动操作，把握两个原则。一是完成收益目标后随时可以卖出，不必等卖出信号的出现。滚动操作本来就是锦上添花，目的是积少成多，所以收益目标实现后卖出都是正确的。二是在收益目标完成后，如果股价上涨走势正盛，且非常明确，则可在确保收益目标完成的情况下等待卖点的出现，这个卖点就是第一类卖点。在均线系统第二次死叉时卖出，或者在股价创新高，但 MACD 指标背离的情况下卖出，甚至如果第一波上涨快速，且出现大阳线，则在第一次均线死叉时就可以卖出，或者看次级别上的第一类卖点卖出。这是对卖点使用最频繁的操作。

除了滚动操作，在主要资金的操作中，面对第一类卖点是必须要进行减仓操作的。第一类卖点的出现并不一定代表整个股价转折点的来临，可能是上涨阶段的某个调整的开始，之后或许还会继续上涨。所以，实际操作中才通过小级别上的卖点进行分批减仓，这是应对不可预知走势的最好手段。当然，股价真正的转折也必然开始于第一类卖点，只是股价正式下跌都需要第二类卖点确认，那时才是真的清仓时刻。这是标准操作，适用于各种体量的资金，尤其对于大资金，更需要在第二类卖点出现时进行清仓操作。对于资金量不大的投资者，可以在第一类卖点出现后开始减仓，并在股价有迹象跌破 10 日均线时做清仓操作。如此，即便在筹码卖出后股价上涨也无碍，因为可以随时买回来，进入下一个操作周期，这是与大资金不同的地方。大资金一旦卖出，股价继续上涨是无法再次买回的。

第八节　第二类卖点

第一类卖点是下跌起点，第二类卖点是下跌确认，第三类卖点是下跌加速，这与买点相呼应。当第一类卖点出现时，股价会调整，但不一定就此反转，所以操作时，除了可卖出滚动操作的仓位外，主要操作的仓位可以减仓，采取与小级别匹配的仓位减仓；当第二类卖点出现后，表示持续较长时间的下跌将出现，也许它也不代表股价上涨的反转，但下跌幅度会较大，持续时间会较长，尤其是大级别上的第二类卖点，操作中是无需参与这种大调整的，清仓最为合适。

对于第二类卖点，需观察其次级别走势来更及时准确地判定。有的股票在某一操作级别上，K 线卖出形态出现后股价迅速下跌，于是区间整理限定在最小级别上，比如由 3 根 K 线组成。这在该级别上不易发觉，等到发现后股价已经出现了一定幅度的下跌。但是从其次级别及以下级别的走势中，非常容易发现区间整理，第一类卖点也异常明确。这就是观察买卖点时需要先大后小的原因。既如此，在次级别及以下级别上，当股价向下跌破第一类卖点形成的区间整理后，反弹不再进入该区间整理，可确定第二类卖点形成。这个过程在主要操作级别上很可能就是一根 K 线。

比如，周线级别时间跨度较大，股价沿着 5 日均线上行，直到出现滞涨，意味着在该股票的日线及以下级别上，必然出现了股价的反复博弈而形成的区间整理，甚至 5 日均线和 10 日均线都出现了纠缠。如果按照周线级别操作，因为还未出现区间整理而不予理会，可能就错过了极好的减仓机会，因为等到周线上的区间整理出现时，日线上股价已经出现三类卖点了。虽然大资金此时减仓也未尝不可，但没有从小仓位开始的分批操作，等卖点形成后，由于做多的思维惯性仍存在，就会反应迟钝，甚至有奇怪的想法，想等到股价反弹后再减仓。在小级别上依据卖点小仓位卖出，才能在周线甚至更高级别上的卖点出现时不至于犹豫，而是果断执行卖出。

第二类卖点需满足的条件如下。

（1）在大级别走势中，股价连续上涨后出现滞涨，表现为 5 日均线开始走平，或者上涨减缓，K 线卖出形态出现。

（2）在大级别的次级别走势中，第一类卖点出现，且在次级别或更低级别走势中出现明显的区间整理，表现为 5 日均线和 10 日均线死叉，或者两条均线反复纠缠。

（3）在某一级别上，股价跌破第一类卖点所形成的区间整理，且在反弹时股价未再进入原区间整理，出现阴克阳 K 线卖出形态，表现为 5 日均线和 10 日均线死叉，出现空头排列，在第一次金叉后，股价未进入原区间整理，并出现阴克阳 K 线卖出形态，则第二类卖点确立。

对上述条件的解释如下。

（1）K 线卖出形态总共有六种，三种典型 K 线卖出形态和三种非典型 K 线卖出形态。这在我的第一本书《股市赢家密码》中有详细介绍，它是以日线为核心的操作体系中，卖出信号的主要参考。

（2）股价处于高位时，当均线系统向下出现第一次明显的空头排列后，都会出现向上反弹，级别越小，这个过程越明显。在大级别上这个空头排列可能会有很大跌幅，再次出现反弹时时间跨度也很大，但在较小级别上，这个反弹是确认第二类卖点的关键，且无一例外地都会出现。从均线角度看，空头排列后出现第一次金叉时，股价未在反弹中进入原区间整理，确认了第二类卖点的出现。

如图 4－25 所示，从大级别到小级别，逐级观察第二类卖点的出现。

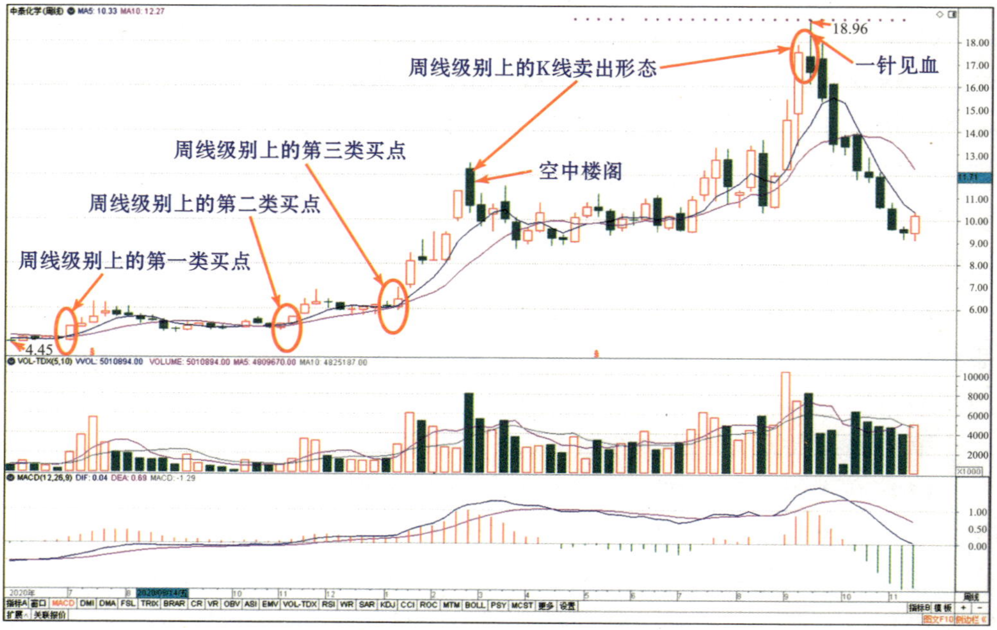

图 4－25　周线级别上出现卖点的走势

周线级别时间跨度较大，当出现卖点时多以 K 线卖出形态开始。大级别上的 K 线卖出形态，在较小级别上却经历了激烈的资金博弈。所以，如果你资金量较大，千万不要等到大级别上的明确卖点出现时再操作，要注意观察其次级别及以下级别走势，通过小仓位卖出的方式，不仅能卖在高位，还能在低位买点捡回，从而完成大级别上的滚动操作。

在图 4－25 中，出现了两个 K 线卖出形态。第一个 K 线卖出形态“空中楼阁”出现时，股价经历了半年多的修正，调整幅度虽然不大，但时间跨度足以进行多次的小级别滚动操作，可降低不少成本；第二个 K 线卖出形态“一针见血”开启了股价走势的反转，展开了真正的下跌。

在“一针见血”K 线卖出形态出现的当周，日线及以下级别上必定出现激烈的资金博弈，所以只要是在周线等大级别走势中，股价连续上涨后出现疑似 K 线卖出形态时，就要密切留意次级别走势，在出现第一类卖点后开始逐步减仓。图 4－26 是将“一针见血”的当周走势放大来看的。

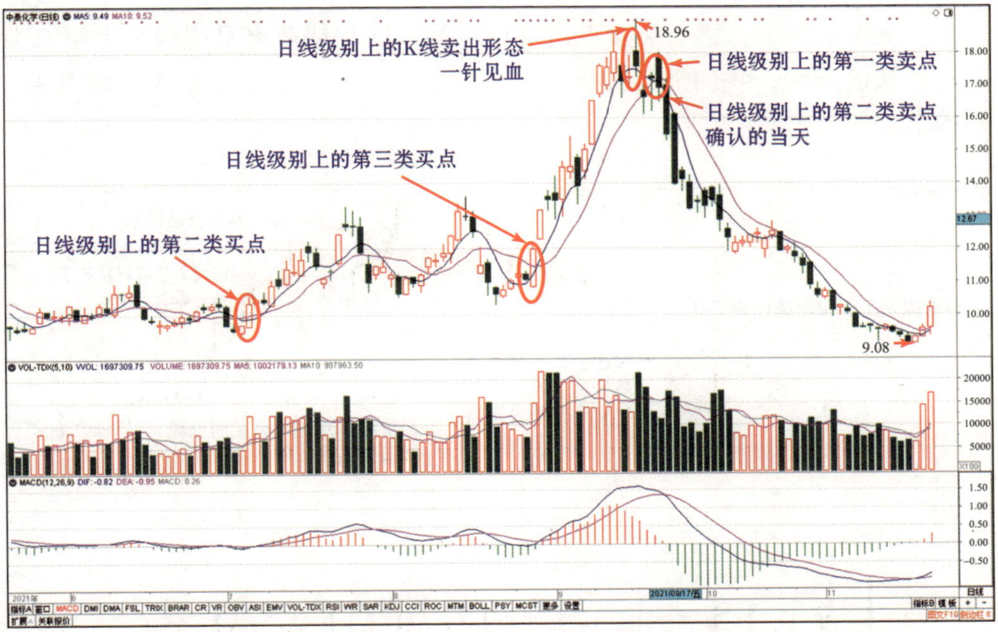

图 4－26　日线级别上的第二类卖点

周线级别上的“一针见血”K 线卖出形态，在日线级别上就出现了明确的第一类卖点，这是必然要减仓的。尽管当时无法确认这是股价上涨的转折、下跌的开始，但在操作上可以按照一定的仓位比例卖出，比如只卖出与日线级别匹配的资金，等第二类卖点出现后，再继续减仓，直到最后清仓。

在日线级别上，也出现了 K 线卖出形态“一针见血”，这表示在更低的级别上资金同样经过了激烈的博弈。大级别上股价已经大幅度上涨，而较低级别上不断出现资金激烈博弈的现象，说明股价上涨开始乏力，转折随时可能到来。所以，密切观察较低级别，以便更早地抓住卖出信号。这里需强调，并非任何时候小级别上的资金博弈都需要引起重视，只有在关键节点处才如此。比如，月线级别上的大阳线出现，那么次月的股价走势上就需特别留意次级别的状态；比如，周线级别大幅上涨后，典型 K 线卖出形态疑似出现，就需要观察日线及以下级别走势，来提前发现第一类卖点；再比如，日线级别上股价出现滞涨，均线系统由上涨开始走平，且已经经过了大幅上涨的情况下，要密切注意30分钟K线走势，因为卖点随时会出现，而分时级别就是先行信号。

在图4-26中，第一类卖点出现后，第二根K线就是日线级别上第二类卖点确认的当天，我们继续细化，观察当天的30分钟K线走势，如图4-27所示。

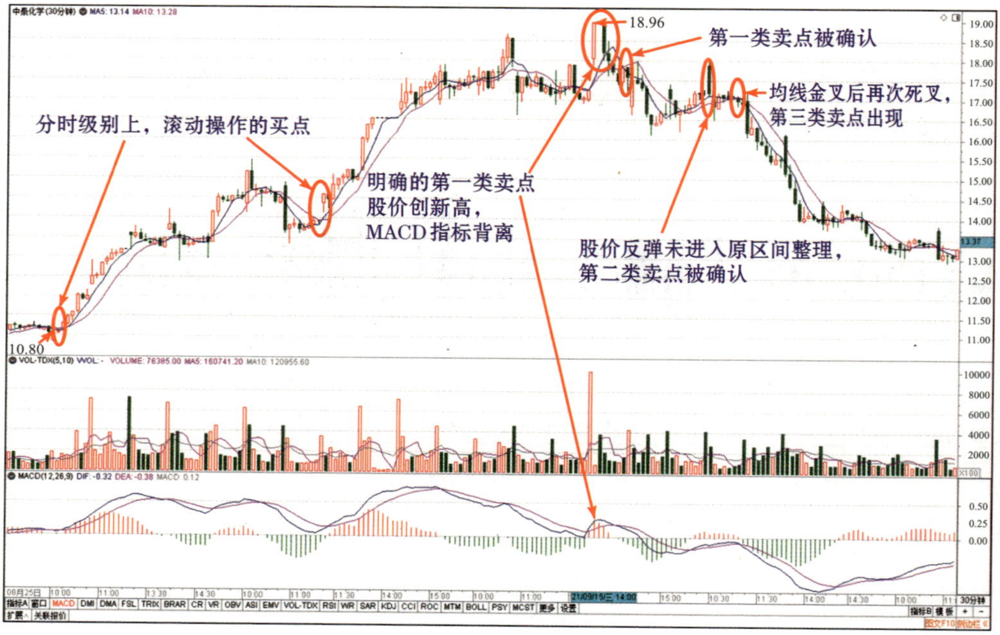

图4-27　30分钟K线走势上的第二类卖点

在30分钟K线走势中，第一类卖点更明确且提前，而且出现两次第一类卖点，这是对减仓操作的确定。股价创新高，同时MACD指标出现背离，这是典型的第一类卖点。当此信号出现后，无论是不是股价的转折，都至少表明股价将出现一定的调整。如果股价本身就处于大幅上涨后的高位，这种信号就可能意味着转折开始了。

在典型的第一类卖点出现后没多久，5日均线死叉10日均线，明确的第一类卖点出现，这些都发生在周线级别上出现“一针见血”K线卖出形态，日线级别上出现“一针见血”K线卖出形态和第一类卖点出现的那几天。继续看30分钟K线走势，在第一类卖点被明确后，股价出现下跌，5

日均线和10日均线明显空头排列。对于分时级别，这种比较明显的空头排列并非罕见，即使在上涨过程中也会出现，因为这里的时间跨度很小，稍做调整就会出现这种情况。但是，当股价已经大涨，处于关键节点的时候，这种均线空头排列就要引起足够警惕了。

均线系统第一次明显地空头排列后，必然会出现股价反弹、均线再次金叉的情况，这在分时级别上表现得很明显。当股价反弹后未再进入原区间整理，第二类卖点正式出现，它确认了第一类卖点的有效性。图4－27中以一根典型K线卖出形态“空中楼阁”确认了第二类卖点。

没过多久，第一次金叉后的均线系统再次死叉，宣布了股价快速下跌的开始，第三类卖点出现。

在不同操作级别上出现的第一类卖点和第二类卖点，对应的减仓幅度自然不同。比如上述例子中，30分钟级别上的第二类卖点出现后，当然不能把周线级别上的主要仓位全部卖出，而只能卖出与30分钟级别匹配的资金。随着股价下跌走势的越发明确，减掉的仓位越来越多，直到最后的清仓。比如，从30分钟级别上的第一类卖点和第二类卖点出现后开始减仓，当日线级别上的第一类卖点出现后加大减仓比例；如果周线级别上K线卖出形态出现的第二周，股价仍未有好转，且日线级别上下跌开始明显，那时再做清仓动作。如果资金量足够大，在月线级别上同样如此操作。如此，我们将会把减仓的平均价位抬高很多，抓住尽可能多的利润。

第一类卖点和第二类卖点是减仓的主要参考。在同一级别上，当这两类卖点出现后，一定是清仓状态。比如，我们以周线级别为主要操作级别，这意味着日线级别上的第二类卖点出现时为清仓状态。同时，因为可以将资金按照不同操作级别进行匹配，在相应级别上出现第二类卖点时就清掉该级别上可操作的资金。

下面以周线级别可持有100万元的筹码为例。对于卖出操作，当日线级别上出现第二类卖点时，这100万元的筹码可全部卖掉，如果等到周线级别上出现第二类卖点，那可能出现很大跌幅了；对应地，当30分钟级别上的第二类卖点出现时，可动用的筹码要减半，只能卖掉50万元的筹码；当5分钟级别上出现第二类卖点时，只能卖掉25万元的筹码。此前，第一类卖点出现时，对应级别的卖出仓位再减半。比如，5分钟级别上第一类卖点出现时，卖出12.5万元的筹码；30分钟级别上第一类卖点出现时，卖出25

万元的筹码；日线级别上的第一类卖点出现时，卖出 50 万元的筹码。这里必须强调，上述操作对应的是周线级别大幅上涨后，5 日均线走平或者上涨减缓，再或者出现典型 K 线卖出形态。如果周线上涨良好，即便分时级别上出现第一类或者第二类卖点，只可通过小单试探性减仓来把握节奏，且必须在分时级别上出现买点时再买回。如果对股价回调没把握，甚至可以不操作，或者只卖出 1000 股，感受节奏。

无论何种操作级别，第二类卖点出现，意味着股价在该级别上出现调整的可靠性非常强，无论对于滚动操作还是清仓结束该操作周期都极具意义。其中，滚动操作分为两种操作方式：先买进再卖出和先卖出再买进。先买进再卖出是增加利润，降低成本的手段；先卖出再买进是成本降为零后，增加筹码的手段，同时也可以作为中高位股票降低操作风险的手段。第二类卖点对于先卖出再买进的滚动操作具有非常大的价值，它与第三类卖点共同构成了在不增加筹码的前提下，降低成本最有效和快捷的方式。当成本降为零后，如果该股鼎盛期还未出现，第二类和第三类卖点又成为增加筹码最重要的方式。

第九节　第三类卖点

第三类卖点主要用于滚动操作——先卖出再买进的滚动操作。在主要资金的操作中，第二类卖点出现时已经清仓，这并非一次性操作，而是从第一类卖点出现后就开始减仓，所以不存在因为舍不得而没有卖出筹码的情况。如果第三类卖点出现时还没清仓，那就是多种错误导致的综合结果了。比如，有无从小级别上的卖点开始减仓？这是破除舍不得卖出心理障碍的最有效方式。是否充分认识卖出操作的核心地位？一切操作都是为了卖出，赢利后是这样，暂时浮动亏损时也是这样。

当主要仓位建立后，股价所处位置一定是低位。如果你所买的股票处于中高位，第一步操作就错了，要立刻纠正。此时若出现第二类卖点，亏损状态下清仓，也属于为错误操作买单了。但是，当大级别走势处于低位，主要仓位买进后，小级别走势仍出现下跌，此时账面也是亏损的，与高位不同的是，现在可以利用小级别上的第二类卖点先卖出再买回，以此降低成本。这是非常有效的方式。为什么不能先买进再卖出呢？主要仓位买进本身就是基于股价要上涨做出的操作，但实际走势并非如此，所以必须控制风险。这里的风险指的是操作上的被动，或者股价要继续打磨底部很久。在不增加持仓的情况下降低成本是最优选择。即便卖出后股价回升也无碍，因为可以通过加大买入仓位的方式继续降低成本。处于低位的股票一旦确认上涨是可以重仓参与的。

除上述两种情况，账面上都将显示赢利状态，此时的操作握有主动权。所以，在第二类卖点出现时，清仓卖出，即便股价上涨也不算错。当然，实际操作中，如果股票还未出现鼎盛期，分析后认为还值得继续跟踪操作，也可以采用在第二类卖点出现后先减仓，等新的买点出现时再买回的操作，不断增加筹码，同时也不增加风险，一直到鼎盛期出现，或者大级别上的卖点出现再果断清仓。此时的成本已降为零，不存在亏损的可能了。

第三类卖点出现，意味着在相应级别上有一个快速下跌的走势类型，不参与这样的调整，本身就是在单位时间内扩大利润的最有效方式。股价只有上涨和下跌两种类型，对于上涨，大家都知道是获得利润的阶段，但这充其量只有 50% 的机会，如果处理不好下跌的走势，那就无法真正稳定获利。在股价下跌时降低持仓成本，本身就是在扩大上涨时的利润，因为股价走势终将完整，下跌后股价终会涨上来。

第三类卖点满足的条件如下。

（1）第一类卖点出现后，5 日均线和 10 日均线出现明显的空头排列。

（2）股价反弹后未进入第一类卖点形成的区间整理，第二类卖点出现，此时均线系统出现下跌后的第一次金叉，有的甚至未金叉便转头向下。

（3）均线系统金叉后再死叉为第三类卖点确立的标志；如果均线未金叉便转头向下，则跌破均线系统的那根阴线便是第三类卖点确立的标志。

第三类卖点与第二类卖点非常接近，有时甚至重合。在分时级别上，这样的操作机会很多。所以如果你懂得操作，随时都有操作的机会，不仅仅是买进后卖出的机会，先卖出再买回的操作降低成本的效果更明显，尤其对于较大级别上处于下跌走势类型的股票。好好研究持仓不变的情况下，如何利用下跌的过程降低成本，就完成了整个操作过程的拼图，如此才能永远处于主动地位，确保稳定赢利。

通过观察同一只股票30分钟和5分钟级别走势中，第二类卖点和第三类卖点出现的过程，并采用先卖出再买回的方式操作，就能理解成本快速降低的可能性，而且不会增加任何风险，这比先买进再卖出的操作更安全可靠。

在图4-28中，第一类卖点中提到了非典型第一类卖点，它是指股价未创新高，MACD指标出现背离的状态下的卖点，与典型的第一类卖点比，它可能转换成新的上涨，比如股价创新高，MACD指标再次金叉，同时红柱也开始拉长。当然，多数情况下它会转化成第一类卖点，毕竟从逻辑上讲，连新高都无法产生，说明多方力量迅速减弱，只是这需要后面走势的确认，还不是很明确罢了。

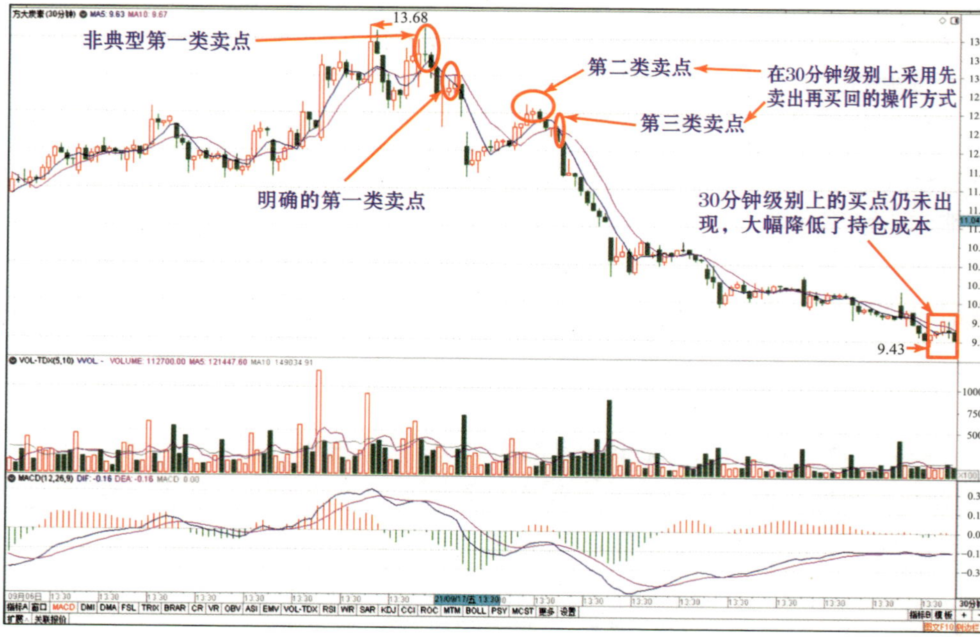

图4-28　30分钟级别走势中的第三类卖点

图4-28中，当第二类卖点和第三类卖点出现后，意味着30分钟K线走势中一段快速下跌将出现，所以先卖出，等待该级别上新的买点出现后再接回。在实际操作中，像买进后获得1%的滚动收益即可卖出一样，卖出后，股价下跌超过1%即刻买回也未尝不可。分时级别时间跨度小，这种操

作机会多的是。图 4－28 中，在第二类卖点和第三类卖点上卖出后，一直到图中的最右侧，股价都未出现明确的买点，成本降低了近 30%。

在大级别处于弱势的情况下，在 30 分钟级别上的第二类和第三类卖点上甚至可以只留 100 股，剩余全部卖出，等待出现下一个买点时再买回相应筹码，这样成本降低得很快。如果大级别处于区间整理的波动状态，意味着股价可上可下，且即便下跌，幅度也不大。这种情况下，至多卖出一半持仓，然后可采取跌幅达到 1% 即刻买回的策略，除非 30 分钟级别下跌走势明显才可以等待下一个买点的出现。

同样，在 5 分钟 K 线走势上，操作资金减半，也可采用先卖出再买回的策略。在 30 分钟级别下跌走势明确，或者处于相对弱势的情况下，5 分钟级别上的第二类卖点或者第三类卖点出现后，可以产生更多降低成本的机会。

图 4－29 中，在第一类卖点出现后，都可以进行先卖出再买回的滚动操作。第二类和第三类卖点出现后，这个操作更明确。由于 5 分钟时间跨度很小，看似大幅的下跌，在幅度上并没有多少，且时间跨度也不会很大，所以

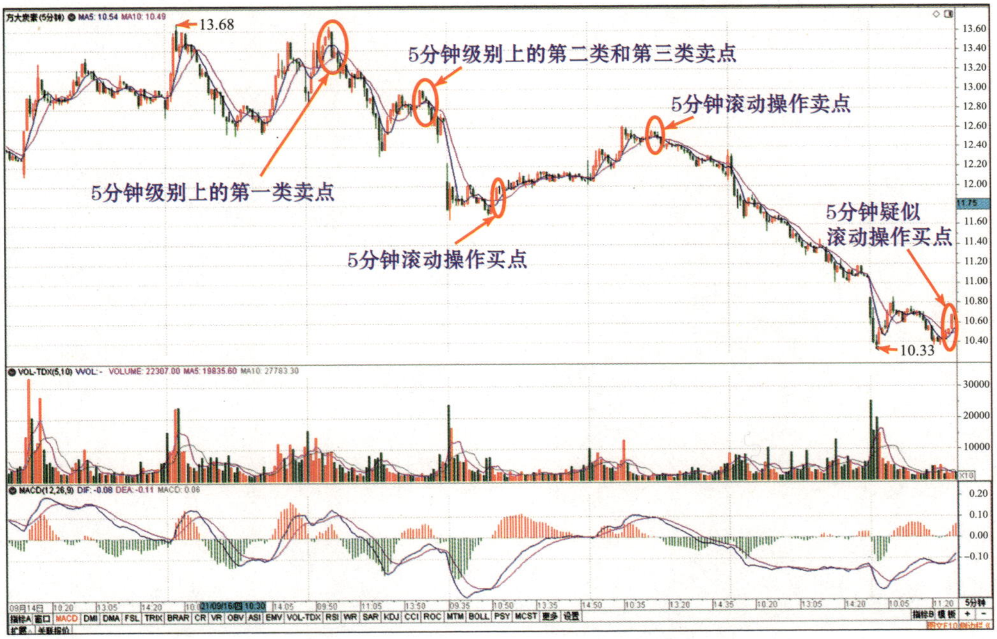

图 4－29 5 分钟级别上的第三类卖点

成本降低的幅度也必须降低，和先买进再卖出的幅度一样，是0.5%。根据买点和卖点的条件，在5分钟级别上可以看到很多次的滚动操作机会。只是，小级别走势要服从大级别，如果30分钟级别处于明显的下跌走势类型中，那么即便5分钟级别上出现了买点，也不予操作，因为这可能是陷阱。同样的思路在更大级别上同样适用。比如，周线级别处于明显的下跌走势类型，即便日线上出现了买点，也要谨慎操作，等待周线上买点的进一步明确，这在建仓期可以节约很多时间，也不必忍受过多的煎熬。

第五章

滚动操作

滚动操作是实现财务自由的核心思想。彻底理解了滚动操作的意义，至少在思想上你可以与资本大鳄相通了，而思想上的相通才能进一步到操作上的相通，也才能最终到资本相通。散户很喜欢看市场信息，却总无法领会市场中那些机构对个股的评价意味着什么。买入评级、增持评级、减持评级表达了何种含义？当你看到某个基金或者私募机构某季度新进某只股票，或者某季度增持某只股票，再或者某季度减持某只股票时有何想法？这就是滚动操作的体现。

滚动操作是资本聚集和分散的过程，依据是买点出现时资本聚拢，卖点出现时资本分散，目的是使持仓成本降为零。为什么要滚动操作？滚动操作是在清仓前的操作方式，基于股价还具有操作价值，并未处于中高位，没有清仓的风险和必要。通过滚动操作，投资者可将持仓成本降为零，如此才能实现绝对的获利，也才能有足够底气等到个股鼎盛期的到来。

总之，无论资金多与少，滚动操作是基本思想，不同的是大资金参与滚动操作的级别不同。巴菲特只能按照季度以上级别进行加减仓，事实上我们国内的大资金也如此。那些知名的基金，无论公募还是私募都如此。很好理解，如果他们按照周线级别操作，那交易成本必然大幅抬高。买进时股价大涨，卖出时股价大跌。这没办法，他们资金量大啊。

资金量小的，可以按照周线、日线乃至分时级别滚动操作，其目的和手法与大资金一样，所以，领会滚动操作的内涵，从小资金开始你便具备了实现财务自由的基因。一种思想、一种方法贯穿始终，直达财务自由。

滚动操作分为两类——正向滚动操作和逆向滚动操作。正向滚动操作指先买进再卖出的操作，逆向滚动操作指先卖出再买进的操作。做股票不仅要解决上涨赚钱的问题，也要解决下跌降成本的问题。只有双向问题都解决了，收益才能稳定而持久，才能任凭风浪起，稳坐钓鱼台。

股价走势只有三种类型——上涨、下跌和区间整理。区间整理整体上看是不产生利润的，当然，大级别上的区间整理，从小级别上看仍旧分为了上涨、下跌和区间整理，所以在同一级别上，区间整理不作为产生利润的走势类型。如此只剩下上涨和下跌两种走势。解决好这两种走势中的操作问题，就解决了股市中所有的操作问题。上涨能产生利润，需要解决如何稳定且长期产生利润的问题。下跌呢？下跌会出现亏损，或者损失利润。如果无法解决下跌的问题，那上涨产生的利润就不稳定，可能会全部损失掉。如果换个角度，把下跌作为降低成本的途径，那么降低成本就是在增加利润，因为股价走势终将完整，下跌后的股价终要回归上涨。

滚动操作本就是清仓前的操作，如果股价处于高位，具备了清仓的条件，那就没有滚动操作了。所以，不存在股价下跌后是否回归，或者是否要很长时间后才会回归的问题。正向滚动操作和逆向滚动操作使用的环境不同，不可混合使用。在一种条件下，只能使其中一种滚动操作成为主体。

以上是站在个股操作角度而言的，如果站在资金运作角度，低位买进个股，高位卖出，再换只低位的股票继续买进，那便是更宽泛的滚动操作了。

第一节　正向滚动操作

正向滚动操作，指在买点出现时买进，在收益目标完成或者出现卖出信号时卖出，即先买进再卖出。

正向滚动操作客观上会使仓位增加，以主要仓位不动，用最多和主要仓位相同的资金的方式进行滚动操作，通过滚动资金的盈利来降低主要仓位的持仓成本，抵御价格风险和时间风险。价格风险是指股价可能出现的下跌，这本会产生亏损，但通过滚动操作会使成本下降，如此主要仓位便不亏损或者少亏损，一旦上涨节奏回归，就能迅速赢利。在一个操作周期内，即使股价并未上涨，甚至还可能下跌，通过滚动操作也能实现收益目标，即两个月资产增值10%。时间风险指一只股票长时间不涨，主力通过此种方式消耗散户耐心。滚动操作就是抵御这种时间消耗的最有效方式。

股价走势终将完整，其本质就是资金运作的规律，无论主力怎么折腾散户，只要股价不涨，主力同样无法获利。所以，低位优质个股的上涨节奏回归是必然的。基于此，当主力在打时间消耗战时，通过滚动资金的反复操作，不仅可以获得额外利润，还可以抵御时间消耗，此时时间就变得异常有价值。主力耗得越久，我们产生的额外利润越多，相对的持仓成本越低。与此同时，主力的持仓成本却在提高，因为他们的资金需要更大的维护成本。为什么股市中会有横有多长，竖有多高的说法？这是股价的外在表现，其本质就是主力资金横盘越久，时间消耗越大，其成本越高，那就必须要用越大的涨幅来弥补收益率的降低。所以，遇到长时间底部整理的股票后，通过滚动操作迎来了上涨节奏的回归，那就会收到大幅度上涨的回报。这是由于我们的成本在此期间不断降低，股价上涨后收益率自然大幅提高了。

在进行正向滚动操作时，因为仓位的提高会造成风险的扩大，所以，要通过个股操作时段的选择来抵御扩大的风险。宗旨是滚动资金买进后，即便股价未涨，滚动收益目标没有完成，风险也不能无限增加，而且在略微增加持股时间后，股价也会涨回来，进而完成滚动操作的收益目标。比如，进行5分钟操作级别上的滚动操作，当买进后股价开始下跌，则必须确保一到两天内股价会涨回来，并获得滚动收益。30分钟级别上的滚动操作，则要求一周时间内必须确保收益目标的完成。日线级别上的滚动操作，要确保两到三周内完成收益目标，最长不能超过一个月。如果股价走势不具备这样的条件，则不能进行正向滚动操作。

进行正向滚动操作的个股所需条件如下。

（1）宏观上，个股处于上涨阶段的启动期或者成长期的初期，表现为股价从长期下跌转为底部区间整理，或者向上突破底部区间整理平台不久。

（2）微观上，股价经过连续下跌走势后进入底部区间整理阶段，MACD指标也调整到位，或者股价突破底部区间整理，进入上涨走势类型的第一阶段，再或者同级别的上涨趋势刚形成，MACD指标位置不高，没有修整的迹象。

（3）先大后小地进行分析，宏微观条件必须满足，比如，大级别上出现买点，或者可持股，没有卖出风险，此时，小级别上出现买点才可操作。

正向滚动操作的最大风险在于增加仓位，如果买进后股价下跌，将迅速扩大亏损，或者侵蚀利润。解决这一问题的关键在于在更大级别上确保股价走势的风险释放，如此，当出现滚动资金买进后股价短暂回落，便可耐心持有一段时间，等待股价上涨节奏的回归，从而使滚动资金获得目标收益后卖出。滚动资金的作用是锦上添花，有两方面含义，一方面是必须“添花”，也就是要创造正收益，可以少，但绝对不能亏损，否则将抬高主要仓位的成本；另一方面是滚动操作可做可不做，也就是可以锦上添花，也可以不添，这就要求必须要在没任何风险的情况下进行滚动操作，有任何认知内的不确定性都可不操作。

比如，最佳买点错过，股价在加速上涨，要追吗？买进后股价可能继续快速上涨，短时间便获得丰厚的滚动收益，但也可能股价就此止步，开始转向区间整理，进一步开始下跌，因为任何的下跌都是从上涨开始的。这就产生了不确定性，那便不参与。放弃可能的滚动操作利润可以，但不能为这种不确定性增加持仓风险。

能做到买进后一定上涨吗？不能。无论认知多丰富，都做不到这一点。所以，正向滚动操作才要求，万一买进后股价回落，必须能在更大级别上确保风险释放，这样上涨节奏才会在不久后回归，滚动收益才会最终形成。你能确定大级别上的风险就一定释放完了吗？万一大级别也开始下跌呢？这种担心不存在，从理论上讲也不可能存在。大级别上的走势是资金运作的客观留痕，没有任何做盘的可能，因为没有任何资金可以在月线级别上控盘。不必怀疑，大家统计一下月线级别上的资金交易总量即可明白。一只盘子不大的股票，半年内的资金交易总量都是惊人的，这才只是六根月线而已，几乎是最小的月线级别区间整理。更重要的是，大级别的时间跨度太大，没有人可以长时间控盘，因为时间越长，他们的交易成本越高，主力资金的使用都是有期限的，不允许这样做。所以在时间和资金量上，都不会产生大级别控盘的可能。

因此，当大级别走势出现上涨周期的启动期，就表示市场上的资金开始认可该股，并逐步建仓了，那意味着上涨周期的真正来临。先大后小，逐级别将风险释放，在滚动操作时遇到买进下跌的情况才不会慌张，按照股价走势终将完整，上涨节奏的回归是必然的，所以才能确保滚动资金的收益目标完成。

将上述三个条件具象化，可做如下进一步解释。

（1）月线级别上，5 日均线和 10 日均线，从重要高点开始空头排列后，出现了第二次金叉，或者已经开始底部纠缠。

（2）月线级别上，股价开始向上突破底部区间整理平台，5 日均线和 10 日均线刚完成最后一次底部区间整理后的金叉，处于良好的向上运行途中，但不能出现月线级别上的大阳线，要确保股价仍在低位。

月线及以上的大级别是对股价方向的把握，是从周线级别开始进行正向滚动操作的基础。只有大级别上的风险释放殆尽，才能在较小级别上进行先买进后卖出的操作。这是确保仓位增加风险不增加的唯一方式。有的大资金，低位建仓后很少进行滚动操作，就是因为大级别上的风险基本释放，在不追求绝对收益率，只追求稳定资产增值的情况下，滚动操作的锦上添花他们甚至都可以不要。这在巨贾中较为普遍。而对于大家熟知的基金、机构等，基于资金的掣肘，他们需要进行滚动操作，一方面增加收益率，吸引外来资金，另一方面也是出于与券商之间的默契，提高个人收益，毕竟基金的钱不是他们自己的。

对于资金量不大的投资者，滚动操作是迅速增加资产的有效手段，利用资金的灵活性和个人投资的专注度，可以迅速提高资产收益率，从小资金开始，几年内完成质的飞跃，甚至实现财务自由。当你的资金量从数十万元，通过操作达到500万元以后，对你的束缚将被彻底打破，以后的资产增加似乎是无需管理的自我繁殖，你将真正进入另一阶层，无论从资产还是从能力上皆如此。再之后，进入千万元、亿元抑或更高级别，都是时间推移的自然产物。这就是股市。它与实业最大的不同之处在于，即使是实业中的百年辉煌老店，也可能因跟不上时代而轰然倒塌，但股市中的操作方法，以及资本逐利的本质是不变的，像数学定理一样。真正掌握了资本运作规律，以及在股市中的操作方法，就变成了自身的一种技能，似游泳或者骑自行车，不再消失。

（3）按照股价走势终将完整的微观解释，下跌走势类型的终止才是上涨走势类型的开始，所以，在同级别正向滚动操作中，只有在第一类买点、第二类买点和第三类买点上才能操作，对应于次级别上的卖点或者完成目标收益，进而结束整个滚动操作。

需注意，任何级别上的正向滚动操作都需在上一级别没有风险的前提下展开。比如，周线级别上的滚动操作需要月线级别上出现买点，或者处于上涨走势类型初期。由于大级别上的一根K线由次级别上的若干根K线组成，所以，大级别上一根K线的调整，不影响该级别上的上涨走势类型，但在次级别走势中，完全可以出现若干根K线的连续下跌，进而出现次级别上的买卖点。如果大级别上出现两三根K线的波动，次级别上可能就会出现几个下跌走势类型的组合了，对于次级别来讲，就形成了新的上涨周期和下跌周期之间的转换。

同样，日线级别上的正向滚动操作，需要在周线级别上排除风险——出现买点或者处于上涨的持股期，表现为周线级别上5日均线和10日均线处于多头排列初期或者良好的多头运行中，不具有立刻出现卖点的迹象。30分钟级别上的正向滚动操作，需要在日线级别上排除风险——处于三类买点形成的过程中，或者处于一个上涨趋势中的调整阶段，且已经在调整结束的关键节点。5分钟级别上的正向滚动操作，一定要等到30分钟级别调整即将结束时，除了5日均线和10日均线满足产生买点的条件外，30分钟级别上的MACD指标也需要处于底部金叉处，或者调整后再次金叉作为辅助。对于分时级别上的滚动操作，MACD指标的底部金叉辅助对于均线系统的买点确定显得尤为重要。

（4）站在同一个操作级别上看，股价走势都能形成上涨阶段和下跌阶段的不断轮回，似乎每一个操作级别都可以进行正向滚动操作和逆向滚动操作的反复操作，这极易产生思维和操作手法上的双混乱。比如5分钟操作级别上，看到买点就想着采用先买进再卖出的滚动操作方式；等一会出现卖点了就想着可以先卖出，等回调后再买回来，如此不但手忙脚乱，而且可能会陷入买进后大跌、卖出后大涨的尴尬局面。

先大后小地进行分析，确认当前主要采用的滚动操作方式，是排除踏空风险或者追高风险的唯一途径，对日线及以下级别上的滚动操作更是如此。这些级别波动幅度较小，产生的价差甚至无法支撑双向操作导致的风险。比如，月线级别显示股价处于底部区间整理，或者刚开始回升阶段，意味着正向滚动操作是当前主要的滚动操作方式，在日线及以下级别上采用先买进再卖出的滚动操作方式是最合适的，这时不要被小级别上的下跌走势所迷惑，想做逆向短差，结果可能得不偿失，不是追高买回筹码，就是出现踏空风险，因为小级别上的波动幅度太小，且股价变化很快，很多时候还来不及反应，就已经错过了合适买点。所以，此种情况下，只采用正向滚动操作一种方式，放弃看似有价差的逆向操作机会是最好的选择。

对于周线级别，因其波动幅度较大，可以在卖点明显时，通过降低操作资金规模的方式进行逆向滚动操作，比如先卖出一半的主要仓位，等回调结束，或者实现目标价差后再买回。如果该股已产生利润，甚至可以在周线级别上的第一类卖点出现后，卖出绝大部分仓位，等到周线止跌企稳后再买回。这里需强调，在周线级别上，可在均线系统死叉前，通过观察日线级别走势，及早发现第一类卖点的迹象，并先行减仓，待周线级别调整结束后再买回。

如果资金量较小，将主要操作级别定在周线甚至是日线上，则正向滚动操作个股所需满足的条件与上述月线级别所需满足的条件相同，而次级别及以下级别上的滚动操作也与上述月线级别对应的次级别及以下级别上的操作相同。这是本书的厉害之处，方法相同，在各操作级别上均可应用，顺利流转。

比如，日线级别是建立主要仓位的级别，则实施正向滚动操作的个股，日线必须表现为长期下跌后进入底部区间整理，具体表现为5日均线和10日均线自相邻主要高点开始空头排列后，至少出现两次金叉后的均线纠缠，这时疑似第一类买点出现，或者底部区间整理被向上打破，这时第二类买点出现，再或者初步上涨趋势形成，第三类买点出现。此种情况下，分时级别上的滚动操作才能采用正向滚动操作的方式。具体操作时也需要所操作级别同样在出现三类买点后操作，这样就形成了大小级别共振。此时不宜进行逆向滚动操作，因为极容易卖丢，除非是30分钟级别上出现典型第一类卖点才可半仓逆向滚动操作，但要在1%的目标价差完成，或者股价快速下跌后出现新的买点时及时买回。

对于5分钟级别，此时不再进行逆向滚动操作，因为价差太小，且股价变化太快，很容易丢失筹码。对于正向滚动操作，也需要在30分钟级别下跌结束后出现新的买点，或者上涨良好状态下的回调结束时，才可等待买点进行操作。

图5-1所示为正向滚动操作个股所需满足的条件。

月线级别时间跨度很大，主力无法利用资金优势控盘，意味着月线级别的走势就是市场资金的客观轨迹，没有主力的刻意为之。这种大级别上，股价拒绝下跌，开始底部区间整理，表示市场资金认可股价，并进行不断吸筹，包括主力资金。这就成为新的上涨周期的开始。

任何资金都需要股价上涨才能获利，主力也一样，所以，月线级别上的底部区间整理，确认了新的上涨周期的启动，此时买进的筹码损耗的只有时间，不存在将来股价不涨而不能获利的情况。这就为正向滚动操作提供了底线保障，即一旦滚动资金买进后股价下跌，可耐心等待上涨节奏的回归，因为月线级别上的走势告知我们，上涨周期来临了。

对于较大资金，图5-1中的个股走势是参考的第一标准，在此基础上才能进行较低级别上的各项操作，包括逐步建仓，或者正向滚动操作。何为

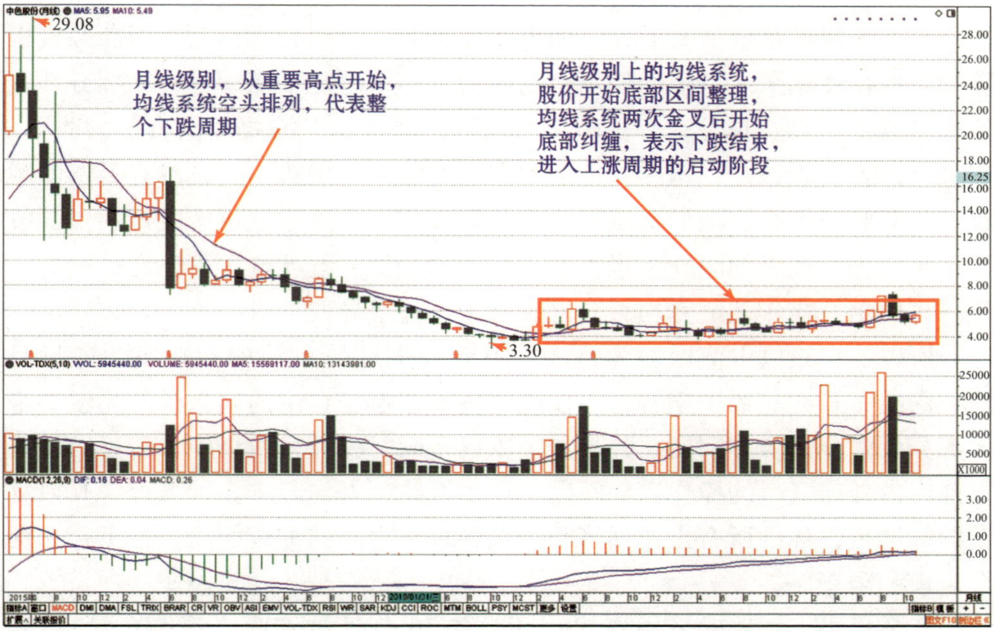

图 5－1　月线级别上上涨周期的启动期

较大资金？比如5000万元以上的资金。实现财务自由后，实现资产的稳定增值成为首要考虑，所以寻找或者等待月线级别上的大周期启动成为安全的第一道闸门。在公司没有退市风险，发展前景无障碍的底线思维下，寻找体量适当的个股进行逐步建仓，并有两三年一个周期的计划，则像巴菲特一样资产三年至少翻倍就变得不再困难，更多时候是远超这个收益水平，因为我们的资金体量没有那么大。

月线、周线、日线三个操作级别相互配合，先大后小地进行分析和操作，可以解决绝大部分的大资金运作问题。当然，超大资金可以加进季线，甚至可以将日线去掉。参考年线操作，像巴菲特这样的人才值得，国内的超大资金基本就是瞄一眼年线，主要操作以季线为参考足矣。操作级别是参考之一，对于大资金或者超大资金，选对适合体量的股票更重要。比如，选择贵州茅台，十年前买进50亿元、100亿元也不显山露水，那时很多基金都发不到这样的规模，算是大体量资金了。更何况你不可能全部投入，这意味着你的总资金是千亿级别了。对于散户，即便是超级散户，上述操作级别也绰绰有余。

很多大规模基金的掌舵人，如果能按照上述级别运作，三年资产翻倍也算很好的操作结果了。但他们不会这样做，不一定是不懂，尽管大部分基金经理是真的不懂，只是受客观因素影响，比如，他们需要提高自己的收益。买基金的投资者以散户居多，他们对基金的收益有期望，而且没有足够的耐心，如果收益不高，他们会赎回。这就导致基金的操作就像大散户一样，股票换来换去，或者加减仓忙得不亦乐乎。如此做收益就变得不稳定，可能一年一到两倍，次年就能亏损百分之三五十，甚至导致清盘。

所以，在只以市值增加为目标，不受外部环境束缚的情况下，通过月线、周线、日线三级别配合，不仅能解决实现财务自由的问题，还能解决绝大部分大资金的操作问题。如果加上季线，同时去掉日线级别，就可以解决目前国内任何资金的操作边界问题。道生万物，万物归一。别再思考其他复杂的问题了，你的所有操作都将归结到各级别之间的配合使用，也不存在资金规模的限制。

资金量小点，那就采用周线、日线和 30 分钟级别配合；资金量再小，就用日线、30 分钟、5 分钟级别配合，这也是绝大部分散户可以采用的操作级别。即便你只有几万元资金，不考虑滚动操作成本的话，这三个级别配合操作也同样适用。一法通则万法通也不过如此了。

图 5－2 是图 5－1 的细化，通过周线级别的运行可以了解如何进行正向滚动操作。

如果将图 5－2 中的周线级别作为大资金的滚动操作级别，则第一类买点和第二类买点都可作为滚动操作的节点介入，这种收益安全高效，能在股价正式上涨前大幅降低持仓成本。在图 5－2 中，如果主要仓位已经建立，从第二类买点出现开始滚动操作，则每一次的操作都能获得不低于 15% 的滚动收益，甚至超过 20%。如果还能结合日线级别，收益会更多。如此，在股价正式突破底部区间整理，进入成长期前，成本已经大幅降低，甚至能将成本降为零了。时间价值在此例中体现得淋漓尽致。底部区间整理时间跨度越大，一旦上涨，涨幅必然越大。所以，当你能在股价正式拉升前将成本降为零，你将无任何顾虑地持有到该股鼎盛期的到来，那将会有五倍以上的涨幅。这一切，多数在三年内完成。

大家可看任何具备大级别建仓条件的个股后市的走势，都能获得惊人收

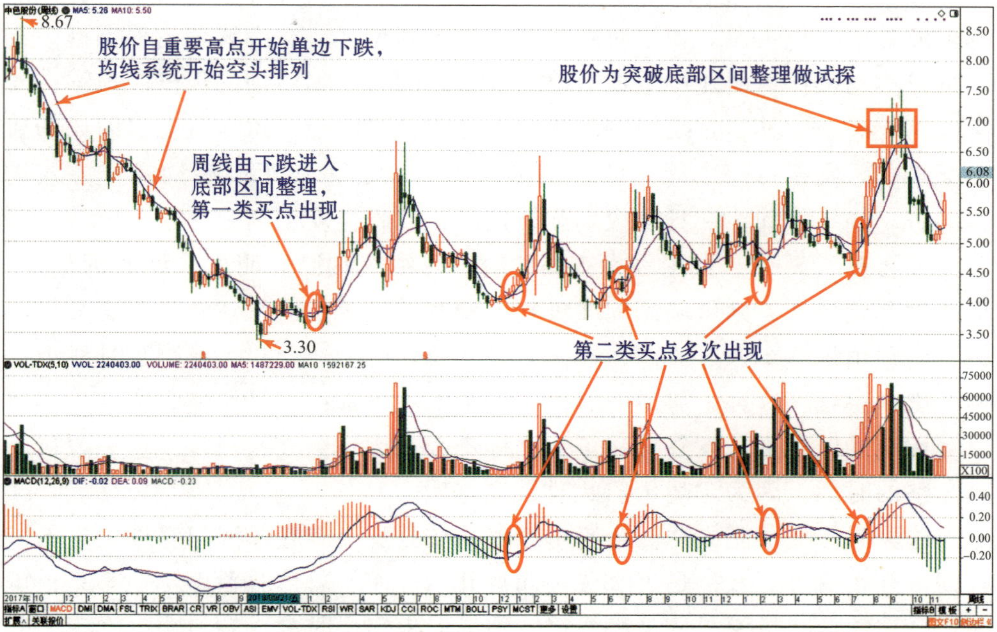

图 5-2 周线级别上正向滚动操作买点

益，同时也可看时间跨度，站在大资金的角度并不大。

利用月线级别建立主要仓位，利用周线级别上的三类买点进行滚动操作，这是大资金的惯常做法。这里由于时间跨度足够，不存在资金量太大影响股价走势，或者波动幅度太小影响收益的情况。当周线级别上的买点出现时，当周均可完成建仓，而在收益目标完成或者卖点出现时，也都能在一周内完成卖出操作，所以这个级别上的操作对资金的容量是很大的。

对于日线级别，如果能把握买点和卖点信号进行分批操作，不仅不影响股价走势，还能抓住较大的价差，使滚动操作的资金平均买在更低的位置，卖在更高的位置。同时，日线级别的走势也为周线级别的走势做出了预警，能够在滚动操作时提前做出准备，并通过小仓位试错的方式把握股价节奏，也可防止操作时出现心理障碍。当然，这里的小仓位试错是针对大资金而言的，他们的小单，对很多散户而言可能就是满仓了。

继续看图 5-2，这里出现了四个第二类买点，在实际操作中这并不罕见。根据第二类买点的定义，它是用来确认第一类买点的，只要股价不创新低，且并未突破区间整理上沿而形成第三类买点，则区间整理的每一次低点都可成为第二类买点。如果时间足够长，区间整理持续得够久，根据这一买点进行滚动操作，便能产生极丰厚的收益，因为区间整理的规律性很强，安全级别很高。尤其当月线级别明确进入低位盘整阶段，意味着上涨阶段的启动期来临，则在每一个区间整理的低点都可大胆采用正向滚动操作方式进行买进，如果将周线和日线级别配合使用，则收益安全高效。

继续看图 5－2，如果在发现该股时，月线级别已经明确开始底部整理，但还没开始建仓，则可利用周线级别上的第二类买点进行建仓，不必分批买进，可利用每一个低点买进，快速完成主要仓位的建立。一是因为月线级别不会出现骗线，这种走势说明股价进入了上涨周期；二是快速完成建仓便可以利用滚动资金进行反复操作了，这样资金使用率更高；三是不担心股价底部盘整的时间，因为时间价值此时最能体现。

这里为什么不能提高资金使用效率，在股价突破底部区间整理，进入成长期再开始买进呢？一是进入成长期再开始操作，总体收益率不但不高，可能还会比较低。虽说股价走势终将完整，但未走出时没人知道会怎么走，所以，在突破底部区间整理上沿，认为要进入成长期时买进，买入成本已经很高了，万一出现股价未上涨，而是再次回落到原整理区间，则浮动亏损会很明显，此时进行滚动操作降低成本，属于亡羊补牢，完全没有此前操作高效。二是即便股价真的开始上涨，因为成本较高，股价从底部算起上涨一倍，你可能连 50% 的利润都没有，而且因为你没有将持仓成本降为零，或者降得足够低，没有利润作为护城河，可能你都没有勇气一路持有到鼎盛期来临，其间的一个回调动作就能把你赶下车。看似提高了资金利用率，从较大时间跨度上看反而降低了资金使用效率。

继续看图 5－2，如果你资金规模略小，将周线级别作为主要操作级别，根据图 5－2，股价从重要高点开始单边下跌，均线系统空头排列，并在经过两次金叉后进入底部区间整理，则在第一类买点出现时便可进入操作周期了。虽然周线级别并不能明显反映股价运行方向，也能被主力资金短暂控制，但对于资金规模不算太大的投资者，周线级别同样能带来极为丰厚的收益，因为它的操作节点比月线级别多得多，操作频率高了，收益率会直线飙升。

资金规模越小，因其灵活性强，收益率越高。这很好理解，你有十万元的资金，可以一周操作三次以上，获得超过2.5%的收益率问题不大，如果你辛苦点，超过5%也未尝不可，那意味着一年有8倍以上的收益。大资金行吗？不行。操作频率高，每次收益即便很少，也能积沙成塔。所以，不同规模的资金找到适合的操作级别才能获得稳定的资产增值，不能此山望着彼山高，什么都想得到，结果什么都得不到。这是不同体量资金的使用特点决定的，不可改变。蚂蚁和大象都干不了彼此的事，如此而已。

由此可得到明显结论：无论什么级别，只要出现股价走势长期下跌后的底部区间整理，都意味着在该级别上上涨周期的启动，不同的是时间跨度，以及由此产生的股价涨幅和持续时间。月线级别上出现此条件，意味着大周期的上涨阶段来临，时间跨度大，股价涨幅大；周线级别上出现此条件，只表示从周线的角度看，一波上涨将出现，上涨幅度和时间跨度都略小，并以周线级别为参考。以此类推，即便一分钟K线走势上出现上述条件，也会出现该级别的上涨，只不过时间跨度小，上涨幅度小，无法正常参与而已。正向滚动操作，正是利用了不同级别的同一特性，先大后小地进行分析，逐级框定操作条件，持续降低操作风险，从而完成成本持续降低和收益稳步增加的。稳定获利才是股市复利的根本，滚动操作才是财务自由的真谛。

图5－3是与图5－2对应的日线级别走势图，从中可以看到更多操作节点，且在整个底部整理区间，日线级别上出现了多个上涨阶段，在周线级别的安全保障下，这些上涨阶段都可以从容把握住。

在以月线、周线、日线级别相配合的操作中，日线操作的安全性极强，正向滚动收益非常丰厚，尤其在底部区间整理阶段。图5－3中，当周线级别上出现第一类买点时，日线级别上的建仓和正向滚动操作就可以开始了，因为完全具备了操作条件，第一类买点和第二类买点相继出现。第一次正向滚动操作的买点在3.5～4元之间，而它的高位在6元以上，并且还给了至少两次波段操作机会。也就是说，按照最保守的操作，这一波的收益率也能超过50%。如果两个波段都能抓住，收益翻倍也是可能的。不看后面的走势，仅这一段我们就可以将成本降为零。

由于从月线级别看，股价仍处于底部，这表示从日线级别看虽然股价涨幅较大，但仍处于极安全区域，那么任何一次较大级别上的调整都将孕育出新的日线级别的操作周期。配合周线级别上第二类买点的出现，日线级别完

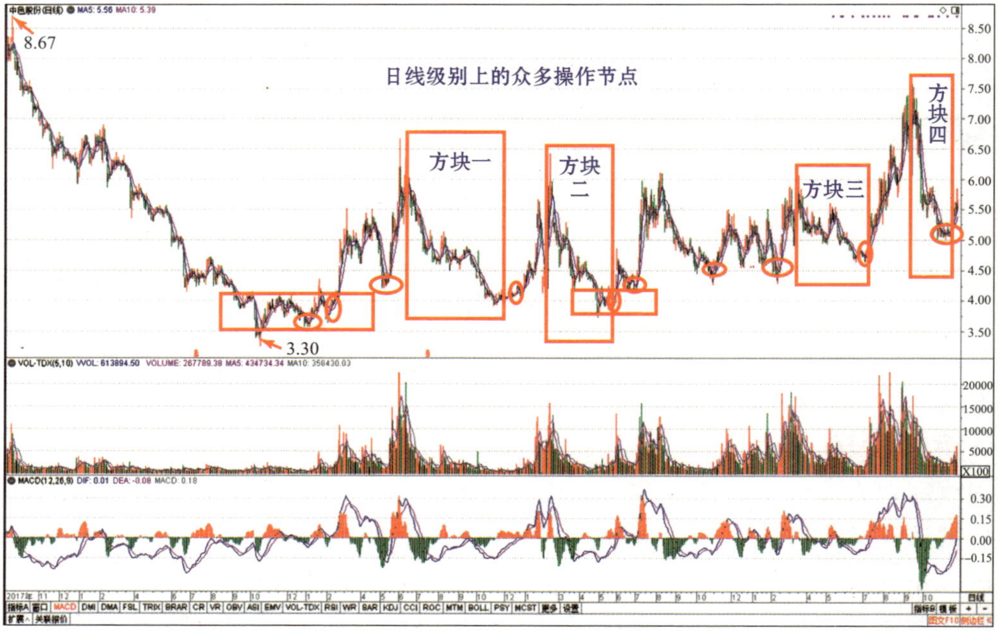

图 5－3　与图 5－2 中周线级别对应的日线走势图

美符合上述操作条件，即股价自重要高点下跌，5 日均线和 10 日均线空头排列，并在出现至少两次的金叉后进入区间整理，新的该级别上涨周期将开始。这也是各操作级别上第一类买点即将出现的条件。由于日线级别容易受到主力资金的干扰，所以第一类买点往往被称为疑似的，它表示股价还可能继续创新低，所以需要第二类买点确认，但是，如果月线级别和周线级别都确认了股价的底部区间，并从宏观角度分析股价开始了上涨阶段的启动期，那就可以在日线级别上的第一类买点出现时，排除掉“疑似”两个字，大胆地进行建仓或者正向滚动操作了，这又会使可靠利润继续增加。

通过将图 5－3 中方块一到方块四的走势放大，可清晰看到日线级别同样满足了可操作条件。图 5－4 所示为将图 5－3 中方块一放大的结果。

在图 5－4 中，日线级别上的调整也经历了至少两次的均线系统空头排列，在第二次区间整理时止跌回升，于是第一类买点和第二类买点出现，大胆进行正向滚动操作。图 5－4 中的这个调整只是大级别底部区间整理的波动，所以经历了两次区间整理后就企稳回升，也因为在月线和周线级别上清

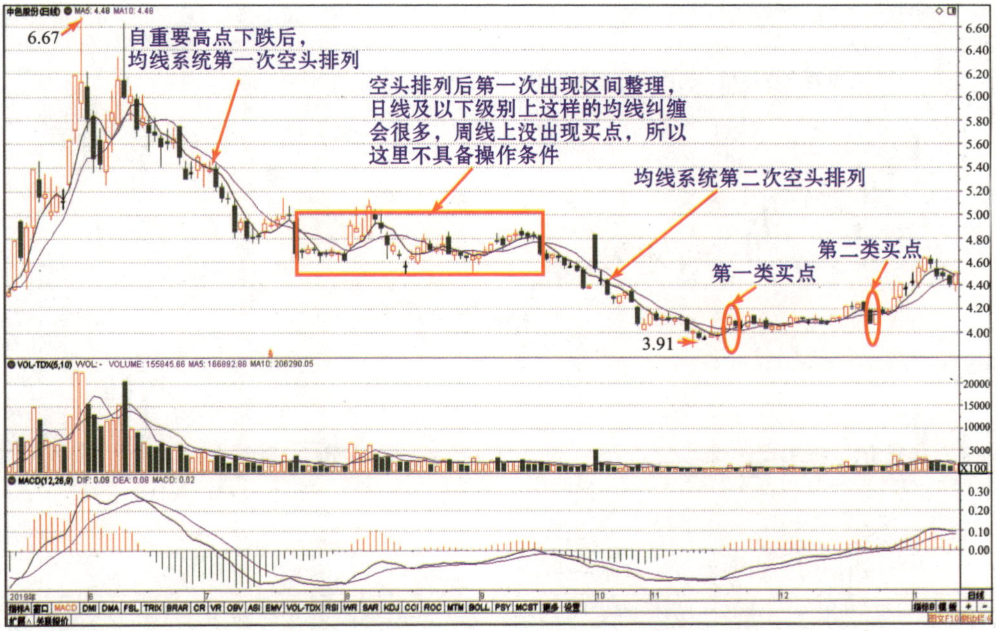

图 5－4　将图 5－3 中的方块一放大

晰表明是在底部，才敢于在第二次区间整理时进行正向滚动操作，所以这才叫配合。如果排除对大级别的观察，单看日线级别走势，有时出现三次、四次甚至五次的均线系统空头排列后的区间整理，才能结束下跌阶段。所以，实际操作中，判断低级别上的买点是否确立，一定要参考其上一级别走势，否则容易被主力设套。

再看图 5－5，其是将图 5－3 中方块二放大后得到的。

与图 5－4 中回调的走势大同小异，股价自重要高点开始下跌，经历至少两次均线系统空头排列，或者至少两次区间整理，第一类买点和第二类买点出现，股价展开新的上涨。图 5－5 中，经历了三次区间整理才出现买点，为什么前两次区间整理后没出现买点呢？那是因为它的上一级别周线走势中没出现买点。所以在日线及以下级别中，由于受主力资金影响较大，容易产生陷阱，需要通过看更高级别上的走势来判断买点的真伪。

在图 5－5 中第一类买点和第二类买点出现后，大胆操作，便能迅速降低持仓成本，为后市股价进入成长期或者鼎盛期消除风险。图 5－5 中第一

图 5－5 将图 5－3 中的方块 2 放大

类买点出现后，滚动收益率轻松超过 10%；第二类买点出现后滚动收益率超过 30%。关键是，这样的收益是能够抓住的，因为有周线和月线级别做保障，买进后不怕短暂下跌，而且在股价上涨时又敢于坚定持股，因为任何一次的上涨都可能是宏观层面进入成长期的开始。

在图 5－5 中上涨波段结束时，月线级别的底部区间整理可以在日线上进行三个大波段的操作。第一个波段有 50% 以上的滚动收益率，甚至可以翻倍；第二个波段也至少是 50% 的收益率，甚至超过 80% 也能做到；第三个波段，两次操作总收益率也能至少 40%。这个时间跨度是从 2019 年 1 月到 2020 年 7 月，一年半的时间，总收益率不低于 150%。这是在不计算复利的情况下，而实际操作肯定是按照复利计算的，如此收益率超过 300% 了，这仅是在月线级别的底部区间整理阶段，还没展开大级别上涨的情况下。可见，大资金赚大钱是有道理的。大资金至少按照月线级别建仓，并利用周线和日线级别配合进行滚动操作，迅速降低成本，在真正大涨之前便已获得了丰厚利润，而一旦股价进入成长期或者鼎盛期，投资者便有足够的信心持有到上涨结束。所以一个长周期下来，5倍以上的收益是家常便饭，甚至超过十倍也正常。当然这个时间跨度可能会是两三年。

图5－3中方块三和方块四的调整也逃不脱这个规律，它们就是股价走势终将完整的微观解释。从资金运作的角度看也必然如此，因为多空力量一定是随着股价的下跌而不断变化的，直到从空方力量占优，到多空力量平衡，再到多方力量逆转，于是股价上涨阶段启动。周而复始，无限轮回。只要股票不退市，这一过程将永不停歇。无论任何级别的走势，只要时间跨度足够大，股价都能显示这样的本质规律。所以，我们先大后小地分析，逐级框定这样的规律，在进行正向滚动操作或者建仓中就立于了不败之地，等待的时间也就变成了资产不断累积的机会。

大资金灵活度差，无法快速周转，但稳定性好，风险承受力强。结合此特点，大资金获得高收益率是不现实的，而且随着资金量的增大，收益率必然不断降低。但想让大资金亏损也是极困难的，资金量越大，市值的稳定增加越容易。上述利用月线、周线和日线配合操作，是大资金在其优点和弱项之间找到的平衡。在确保赢利的情况下，尽量提高收益率。

对于较小资金，灵活是其优势，但风险承受力不强。比如，股票买进后出现下跌，小资金便无计可施，甚至有时为了保持灵活的优势，不得不先行卖出。但是，如果充分利用小资金灵活周转的优势，便能获得比大资金高得多的收益率，所以，追求资产快速增值是较小资金的目的，也是尽快实现财务自由的有效方式。具体为在周线级别的保障下，利用日线、30分钟K线和5分钟K线配合操作，这就成为小资金资产快速增值的可靠途径。

为了提高资金使用效率，小资金参与的个股是以周线为保障的，即周线级别上买点出现，或者处于上涨阶段的初期，暂时不具备卖点出现的条件。这是为了确保日线级别上有一段时间可以操作，并建立操作周期。在这一可操作时段，在日线级别上建立主要仓位，利用30分钟和5分钟K线进行正向滚动操作，则有可能实现一个月10%的资产增值，一年将有约210%的收益率。这是常规操作，如果市场较好，三五倍的收益也是正常的，这就是小资金灵活的优势。

小资金操作个股所需满足的条件如下。

（1）周线级别上没有卖出风险。具体为：第一，周线级别上股价走势自高点下跌，出现不低于两次的区间整理后不再创新低；第二，股价向上突破底部区间整理，且回调不再跌入原区间整理；第三，周线级别上的第一个上涨走势类型出现后，均线系统回调后再次金叉，上涨趋势现雏形。

上述条件实际上就是周线级别上的三类买点形成的条件，满足这样走势的股票，才能作为小资金参与的目标。在此基础上等待日线级别上的第一类买点、第二类买点或者第三类买点出现后建立主要仓位，再根据分时级别上的买点进行滚动操作。

（2）日线级别为主要操作级别，具体为：第一，出现疑似第一类买点，买进一半主要仓位，如果结合周线看，可靠性很强，可以主要仓位全部买进；第二，出现第二类买点时，主要仓位全部买进，并可进行正向滚动操作了；第三，出现第三类买点可以重仓参与，或者进行一小时交易法操作。

（3）30 分钟 K 线走势上的第二类买点和第三类买点是滚动操作的主要参考，收益目标是 1%，超过此收益后，若股价上涨态势明确，可等到 5 分钟 K 线走势上出现第一类卖点时卖出。

（4）在 30 分钟 K 线走势上涨明确时，5 分钟 K 线走势可按照第二类或者第三类买点操作，收益目标是 0. 5%，完成后若股价上涨态势明确，可依据次级别上的第一类卖点卖出。若 30 分钟 K 线走势不明确，则不进行滚动操作。

满足周线级别条件的股票非常多，所以几乎没有资金休息的时间，哪怕是熊市，也不缺乏这样走势的股票。只要彻底明白股价走势反映一切信息，以股价实际走势为唯一操作参考的根本逻辑，就不会在意大盘如何，也不会在意是不是熊市。总之，只要找到满足周线级别条件的股票就可大胆操作。

周线级别提供 2 ~ 4 周的安全边界，在操作中这是小资金所关注的操作周期。在此期间，要特别留意周线级别的变化，如果有风险，收益目标未完成也要及时离场，当然，赚钱是肯定的，这是底线。会否出现买进即下跌？有可能。这就是滚动操作要解决的问题。有周线级别做保障，日线级别上出现买进主要仓位后下跌也不会持续太久，一到两周足矣。利用这个下跌，通过滚动资金的操作可以化解风险，且能降低持仓成本，在股价回升时便能获得额外利润。同时，操作周期可延长一到两周，为股价的回升留足时间。

何为小资金？这没严格界限。根据实操情况，300 万元以内，可称为小资金了，可以日线级别为核心，利用 30 分钟和 5 分钟 K 线走势进行滚动操作；300 万 ~ 5000 万元，要以周线级别为核心，利用日线和 30 分钟 K 线走势进行滚动操作；5000 万元以上，以月线级别为核心，利用周线和日线做滚动操作。资金量再大，可注意季线级别走势，但月线仍可作为操作的核心，不同的是可以多参与几只股票，因为大级别操作在时间上是很充裕的。

上述划分并不严格，根据投资者的思路会有很大差异。我常说，你的资金规模和投资思维之间没任何关联。有的人资金量虽小，但思维是大资金式的，所以资金量会越来越大；有的人资金量很大，但思维却是散户性质的，于是资金规模不断缩小，最后爆仓的人也不少。

我更倾向于根据操作思维对资金进行划分，大体分为三部分。第一部分以周线操作级别为核心，1000 万元以内均可如此。即使当前你只有几万元资金，如果能在思维上形成以周线为核心的操作习惯，十年内到达千万级别并非难事。如果从十万元开始，两个月资产增值 10%，十年内资产将达到 3000 万元以上，而以周线为操作核心，利用日线和 30 分钟 K 线进行滚动操作，实现这个目标很容易，且非常具有可持续性。

第二部分以月线级别为操作核心。资金可从数千万元覆盖到数亿元，甚至数十亿元的投资者都可以此为参考。虽说以月线为参考，但操作周期可能持续一到三年，甚至五年。对于没有规则束缚的资金，只以营利为目的，这个周期是很正常的，收益也自然很丰厚，一只股票三倍以上收益很正常。

第三部分以季线为核心，以年线为参考。原则上这适用于包括巴菲特在内的大体量的资金。

做股票真的不难，只要股票没有退市风险，从低位开始上涨，到高位开始回落，这都是必然形成的走势。如果想赢利，那就低位买进，等到上涨后卖出，如此而已。何为低位？大级别走势中均线系统空头排列后开始低位金叉，这是跌势将尽，升势诞生的前兆。大级别反映的是客观的资金动态，没有骗线，股价止跌就意味着新的上涨周期在酝酿，此时买进去，多等点时间便会迎来上涨，无一例外。股价实际走势就是其价值的外在体现。至于等多久，如果你资金量很大，以季线为核心，以年线为参考，你会发现等不了几根 K 线股价就开始上涨了。而且一旦启动，翻一两倍非常容易，大家可以看上涨过的股票，一个季度翻倍，一年翻几倍的比比皆是，而这只是一根或者几根 K 线而已。

大资金以大级别做操作参考，也是契合了船大难掉头的特性。在月线或者季线上有第一类买点出现迹象时，大资金需要一段时间才能完成建仓，而建仓基本是在日线级别上的买点或者周线级别上的买点等处不断低吸完成的，通过两三个月或者四到六个月的时间完成建仓，然后持有到目标收益的完成或者次级别上第一类卖点出现，在一个月内不断派发清仓。

方法相同，思路类似。对于较小资金，在周线级别保障安全的情况下，利用日线级别上的第一类买点或者第二类买点低吸主要仓位，耐心等候上涨节奏的回归，并通过滚动资金在 30 分钟或者 5 分钟 K 线级别上进行正向滚动操作，既可以消耗等待上涨回归的时间，又可以降低成本，获得额外利润。利用较小资金的灵活性，快速周转，便能获得很高的收益率。

操作过程如下。

首先，选择股价进入上涨阶段启动期或者成长期的股票，表现为月线级别上的第一类买点出现，或者向上突破底部区间整理，处于上涨初期。

其次，寻找周线级别上的阶段买点，表现为均线系统死叉后再次金叉，或者出现阳克阴，表示调整结束，同时均线有金叉迹象。

上述两个条件满足为可操作目标提供了安全保障。月线级别可展示股价在宏观上所处的阶段，只有进入上涨阶段的股票才值得操作。如果只观察周线级别，无法准确发现下跌阶段的结束，因为自重要高点开始下跌后，均线系统在周线级别上也会出现两次以上的金叉，这容易在操作时出现失误。

图 5－6 中月线级别上的买点，为可操作目标股提供了安全边界。

月线级别上的买点为股价运行提供了方向，无论大小资金，参考月线级别上的买点都是第一步，大资金可据此建仓，小资金需在此保障下，利用小级别上的买点进行操作，利用其灵活的特性提高周转率，进而获得更高的收益率。图 5－6 中，十几年间只出现 8 次操作机会。可见，股票的机会是等出来的，绝非任何时候都可以操作。当然，这只是一只股票，而在该股未有机会之时，其他个股必然有操作机会，这就形成了时间差。

我们选择中兵红箭 2020 年 4 月份之后的走势，将其放大，看周线级别上能提供多少安全操作的机会，如图 5－7 所示。

在图 5－6 中，月线级别上出现买点的当月，通过观察周线级别走势，具体到了出现买点的当周，这为小资金以日线级别为核心的操作提供了安全保障，即在周线上出现买点的那一周，小资金可以在该股的日线级别上根据买点建仓操作了。这里的安全性在于，即便买进后出现几天的回调也无碍，甚至可以利用分时级别进行正向滚动操作。由于资金灵活性强，这可产

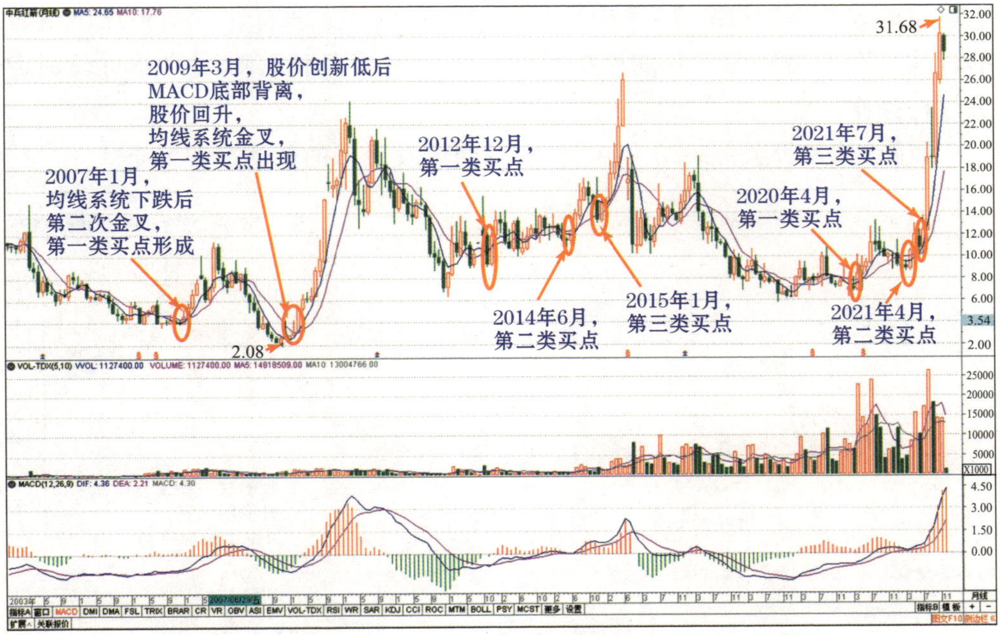

图 5－6　月线级别上的买点

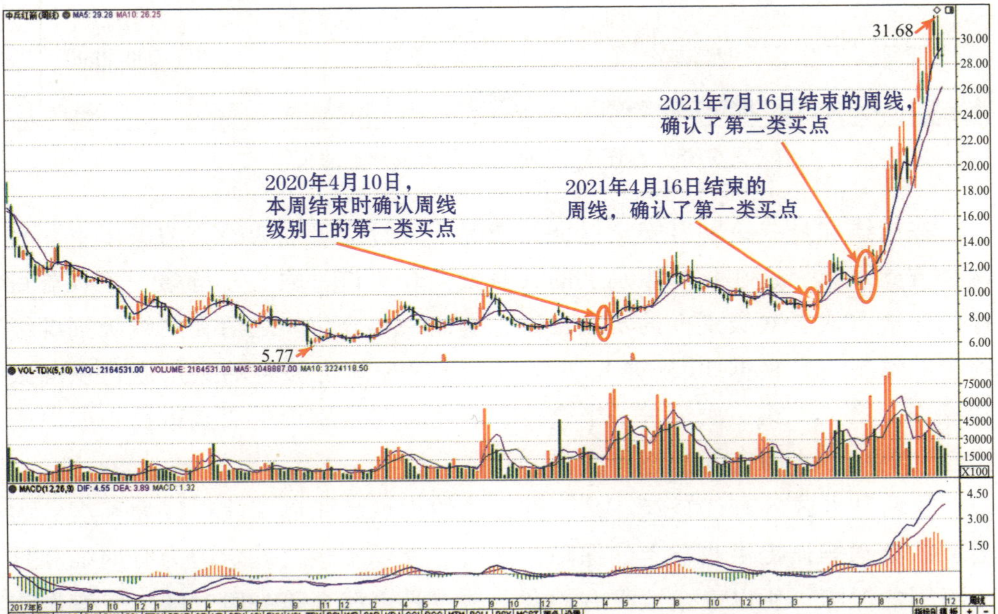

图 5－7　月线级别保障下的周线级别上的买点

生更高的收益率。在图 5－7 中出现了三个买点，下面将这三个买点出现后的日线级别走势放大，分别根据日线级别上的买点和其对应的分时级别走势进行操作。

如图 5－8 所示，2020 年 4 月 10 日当周及后市的具体操作如下。

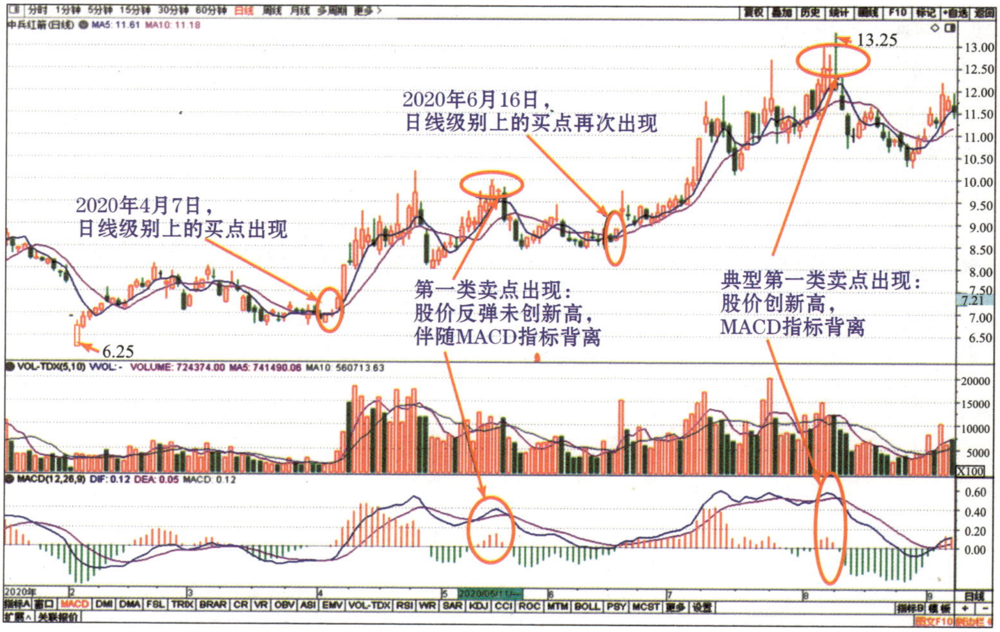

图 5－8　与图 5－7 对应的日线级别上的买卖点

在周线和月线级别有安全保证的情况下，日线级别为核心的操作主要有两种方式。第一，在日线级别上的买点处全仓买进，耐心等待第一个收益目标的完成，或者次级别上的卖点出现，卖出一半仓位。之后在周线级别继续安全的情况下，根据 30 分钟 K 走势和 5 分钟 K 线走势上的买点进行正向滚动操作。第二，第一次买进一半仓位，利用分时级别上的买点进行正向滚动操作和利用一小时交易法进行交易。

这两种方式各有优缺点。第一种方式的优点是能迅速获得较大利润，为后面的滚动操作提供收益上的保障，使自己立于不败之地。因为有周线和月线级别的保障，所以安全性没有问题。缺点是可能会等一段时间，使操作陷入短暂被动。买点出现并不意味着立刻涨，它只表示在当下，多方力量在该操作级别上占据了优势，但也许下一根K线空方力量就占优了，所以买点不能确保股价马上兑现利润。但是，基于对买点条件的设定，买点反映了一段时间内多空力量的发展方向——空方力量整体开始衰竭，多方力量开始不断增强，这意味着在之后的一段时间这种变化仍向多方倾斜，直到空方力量整体占优为止。所以，买点代表的是未来一段时间，在该操作级别上股价运行的方向。必须说明，操作级别越小，受主力资金影响越大，故出现买点后股价下跌也正常，这就是滚动资金的意义所在了。因为大级别上有安全保障，即便股价下跌也是短暂的，是主力的手段，所以滚动资金在下跌之后新的买点处进行滚动操作便理所应当了。

第二种方式的优点是一开始操作便保持主动，无论股价涨跌都可从容应对。如果股价下跌，可以利用30分钟K线上的买点进行滚动操作，降低持仓成本，并获得额外利润；如果股价上涨，可利用一小时交易法跟进，或者在分时级别回调时进行正向滚动操作。5分钟级别上的买点出现的周期不会超过两天，收益目标超过0.5%就算完成，更多时候是远超这个收益；30分钟级别上的买点多数情况下也不会超过一周，收益目标超过1%就算完成，这是最低收益，一段30分钟级别的上涨，超过3%到5%的收益非常多。所以，如果做得好，买卖点把握得熟练，滚动收益可能会超过主要仓位的收益，也就是比第一种方式的收益更高。

它的缺点是在股价上涨时，初始利润获得得不够迅速，毕竟主要仓位只有半仓。同时，因为需要时刻盯紧分钟级别的走势进行滚动操作，所以有时会手忙脚乱，毕竟随着资金的增加，所做股票不可能只有一只。

继续看图5-8，在2020年4月7日，出现日线级别上的买点后，全仓买进。当天收盘价是7.33元，可以收盘前买进。之后日线级别上股价走势很规范，第一波上涨，均线多头排列，均线系统第一次死叉，反弹不创新高，第一类卖点出现，清仓或者卖掉半仓，9.3元以上轻松完成卖出操作。清仓是因为日线级别上的收益目标完成，可清仓后做第二次操作计划；卖掉半仓是因为周线级别仍健康向上运行，以后还有操作机会，可用半仓资金做滚动操作，直到周线级别滞涨为止。

在第一波操作中，采用第一种方式，满仓买进后，一直到第一类卖点出现时清仓，或者卖出一半，收益率超过25%，时间为一个月多一点。如果卖出一半，剩余的半仓为主要仓位，则卖出的资金在之后的操作中可依据分时级别进行正向滚动操作。有前期利润作为保障，主要仓位便立于收益上的不败之地，后面对滚动资金的使用会更从容。

如果采用第二种方式，首先买进半仓，剩余的资金可在分时级别上做正向滚动操作，图 5－9 所示为该波段上的 30 分钟级别走势。

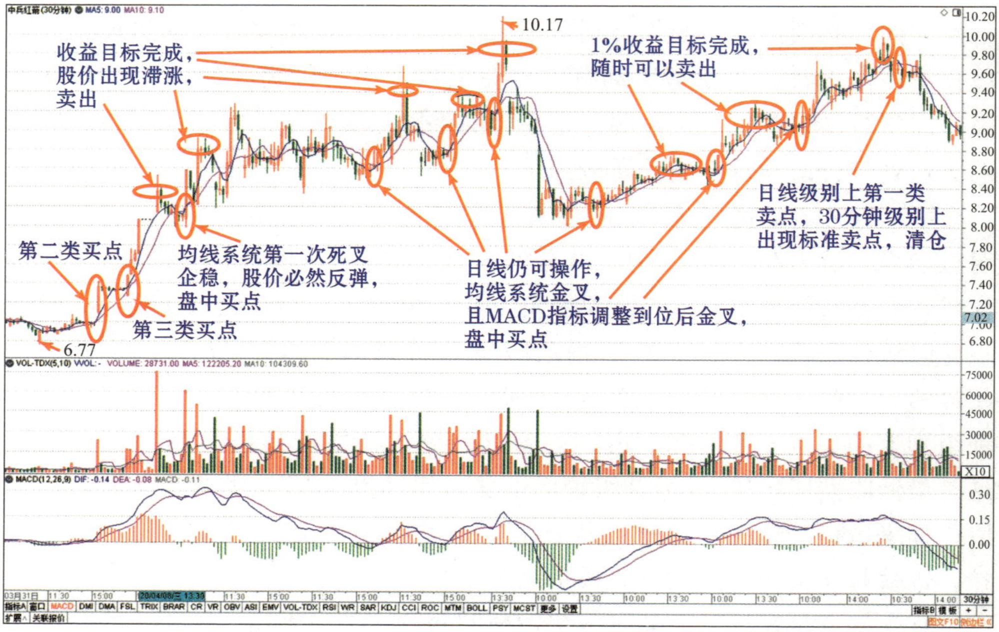

图 5－9　图 5－8 中第一波段对应的 30 分钟级别走势

分时级别走势变化很快，滚动操作必须以安全为主，如果无法判定是否可操作，则不操作。只有在知识范围内，明确判定可以操作时才能操作。操作时收益目标完成后随时可卖出，之后的收益可有可无。如果操作熟练，可在收益目标完成后等待卖点出现，前提是如果股价未出现上涨，要确保收益目标完成后的利润兑现。如果操作不熟练，在完成目标收益后即可退场，日积月累，必然也有极丰厚收益。在 30 分钟级别上，滚动操作的目标收益率是 1%；在 5 分钟操作级别上，滚动操作的目标收益率是 0.5%。由于分时级别上买点出现的频率很高，所以熟练的话收益也会很高，超过主要仓位的收益是家常便饭。

如图 5－9 所示，第二类买点确认时间为 2020 年 4 月 7 日上午 10 点，所以此时完全可以买进一半资金作为主要仓位，因为它形成了双级别买点共振，即日线级别和30分钟级别上同时出现买点。第二天，在30分钟级别上，开盘半小时第三类买点确认，所以剩余的一半滚动资金全部买进，进行正向滚动操作。当天股价涨停，自不必卖出。第三天股价冲高受阻，由于收益目标完成，滚动资金轻松获利了结。这个滚动收益率超过了10%。

股价回调形成了均线系统的死叉，但这是均线多头排列后的第一次死叉，必然会回升，来确认是否上涨终结，所以回调企稳时便是滚动操作的买点。因为不确定股价是否继续创新高上涨，所以完成1%滚动收益目标后可及时离场，除非股价上涨强劲。

在此之后，分时级别上的买点都需满足两个条件。

第一，上一级别上出现买点，或者处于上涨过程中，没有即将出现卖点的迹象。第二，均线系统金叉，同时MACD指标必须调整到位后出现金叉。

何为调整到位？多数情况是调整到0轴附近或者0轴以下；少数情况是在多方区域再次金叉，且红柱变长力度较大，如果配合均线系统再次金叉，或者股价回升明显，也可确认为新的上涨来临，可积极买进。

图5-9中，后面的买点都因为周线仍运行良好，且日线级别上的均线系统和MACD指标都满足条件。如果操作熟练，买点后的卖点可等到股价滞涨时；若不熟练，可在完成1%目标收益后及时卖出，周而复始。直到最后，日线级别上的第一类卖点出现，则在30分钟K线走势内标准卖点出现后清仓，此时卖出的价位肯定高于日线级别上确认卖点后的平均价位。

第二种方式做起来会很忙，资金少，操作一只股票肯定可以，但资金总会多起来，操作一只股票必有终了时。所以，实操中，当你觉得开始出现失误，有点手忙脚乱时，就要考虑采取第一种方式操作了，或者可以过滤掉分时级别上不太明显的买点，只按照具有较大机会的买点进行滚动操作。

上述两个条件，在各级别操作中通用，这就是方法的意义。不断变化的不叫方法，只有在相同情况下可复制的操作才叫方法。

5分钟操作级别上，买点所需条件也如此。

第一，30分钟级别上出现买点，或者处于上涨中，没有出现卖点的迹象。

第二，均线系统金叉，同时MACD指标调整到位，并出现金叉。由于该级别时间太短，变化太快，几根K线的上涨很容易被一根K线吃掉，故将收益目标定为0.5%，不仅容易完成，且出现频率很高。

同样在日线和周线级别上的正向滚动操作中，买点也适用这两个条件。

图5－9中的30分钟走势较为复杂，基本涵盖了所有可能出现的情况。在更多的时候，走势较为清晰，买卖点也比较明确，操作起来相对容易。比如图5－8中日线走势的第二波，在30分钟级别上就不复杂，按照上述方法，操作起来会更得心应手。这里不再重复了。

再来看图5－7所示的周线级别上的第二个买点和第三个买点出现时，日线级别上的操作节点。这是日线级别为操作核心的重要参考，如果好好把握，能获得非常丰厚的收益，在资金量不太大时，平均一年翻一倍并非遥不可及。当然，不能像贪吃蛇，想抓住每一只股票的上涨，只要聚焦满足上述周线条件的三只个股进行日线级别上的重点操作，年翻倍的收益就能实现。

图5－10为图5－7中第二个买点和第三个买点放大后的日线级别走势。

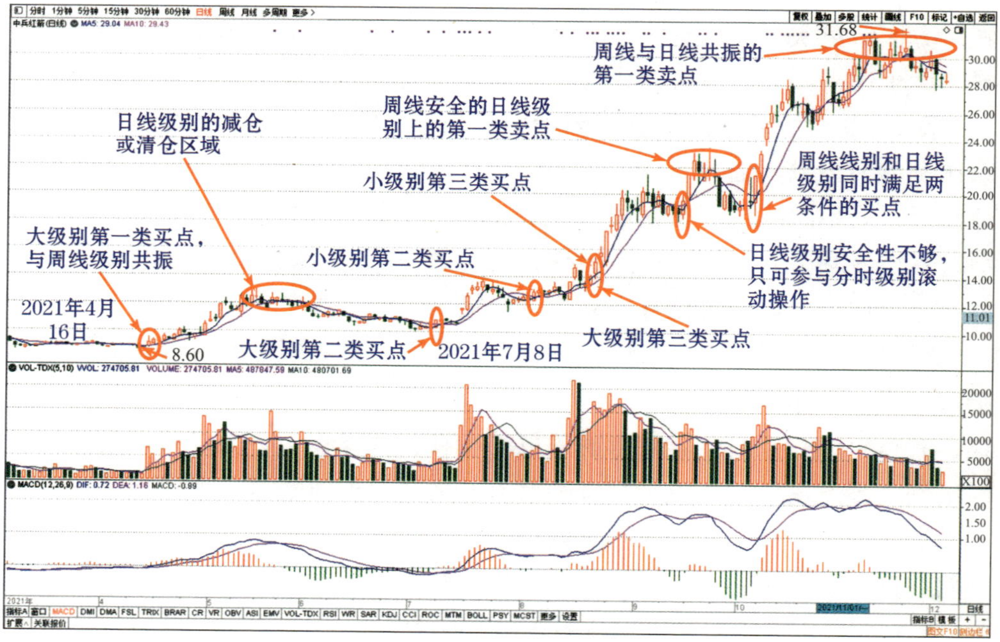

图5－10　图5－7中周线对应的日线级别走势

图5－10中，大级别指的是周线级别，小级别指的是图中的日线级别。在实际操作中，这反映出了买点的安全度，当时即可做出判断，而不是看图

说话似的事后诸葛亮。在周线级别上的买点出现后，日线级别一定会对应着买点，有的甚至会提前几天，这形成了双级别共振，表示之后一段时间处于安全区。在此之后，日线级别上的第二类和第三类买点都是小级别买点，这对于小资金是非常合适的。

日线级别上的操作，首要目标是两个月周期内实现资产增值10%。如果能跟踪几只股票，在周线级别的保障下，在日线级别上等待三类买点的出现，通过几只股票间的轮换，能获得高效的资金周转率，资产增值也会非常迅速。实操中，两个月资产增值10%非常容易做到，所以在几只股票辗转中，一年获得一倍以上的资产增值并不困难，这也是小资金增值很快的原因。如果能在30分钟级别上做好滚动操作，一年获得三倍以上的收益都可以做到。当然，这仅限资产积累阶段的小资金。

在图5－10展示的不到8个月的时间中，该股股价上涨三倍多，通过日线级别上的跟踪操作，资产增值超过三倍完全可以做到，而且通过30分钟级别上的滚动操作会超过三倍的增值，甚至能达到四倍的增值。对于初学者，在此阶段资产增值超过两倍也完全可以。通过主要仓位和滚动资金的配合，以及日线级别和30分钟级别的配合，不存在恐高的说法，也不存在耐不住寂寞的说法。投资者亏损或不怎么赚钱绝大部分是两个原因，一个是嫌赚得少，一个是耐不住寂寞。股价刚上涨股票就被清理了，所以赚得少；股价盘整一段时间就等不及了，尤其看着自选股中别的股票在涨就更耐不住寂寞了。于是，当你卖掉换股时，重新买进的所谓优质股开始下跌，而你刚卖掉的所谓垃圾股一飞冲天。主要仓位不动，滚动资金反复操作就解决了耐心的问题。看着成本不断降低，在每一次滚动操作的成功中获得成就感，怎会寂寞呢？当股价上涨后，因为主要仓位不动，在第一类卖点未出现时不清仓，这就不会有踏空的可能；同时，次级别上的滚动操作，要么是正向操作增加利润，要么是逆向操作增加持股筹码，就不会再恐高了。

逆向操作是在成本降为零后，股价处于中高位时采取的操作方式。此时股价还未出现第一类卖点，但随时可能出现，所以正向操作会增加持股风险，而逆向操作通过先卖出再买回的方式，可以防止股价下跌的风险，同时，因为已经获得丰厚利润，即便股价涨上去也无碍。

图5－10中，虽然日线级别在短时间内上涨幅度较大，但股价走势并不顺畅。如果能够应对这种较复杂的走势，对买卖节点能较准确地把握，那很

多走势顺畅的股票就更容易操作了。该股无论采用第一种方式还是第二种方式，都可以很从容。全仓买进后，在耐心等到第一类卖点时卖出一半，因为有周线级别上的大级别买点做保障，所以这个耐心是可以坚定的。对于先买进半仓的第二种操作方式，无论股价涨跌都主动很多，适用于非双级别共振的其他日线级别上的买点。30 分钟级别上的滚动操作和图 5－9 所示的方法一致，图 5－11 所示为 2021 年 4 月 16 日及以后的 30 分钟股价走势。

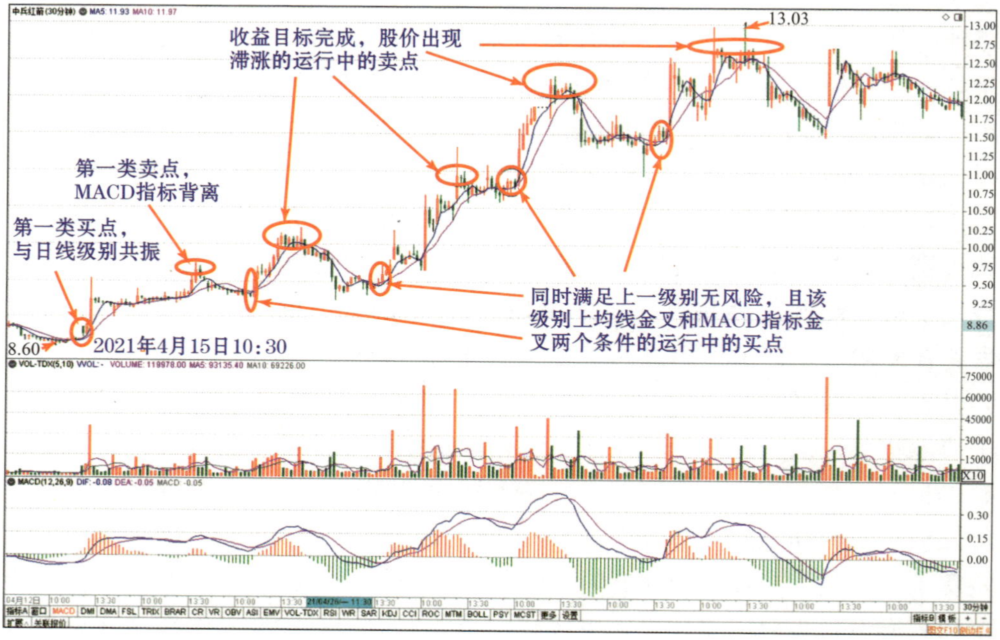

图 5－11　图 5－10 中日线大级别第一类买点对应的 30 分钟走势

图 5－11 中，30 分钟级别滚动操作的节点清晰简单，在日线级别仍处于安全持股的情况下，滚动资金可以利用分时级别回调时出现的买点进行滚动操作。由于目标收益率只有 1%，所以做起来大胆、放心。实际操作中，如图 5－11 所示，几乎每一次滚动操作都大幅超额完成目标收益，操作熟练后，完全可以等到图 5－11 中相应卖点出现后再卖出滚动资金。如此操作，最终收益会远高于按照日线级别买进，持有到日线级别卖出的非滚动操作。

在图 5－11 中卖点出现区域，观察对应的 5 分钟 K 线走势，会清晰看到第一类卖点或者第二类卖点的出现，所以，将 30 分钟级别操作与 5 分钟级别走势结合，就不会有30分钟级别上的滚动资金何时卖出的问题。当30分钟K线走势出现滞涨，就去观察5分钟K线走势，如果5分钟K线上出现第一类卖点或者第二类卖点，则卖出滚动资金。先大后小地分析并大小级别配合操作，是整个操作方法的核心。

正向滚动操作在股价的低位区使用，目的是降低持仓成本，增强抗风险能力。股价终将回归上涨节奏，正向滚动操作利用了此时风险释放殆尽的特性，通过重仓参与迅速获得初期利润，为之后的股价正式上涨打下基础，并使自己立于不败之地。以月线级别上的买点或者处于企稳回升初期为整个操作的地基，大资金利用周线级别和日线级别上的买点进行正向滚动操作；处于积累资金阶段的小资金则以日线级别为操作核心，将30分钟和5分钟K线走势中的买点作为正向滚动操作的参考，通过快速资金周转，迅速积累初始资金。

股价走势终将完整，月线级别的止跌回升意味着股价走势方向上的选择，新的上涨阶段重启。从宏观上看，上涨的启动期和成长期的初期就是建立底仓的绝好阶段，通过次级别上的滚动操作又可以增强抗风险能力，使整个操作保持足够的主动性。随着时间的推移，上涨节奏的必然回归使获利具有了确定性。让每一只股票都获利，让操作体系具有百分之百的成功率就不再是空话，也不是什么目标追求，而成了股票操作的底线。

操作股票简单吗？太简单了。你只需做到三步——买进、等着上涨、卖出，周而复始。

买进的目标股要求是没有退市风险的，月线级别上出现第一类买点，或者距离第一类买点不远，再或者月线级别刚从底部开始上涨。这类股票很好找，打开图形，一目了然。等待上涨自不必说，保持耐心即可，因为上涨是必然的，是确定性赢利。卖出也简单，赚钱后随时获利了结，如果你只看月线级别，可把盈利设定在20%以上。如果学得好点，可根据次级别上的卖点卖出；学得再好点，可进行滚动操作。但即便不做这些也能稳定获利。获利卖出后再寻找下一只具备买进条件的股票，如果没有则不操作，周而复始。资金量越大，上述操作越容易，因为摆脱了资金对生活的束缚，买进后自然能够保持足够耐心，而上涨必然到来，赚钱也就顺理成章了，甚至还可能不期而遇呢。

第二节　逆向滚动操作

股价运行只有两个方向——上涨和下跌。至于盘整，其实是由更小级别的上涨和下跌组成。如果将上涨定义为正方向，那么下跌就是逆方向。所以，正向滚动操作，其本意就是认为股价要上涨，先买进固然增加了持仓，但风险可控，即便股价短暂回落也无碍。逆向滚动操作认为股价要下跌，通过先卖出来降低持仓风险，等回落后，如果在大级别上还没明显滞涨，还在持股阶段，可以在卖出的级别上股价止跌时买回。看似没增加盈利，但却大幅降低了成本，或者增加了持股筹码，一旦股价继续回升，就能获得更多的利润。

这里有两个条件。

（1）所操作级别的上一级别处于持股期，同正向滚动操作相比，此时的股价位置更高，出现滞涨或者卖出信号的可能性更大，但是还未出现卖出迹象，仍处于持股状态。

（2）在将要操作的级别上出现第一类卖点或者第二类卖点，股价回落信号明确。

逆向滚动操作比正向滚动操作要求更高。正向滚动操作先买进，即便股价出现回落，持有一段时间也会回升，投资者是可以接受套牢的。逆向滚动操作先卖出，如果卖出后股价不跌反涨，绝大多数投资者会非常难受，甚至会追涨买回。对于这些投资者，套牢可以，踏空是不允许的，所以这些人很容易亏损。在实际操作中，正因为担心卖出后股价继续上涨，导致赢利后不舍得卖出，不断“坐电梯”，甚至从原来的赢利变成亏损，最后不得已采取所谓的“专业止损”。因此股市中有这句话：会买的是徒弟，会卖的是师傅。卖出操作确实重要，它是我们所有操作的核心，其他操作都是为实现成功卖出而做出的铺垫。

但是，卖出操作重要并不意味着很难操作。卖出操作的唯一标准是赢利，即清仓时账户显示某只股票处于赢利状态，这就是最高优先级的卖出条件。满足此条件后其他条件甚至都可以不看。至于卖出信号，那都是参考，在赢利满足的情况下所采取的能让利润进一步扩大的操作措施，并不必然执行。可见，谁都会卖出，谁都可以当自己的师傅。

消除对卖出操作的误解和芥蒂，无论是对清仓，结束操作周期，还是进行逆向滚动操作，都不可或缺。卖出操作没有优劣之分，只有成功与否。赢利卖出为成功，否则为失败。至于你赢利10%卖出，另一个人赢利20%卖出，你认为他比你卖得好，那是错的。卖出时赢利的幅度不是评判标准，稳定且可持续赢利才是。稳定赢利是股市复利的根本，所以让每一只股票都获利，建立百分之百赢利的操作体系，你才是最后的赢家。一只股票大赚，另一只股票巨亏的操作必将被市场淘汰。

逆向滚动操作只适用于主要操作级别以下的操作。比如，你以月线级别为主要操作级别，即在月线级别上建立主要仓位，则清仓操作是在周线级别上完成的，那意味着逆向滚动操作也只能在周线及以下级别上实行。这是较大资金的操作方式。如果你以日线级别为主要操作级别，那么逆向滚动操作就要在30分钟及以下级别上进行。这种操作方式适合较小资金，是绝大部分散户采用的操作方式。

在不同的操作级别上，要采用不同的资金和不同的价差标准进行操作，这和正向滚动操作一样。以日线级别为例，当股价在日线级别上处于中高位的上涨持股阶段时，只保留了主要仓位，因为正向滚动操作的阶段已过，且基本实现了成本降为零，已经立于了不败之地，所以可以耐心持股。但是成本降为零后，一个很重要的操作将展开，那就是增加持股筹码，这就涉及逆向滚动操作了。

日线级别是主要操作级别，则它的最终卖出是从次级别及以下级别上的卖点开始的，也就是从30分钟K线或者5分钟K线上的第一类卖点和第二类卖点的出现开始的。如果次级别上的卖点出现没能导致日线级别上的卖点出现，则不必清仓，而是可以将卖出的筹码在相应级别上买回，这就是逆向滚动操作。30分钟级别上的卖点出现后可卖出持仓的50%，5分钟级别上的卖点出现后可卖出持仓的25%。滚动操作的价差，30分钟级别为1%，5分钟级别为0.5%。比如，在30分钟级别上10元卖出，9.9元以下就可以买回卖出的持仓。但是，如果下跌明显，则要等到买点出现时才能买回。这里的操作不必着急，因为可能会导致日线级别上的卖点出现而做出清仓举动，如果买回过早就不能当天清仓了。当然，除非日线级别当天没有清仓的可能，比如，股价上涨态势良好，均线系统多头健康排列，没有滞涨出现，波动只出现在分时级别，则可在价差出现后及时买回。

逆向滚动操作是要求更高的操作，很多投资者不一定用得到，因为它只适用于股价上涨阶段的成长期末期，或者鼎盛期，在这两个阶段还持有股票的人少之又少，更不用说还是成本为零的情况下了。当然，那些在鼎盛期追进去的投资者除外，那是错误的操作，是迟早翻车导致巨亏的操作，而且这些投资者因为没有利润做基础，别说逆向滚动操作了，他们恨不得满仓买进呢！

逆向滚动操作和逆向思维不同，这一点要明确。我是极反对逆向思维的，连正向思维都还赚不到钱，换个方式就行了？逆向思维看似有道理，实则似是而非，虚无缥缈。股市中逆向思维的逻辑基础是做少数人，因为赚钱的是少数人，所以跟多数人的思维或者行为方式一样，意味着赚不到钱。这看似很有道理，但却经不起推敲。

其实稍作思考便能明白。巴菲特说：别人恐惧时我贪婪，别人贪婪时我恐惧。那么，问一下，巴菲特虽然钱多，但他跟整个市场比谁的钱多呢？毫无疑问，是市场吧？当大家都在贪婪地买股票时，巴菲特清仓又怎样？他能阻止股价上涨吗？不能吧？只有当市场中看空的人多于看多的人时，股价才会下跌。此时可不再是大家都贪婪了，而是多数人在恐惧了。反之亦然，股价不再下跌是因为多数人开始逐渐买进了，并不是因为大家都在恐惧，只有巴菲特在贪婪。很显然，股价运行一直在顺势进行，不存在逆向思考的逻辑基础。巴菲特这句话的意思是要保持操作上的清醒，不能趋之若鹜。当别人都在贪婪地买股票时，你要保持清醒，做好随时卖出的准备。什么时候卖出？当股价出现滞涨的时候卖出。如果你一直想着买进，当股价滞涨了，你还以为只是整理呢！这就是巴菲特所说的保持清醒的本意。同样，当别人恐惧时我贪婪，也是在说要在弱势时保持清醒，做好随时买进建仓的准备。何时买进？在股价不再创新低，且大级别上出现买点的时候买进。这就是贪婪的本意。如果你也在股价下跌时恐惧，当股价不创新低了，你还以为只是小反弹而已。所以要保持操作上的清醒，这并不是什么逆向思维。

操作股票只有一种思维，那就是顺势跟进，这是我在我的第一本书《股市赢家密码》中所说的操作思想。股市中只有两种力量——买方和卖方，也被称为多方和空方，我们只有站在力量强的一方才能最终获利。根据惯性定律，力量强的一方会持续一段时间，直到被另一方打败，所以站在力量强的一方就能获得相应的利润。比如多方力量强，我们买进，等空方力量强了我们卖出，这就是顺势操作，更是正向思维，没什么逆向思维的说法。

当大家都在贪婪地买股票时，你要保持清醒，不能跟风买，因为那可能是股价的高位了。要卖出吗？当然不用。因为大家都在买，股价还在涨，只有到买的人热情降温，股价滞涨时才卖出。这本就是顺势操作，怎么会是逆向思维呢？

我们所说的逆向滚动操作，指的是在相应操作级别上股价有下跌的可能，而下跌的方向我们称之为逆向，所以逆向滚动操作是指在股价下跌时的滚动操作，没有逆向思维什么事。而且，逆向思维是伪命题，切记。

逆向滚动操作的条件如下。

（1）主要操作级别出现滞涨，具有回调或者股价翻转下跌的可能，表现为股价处于中高位，均线系统开始走平，有出现第一类卖点的可能。

（2）次级别上出现第一类卖点或者第二类卖点，回调走势明确。用一半仓位进行滚动操作。

这两个条件适用于任何操作级别。需要注意的是，条件中的关键词在不同级别上的表现大不相同，有如下解释。

（1）股价处于中高位何意？这是最易混淆的地方。不同级别上的中高位表现大不相同，我们需要做的是在相应级别上把图形缩小，从最近的重要低点算起，股价上涨后与上涨前的重要颈线位对照，以此来判断股价所处位置。股价突破低位后，处于中高位，意味着股价有展开大的调整或者就此出现转折下跌的可能，同时，也有稍作休整继续上行的动力，这时逆向滚动操作是最佳选择。

（2）卖点的出现是相应级别股价下跌的明确信号，对此要确信不疑，就像买进信号一样。无法突破卖点处卖出的心理关口，或者对第一类卖点或第二类卖点不够相信，那就永远无法真正稳定赢利。

很多人经常遇到股票卖出后没过多久就继续上涨，甚至是刚卖出就上涨的情况，究其原因，是对卖出操作执行得不准确，或者没有先大后小地进行分析。具体而言，第一，卖出时一定要在所操作的级别上出现卖点后再操作。按照三类卖点所要求的条件，在同一级别上卖点出现后股价都会回调。

第二，卖出后股价没过多久就上涨，是因为主要操作级别的上一级别走势良好，如果没注意到这一点，那就极可能错过主要上涨阶段。第三，执行卖出操作时一定要明确是进行逆向滚动操作，还是分步减仓或者清仓。如果是逆向滚动操作，一定要在同一级别上在股价回调后买回，或者重新出现买点后买回。

不存在卖出后股价立刻上涨的说法，之所以出现此现象，是因为你在执行操作时本身就不明确。卖点之所以会出现，是因为在某一级别上空方力量开始占优。这必然导致股价回调，尽管回调的时间和力度无法确定，但这种回调是必然的，所以不会出现卖出错误。很多人认为卖错了，是用后面股价的上涨来评判前面的操作，这本身就错了。后面的上涨是股价回调后多方重新占优引起的，与前面的操作本就不属于同一阶段，你错误的来源是在多方重新占优时没买回，而不是卖点出现后卖出了。理清了这个思路，才能在卖点出现时坚决执行。

逆向滚动操作适合大资金，更适合小资金。在月线级别的操作中，在股价的中高位如果出现回调，可能就会有 30%～50% 的幅度，有的还要更大，这多出现在对底部平台突破后的回调确认时，之后有鼎盛期出现的可能，对于有一到两年操作周期的大资金，自然值得进行滚动操作。之所以进行逆向滚动操作，一是因为此时的收益可能超过一倍，满足获利了结的要求；二是因为大环境会影响鼎盛期的到来，所以先卖出，来规避这种不确定性。同时因为底部平台被突破后，股价回调确认是大概率事件，也就是鼎盛期到来前都有回调动作，在不增加仓位风险的情况下，先卖出再买回，增加持股筹码，是能拿到这种确定性收益的。

对于小资金，逆向滚动操作的机会经常产生。日线及以下级别上，中高位无处不在，而且出现频繁。这就是上文所讲的，要对中高位有准确认识，不能用大级别的中高位来定义小级别上是否可进行逆向滚动操作。在大级别的底部，对于分时走势来讲，同样可进行逆向滚动操作。需要注意的是，在大级别的底部，小级别上的逆向滚动操作在买回时一定要坚决，因为一旦开始拉升，会非常迅速。这就要求，在分时级别上进行逆向滚动操作时，价差回买显得非常重要，尤其是大级别处于底部的股票。5 分钟逆向滚动操作的价差是 0.5%，30 分钟逆向滚动操作的价差是 1%。

图 5－12 所示为大级别上满足逆向滚动操作要求的走势图。

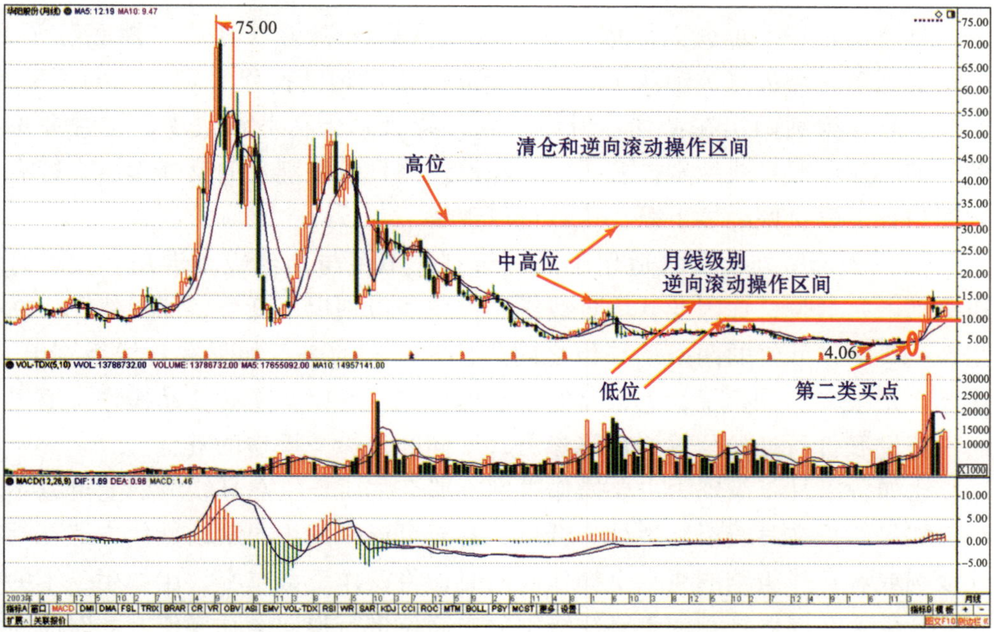

图 5－12　月线级别上的股价位置

图 5－12 为华阳集团自上市起到 2021 年 12 月止的走势图。月线级别上，以历史走势中的重要高点为参考，可将股价明确划分为高位、中高位和低位。这一划分方法在任何级别上都适用，比如周线、日线，甚至分钟级别走势。这里需要强调几点。

（1）股价在第一类买点没确认前，没有位置的说法。

位置是相对的，是新的上涨周期与原来的下跌周期对应产生的，只有在第一类买点确认后，股价进入新的上涨周期，原来的下跌周期结束，才能据此划分股价所处的位置。位置的划分以颈线位为重要参考，基于多空力量的博弈。在下跌中，每一个重要反弹形成的高点，都体现出了做多资金的反抗，只不过最后以失败告终。这些失败的反抗资金，在股价回升时解套后变成了重要的空方力量，新的做多资金要想越过此位置，便要集结更大的力量。所以，股价每次上涨到重要颈线位时都需要激烈争夺。在新的上涨周期中，股价涨幅越大，做多力量越少，而做空力量越大，这就导致股价越高的颈线位越难突破。

有人买股票喜欢抄底，认为股价位置很低了，可没想到还有更低的位置，且还不止一个。究其原因，是在没出现第一类买点时就“抄底”了，更不要说第一类买点被确认了。第二个原因是没理清操作级别之间的关系。比如，日线级别确实在低位，但周线和月线级别仍在下跌途中，位置并不低，如此你按照日线级别抄底买进，却没按照日线级别上的反弹卖出，持有时间稍长，股价便继续下跌，这就可以理解了。

（2）股价所处位置只适用于同一级别，不可与其他级别混用。比如月线级别上是低位，你因此认为日线级别、周线级别也是低位，那就错了。在图5－12中，低位的两条颈线位之间的价差就有50%，如果在日线级别上，这已经是很大的涨幅了，怎么可能还是低位呢？所以，逆向滚动操作，要以同一级别股价所处的位置为最终参考，不同的是参与操作的资金。

比如，以月线级别为主要操作级别，那么主要仓位在月线级别上可以不动。如果股价在月线级别上处于低位，甚至可以采用正向滚动操作方式在周线级别或者日线级别的买点上操作。同时，将操作资金减半，比如用一半的主要仓位，在周线级别或者日线级别的中高位进行逆向滚动操作。此时需要注意，一定要在相应级别股价回调后买回，因为主要操作级别还处于低位。这两种操作，即正向滚动操作和逆向滚动操作可以同时进行，互不干扰，原因就是参考的操作级别不同。

（3）图5－12中，有两条低位颈线，因为在月线级别上距离太近的缘故。从月线级别看，股价在15元以下都可以称为低位区间，都可以进行正向滚动操作，但实际上从最低点算起，股价都涨了三倍多了，站在周线或日线的角度看，肯定不再是低位了。即便是月线级别，股价走势也非常规范：股价突破10元附近第一颈线位后，冲破15元附近的第二颈线位，然后回调确认第一颈线位的突破有效。因为15元附近的颈线位被突破一次，所以在股价正式站上15元后就会进入月线级别的中高位区间，这时正向滚动操作就不再适用，而逆向滚动操作在月线级别上就满足了条件。此时，月线级别上的主要仓位将不再增加，只能在周线或者日线级别上采用逆向滚动操作，且做好随时清仓的准备。

站在月线角度，10元附近的颈线位和15元附近的颈线位，在第一次冲击时都可以在更低级别上进行逆向滚动操作。无论哪个操作级别，只要有重要颈线位，股价突破后都会回调确认，级别越大，波动幅度越大，中间的价差自然越大。月线级别的价差10%都算少的，图5－12中，两条颈线位之间可以获得至少30%的价差，因为它们之间有50%以上的波动。

图5－13是对应的周线级别的走势，可以用同样的方法确定股价所处的位置，并进行逆向滚动操作。

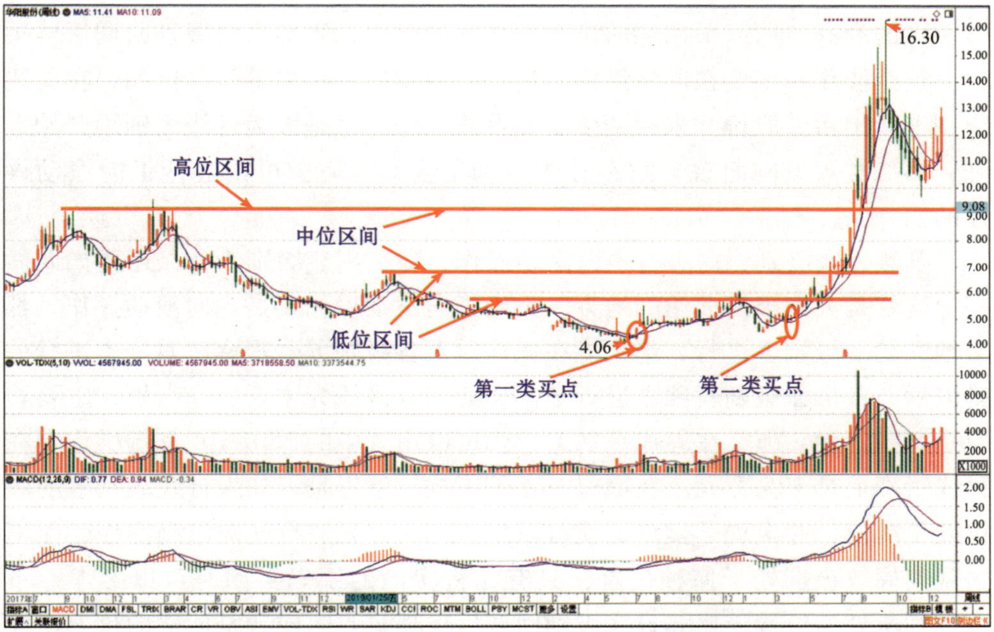

图5－13　周线级别对应于图5－12的股价位置

图5－13中，第三条颈线位的股价在9元附近，按照周线级别已然进入高位区间，而在图5－12中，从月线级别上看才刚突破低位区间，这就是两者的区别。图5－13中，走势图也非常规范。第二类买点出现后，对第一类买点进行了确认，表示股价展开新的上涨周期，此时才可判断股价所处的位置。自最低点上涨以来，邻近重要高点在7元附近，这就是低位的颈线位。在图5－13中，6元附近有个小平台，形成了上涨后的第一个颈线位，它与7元附近的重要高点形成的颈线位很接近，所以不会产生低位和中高位的区分，这与图5－12所示的月线级别有点类似。

颈线位是在股价下跌途中做多力量折戟沉沙的位置，所以当股价再次回到这里时，这些被解放的资金很容易变成汹涌的空方力量，这就是在重要高点处都会反复博弈的原因。在图 5－13 中，颈线位在周线级别上都经过了反复争夺，其他操作级别上又何尝不是呢？这就是资金运作的规律，都可以从资金博弈的角度得到很好的解释。理解了这一点，我们才敢于在颈线位附近进行逆向滚动操作。在图 5－13 中，突破低位颈线位后，有几周的整理，因为无法提前知晓股价是否再次回到低位区间，且已经从买点出现开始获得了一定的利润，所以采用逆向滚动操作，先卖出，等待周线级别回调后再买回。这个操作一定要在同一级别上进行，否则极易丢失筹码。比如，在周线级别上卖出后，股价并未回调多少便继续上涨，这是因为月线级别刚开始上涨，第二类买点刚出现，站在月线级别角度，是完全可以进行正向滚动操作的。

既然月线级别无需进行逆向滚动操作，那么周线级别为什么还要如此做呢？这就是大家极易混淆的地方。无论正向滚动操作还是逆向滚动操作，都必须在同一级别上进行，绝不能在操作时对各级别混合观察。对资本进行分割以后，各操作级别就独立进行了。比如，以月线为主要操作级别，主要仓位是 500 万元，那么在周线级别上，就可以用其中的 250 万元进行操作，在日线级别上是 125 万元。在操作时互不干扰，意思是，如果日线级别上的股价处于高位，并出现了卖点，就可以用这 125 万元进行逆向滚动操作，而不去观察周线级别处于何种位置，只有在将卖出的筹码买回时可以参考一下高级别所处的位置。比如日线级别回调后出现买点，或者是回调的价差已经可观，但周线级别上的股价处于高位，且还在回调途中，那就暂缓买回，因为周线级别上可能会出现卖出信号。如果周线级别处于低位，且在上涨途中，则在日线级别上就可以及时买回了。其他级别上的操作同样如此。

比如图 5－13 中，在 9 元附近的颈线位被突破后，股价会出现震荡或者回调，则可以用这 250 万元进行逆向滚动操作。当价差出现，或者回调到位，因为月线级别仍在低位，且在上涨途中，就可以及时买回了。如果股价涨到 15 元附近，周线级别上出现滞涨，且已经在高位区间，那可以利用这 250 万元的资金进行逆向滚动操作，或者是清仓了。当股价回落后，或者新的买点出现，发现月线级别处于颈线位附近，有回调迹象，则在买回时要谨慎，直到月线级别也止跌企稳后再买回，因为大级别还有上涨的动力。除上述情况外，要控制好操作资金，在同一级别上的操作都要独立进行。

继续看图 5－13，在 7 元附近和 9 元附近，虽然股价进行了波动，但站在周线角度，均线系统走势良好，有必要进行逆向滚动操作吗？有必要。第一，当时并无法判断出股价后期走势，比如 15 元了，可均线系统仍旧走势良好，要走吗？看后面的走势，15 元时当然要走，因为后面跌了约 40%。所以，重要节点处的操作是一定要进行的。第二，如果股价走势强劲，或者调整幅度较小，可以采用低级别上的走势进行操作，比如降到日线级别进行操作，同时可操作资金也降低了。通过这种方式就能避免之后的大涨导致的踏空。如果股价跌势开始明显，也能第一时间加大卖出资金。将图 5－13 中股价在颈线位处的调整，以日线级别走势进行放大，可看出逆向滚动操作的必要，如图 5－14 所示。

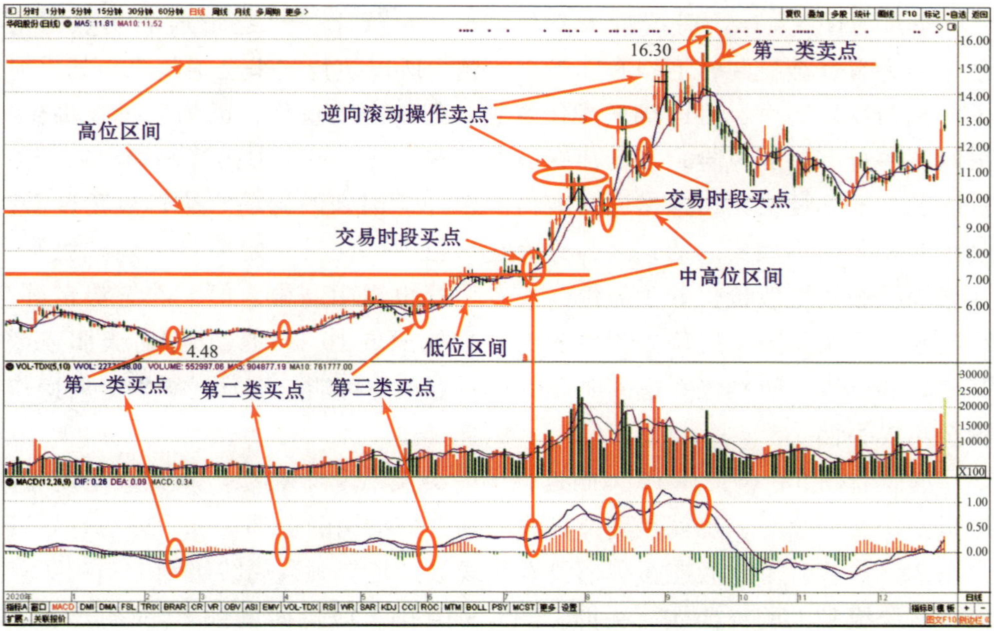

图 5－14　日线级别上的逆向滚动操作

日线级别对股价所处位置的判断更加清晰，在图 5－14 中，6 元附近便是第一条颈线位，这是低位与中高位的分界线。在第一条颈线位处，股价调整属于常规动作，如果以月线为主要操作级别，此位置可以用 25% 的计划资金进行逆向滚动操作，因为不确定股价是否会突破底部区间上沿继续上涨。这都是在当下所做出的判断，而不是事后的看图说话。在股价回调之后，均线系统再次金叉，第三类买点出现，卖出的资金全部买回，或者看周线级别仍处于稳步上涨状态，则在回调超过5%或者10%的价差后也可以买回。

当股价进入中高位区间或者高位区间后，日线级别上出现K线卖出形态或者疑似卖点时，都可以进行逆向滚动操作，只要控制好日线级别上的操作资金即可。从日线角度看，主力资金已经具备了获利了结的条件。在图5－14中，从最低点算起，进入中高位后，股价涨幅已经一倍。如果是游资参与的操作，是可以卖出了。这就是我们可以进行逆向滚动操作的原因，因为我们无法知晓主力资金是游资还是实力雄厚的大资金，只能走一步看一步。

继续看图5－14，股价进入高位区间，K线卖出形态形成的卖点很清楚，因为有资金控制，不担心卖丢的问题，所以执行起来会很坚决。如果对走势判断模棱两可，可以降低操作资金，但一定要操作，因为股价在高位，随时有快速下跌的风险，不能存有侥幸心理。日线级别上的筹码卖出后，关键问题是要不要买回，这是逆向滚动操作经常遇到的问题。从日线角度看，卖出的筹码是不用买回的，因为股价在高位了，此时一定要参考周线级别。如果周线级别上股价仍处于低位，或者尽管也在中高位，但上涨态势良好，均线系统多头排列，股价未曾跌破5日均线或者10日均线，则可大胆逢低买回。如果周线级别走势也不明朗，存有下跌的可能，则日线级别上的操作资金不要买回。

继续看图5－14，在16元附近，第一类卖点非常典型。从日线角度看，这里一定要清仓了，也就是卖掉日线级别上可动用的全部资金，即总计划资金的25%。股价下跌后能否买回要看周线级别走势。当周线级别上出现买点时，日线级别上的资金才能买回。图5－14中，股价回调到10元附近，站在周线角度看，股价也是突破底部区间后回调确认突破有效，自然可以全部买回。

以上例子是以月线为主要操作级别，在周线和日线级别上进行的滚动操作。这样的方法是统一的，无论主要操作级别是哪一个，比如周线级别或者日线级别都可以，只需把滚动操作级别相应降低即可。以周线为主要操作级别，则日线和30分钟K线为滚动操作级别，或者以日线为主要操作级别，则30分钟和5分钟K线为滚动操作级别。必须强调，在进行逆向滚动操作时，只参考同一级别股价所处的位置，然后动用相匹配的资金，只有在买回时再去参考上一级别股价所处的位置和走势，做出判断。从这个角度讲，在5分钟K线和30分钟K线级别上可经常进行逆向滚动操作，这是小资金快速降低持仓成本的有效途径，也是解决被动持仓的最好方式。

对于小资金，分时级别上的逆向滚动操作非常重要，甚至超过正向滚动操作。只有解决了股价运行的双向操作问题，才能真正实现稳定赢利，尤其是处于资金积累阶段的投资者。对于大资金，资产稳定增值是第一目标，且大周期不易受到资金控制，能客观反映股价走势，所以不需要频繁进行滚动操作，只需在大的买卖点处操作即可，比如在月线级别上的买点建仓，然后耐心等待获利卖出，简单高效。小资金处于积累阶段，需要尽量提高收益率，同时，小级别容易受主力资金的控盘，如果不进行滚动操作，则极易"坐电梯"，或者上当受骗。所以，小资金利用其灵活性，在适当的时候进行正向或者逆向滚动操作，可谓一举两得。

分时级别上的逆向滚动操作与大级别上的方法相同：第一，判断股价所处的位置，中高位区间和高位区间才可进行逆向滚动操作；第二，第一类卖点和第二类卖点出现后才能进行逆向滚动操作；第三，如果上一级别处于低位或者走势良好，则可在出现价差后买回卖出筹码，或者等新的交易时段买点出现后买回筹码。交易时段买点指的是除了三类买点外，满足两条件的买点，即均线系统金叉且MACD指标金叉。

分时级别上的逆向滚动操作是在以日线为主要操作级别的情况下产生的，所以需要将日线级别计划参与的资金降低后使用：30分钟级别上为计划参与资金的50%，5分钟级别上为计划参与资金的25%。如果逆向滚动操作的级别上卖点不明显，可继续降低操作的资金和级别，比如观察1分钟级别以及操作与之匹配的资金。

图5-15为30分钟级别上逆向滚动操作走势图。

从图5-15中可以看出，股价所处位置的判断方法与其他级别一样，站在同一级别上，进行逆向滚动操作的条件也一样，即在中高位或者高位出现卖出信号后进行逆向滚动操作。如果上一级别股价处于低位，则实现价差后买回，或者出现新的买点时买回。如果股价向上突破了起跌点，表示更高级别上的颈线位被突破，此时股价回调是常见的走势，而且调整幅度较大。这是更高级别对突破的有效确认，这里也是可以进行逆向滚动操作的。

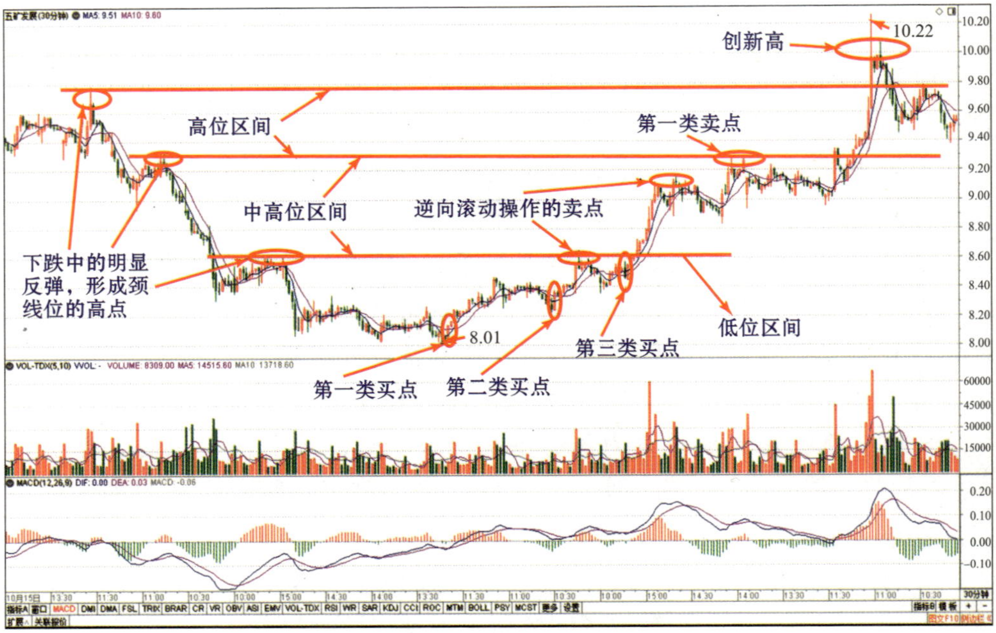

图 5－15　30 分钟级别上逆向滚动操作走势图

图 5－15 所示为 30 分钟 K 线走势，所以价差是 1%，只要卖出后超过这个价差可以随时买回。当然，这是在上一级别处于低位或者持股阶段的时候。如果日线级别处于中高位或者高位，股价并没有明显地止跌企稳，则在 30 分钟级别上要谨慎买回卖出的筹码，因为那可能会出现更大幅度的下跌。

分时级别的变化很快，看似一大波的上涨或者下跌，对于上一级别，可能只是底部的一个区间整理，或者只是突破底部颈线位后一个正常的回调确认。在图 5－15 中，我们观察的主要是上涨阶段的逆向滚动操作，即出现第二类买点后，股价进入中高位或者高位区间，当出现卖出信号时，可以先卖出 30 分钟级别上的筹码。如果更高级别仍处于底部或者持股状态，则在实现价差或者出现新的买点后买回，如此不会踏空，也能降低成本。当然，我们也发现，这个价差并不大，而且容易错失股价的重新上涨，而不得不追高买回，因为日线级别处于低位或者持股状态。

对于分时级别来讲，最有效的降低成本的方式是下跌中的逆向滚动操作，如图 5－15 中下跌的部分。这里必须满足的条件是更高级别处于低位或者持股阶段中的回调阶段。站在日线角度，股价进行底部区间整理时，只要触及第一颈线位出现回落，表示区间整理还未完成，那便可以从30分钟角度出现图5－15所示的下跌走势图。只要在下跌出现反弹时，股价不创新高便重新下跌，比如均线系统再次死叉，便可以先行卖出，等待下一个均线系统金叉时买回。由于日线处于底部，买回后即便反弹力度很小，也不担心，同时，可以在反弹再次不进入上一个区间整理内便重新下跌时再次卖出，等待下一个均线系统金叉时买回。因为这是在下跌阶段，所以这个价差比上涨时进行的逆向滚动操作要大很多，同时，因为日线级别处于底部，操作中就敢于在均线系统金叉时买回了。

我们再看图5－15中10.22元之后的股价走势，首先该股在日线上处于底部区间，这里不再截日线图了，我们直接看30分钟级别走势，从而领会下跌中的逆向滚动操作。

图5－16所示为30分钟级别下跌走势中的逆向滚动操作。

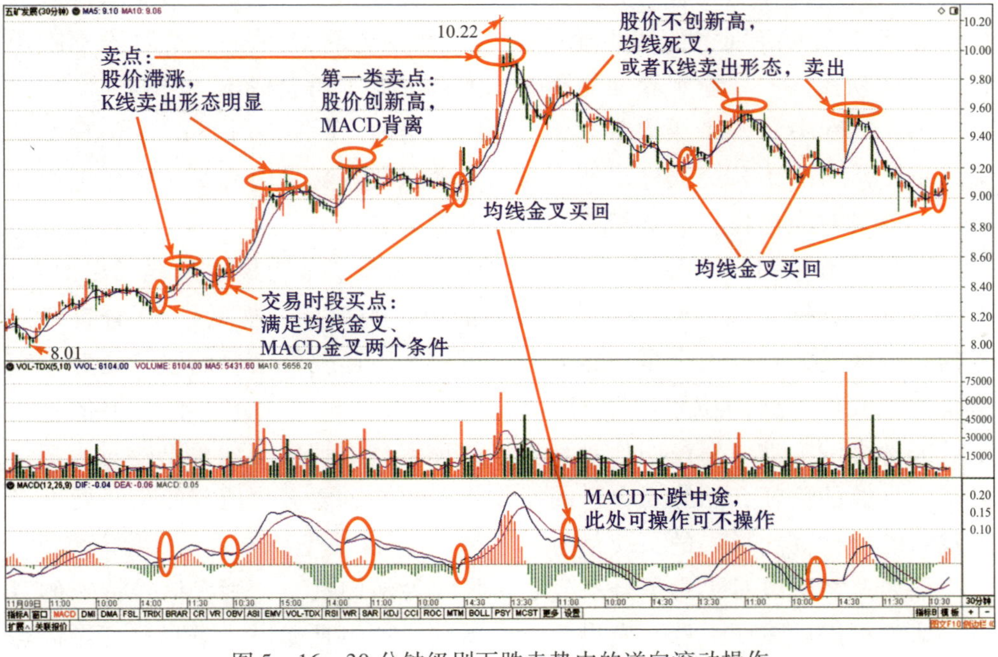

图5－16　30分钟级别下跌走势中的逆向滚动操作

从图5－16中可看出，上涨中的逆向滚动操作，因为担心丢失筹码，获得的价差较小，且比较容易错失上涨。当然，这里面分两种情况，在实际操作中可以解决掉担心的问题：第一种情况，日线级别处于中高位或者高位，这样卖掉的筹码可以不必急于接回，因为股价下跌的概率更大，如果涨上去，也不会错失太多利润；第二种情况，股价处于低位，这在日线级别上是可以进行正向滚动操作的，所以30分钟级别上的逆向滚动操作，一旦错失上涨，可以在新的买点出现后增加仓位买回，如此也不会错失上涨。

我们要重点看的是下跌中的逆向滚动操作，这要求日线级别必须处于低位或者中高位的持股阶段，如果是高位，则不能进行此操作，而应该从更高级别上减仓，直到清仓。股价突破低位进入中高位区间后，基本会有回调确认突破有效的过程，这个回调从30分钟级别上看就是很好的逆向滚动操作机会。当然，如果股价进入高位区间，也可能有回调确认的过程，甚至在鼎盛期也会如此，但那时主力已经具备清仓条件，逆向滚动操作再买回时就容易落入陷阱，不能冒此风险。实际操作中，在低位区和中高位区的回调可以大幅降低持仓成本，并实现成本归零的目标，对于小资金，利用其灵活性，进行逆向滚动操作是大有可为的。其实，在资本积累阶段，小资金最高效的操作方式是在大级别上的买点全仓买进，利用分时级别在下跌阶段不断进行逆向滚动操作，在稳定获利的同时，大幅降低了持仓成本。

图5－16中每一个买点和卖点都明确了操作条件，所以这并非看图说话，也不是事后诸葛亮式标出的，每一个人只要在交易时看到了图中的操作条件，就可对应操作，不要担心之后的股价走势。

继续看图5－16，10.22元高点形成后，出现了很明显的K线卖出形态，如果打开5分钟K线走势，会看到典型的第一类卖点，这里是30分钟级别上的高位区间，所以卖出是必然的。这里根本不用关心之后的股价走势，完全是按照股价所处的位置以及当时的股价走势做出的决定。有人很担心卖出后股价继续上涨，那说明你对买卖点的理解严重缺失。如果不能对买卖信号产生足够的信任，始终对自己的操作怀疑担心，要么你离开股市，要么必须找到能让你彻底放心的买卖信号。

很多人之所以对买卖信号不放心，是因为他们赋予了买卖信号特殊的意义，认为买进后就要上涨，卖出后就要下跌。这不是胡说八道吗？买卖信号只代表当下多空力量的对比情况，不能用于预测下一刻会发生什么。我们按照买卖信号操作，基于的是惯性定律，也就是多空力量对比基于惯性会延续，直到打破力量对比的那一刻。何时打破这种力量对比？没人知道。所以我们来完善操作体系，避免出现不确定性。在操作条件中，股价所处高位，K线卖出形态出现，均线系统出现死叉迹象，MACD高位回落等等都是在不断限制失误产生的空间，当然这也不能杜绝股价上涨的可能，所以我们才从更高级别去看股价走势，以及通过资金管理来彻底解决担心的问题。如果股价上涨，不是少赚了利润，而是剩余的持仓多赚了利润；同时，因为高级别股价处于低位，可以进行正向滚动操作，当股价上涨时，高级别上的买点一定出现，完全可以加仓买回，以期获得更多收益。这样还担心什么呢？完善操作体系后，你的操作会更坚决，同时也会发现，成功率不断提高，形成了良性循环。

继续看图5-16，在10元附近卖出后，股价出现回落，价差已然超过1%，应该说在日线级别处于低位的情况下随时可以买回，但是30分钟级别已然处于高位，不确定是否会出现较大幅度调整，所以耐心等待均线系统金叉。此时不必担心股价不跌反涨，因为还有一半资金在里面，而且日线仍处低位，只要出现新的买点，完全可以加仓买入。同时，价差一旦完成，股价止跌并出现回升迹象时，要在不低于1%价差的情况下买回，如果股价回升得快，甚至只要有价差就可以买回。在图5-16中，股价回落后出现金叉，但MACD指标并没有止跌迹象，只是快速下跌途中下跌趋缓，并没有满足交易时段买点的两大条件，所以这个买点不够严谨，可不操作。

在此之后，每一个买点都满足了两大条件，即均线金叉，同时MACD指标底部金叉；卖出时也满足了卖出条件，即出现K线卖出形态，且均线系统走平并死叉。操作时不必有任何担心，因为已经通过交易系统的完善把担心的问题都解决了，不管出现何种走势都可以从容应对，所以坚定地按照精准买卖的要求操作即可。

下跌中的逆向滚动操作是快速降低成本的最好方式，尤其是在满足下面两个条件的情况下：第一，上一级别处于低位区或者中高位区；第二，操作级别处于中高位或者高位区，且满足下跌中逆向滚动操作的要求。怎么判断股价处于下跌中？还是两点：第一，股价下跌后反弹不高过下跌前的高点；第二，股价新的下跌的低点，低于反弹时形成的低点。实际操作中无法判断股价将来会形成下跌趋势，所以在反弹不高过下跌前的高点时便回落，均线系统出现死叉时就要先卖掉。和前面一样，不必担心卖出后股价上涨，因为还有仓位在里面，而且上一级别处于低位或者中高位，在出现新的买点后可以加大仓位买回，更关键的是，价差一旦出现，只要发现股价止跌回升，便可以立刻买回。

卖出后，如果股价下跌未破前低点便止跌回升，说明下跌趋势未形成，在有价差的情况下买回卖出筹码即可。如果跌破前低点，那下跌趋势形成，便可以大幅降低持仓成本了。

上述方法适用于任何操作级别，在日线及以下操作级别上效果更明显。由于分时级别上股价走势很快，所以逆向滚动操作在下跌时会很快速地降低持仓成本。图 5－16 中，下跌幅度有 10% 左右，可是下降的成本甚至可以超过 15%，关键是只有两三周时间。这还是在波动幅度不大的情况下，对有些比较活跃的股票，这种逆向滚动操作可能比本金实现的盈利都多，至少不低于本金的获利，这就是我说的，要学会双向操作才能真正实现稳定赢利的原因。股价处于大级别上的底部区间整理阶段，对于快速降低成本是极好的机会，一旦开始单边上涨，那就要重仓买进、耐心持股了。图 5－17 中，从 5 分钟 K 线走势的角度继续看下跌中的逆向滚动操作。

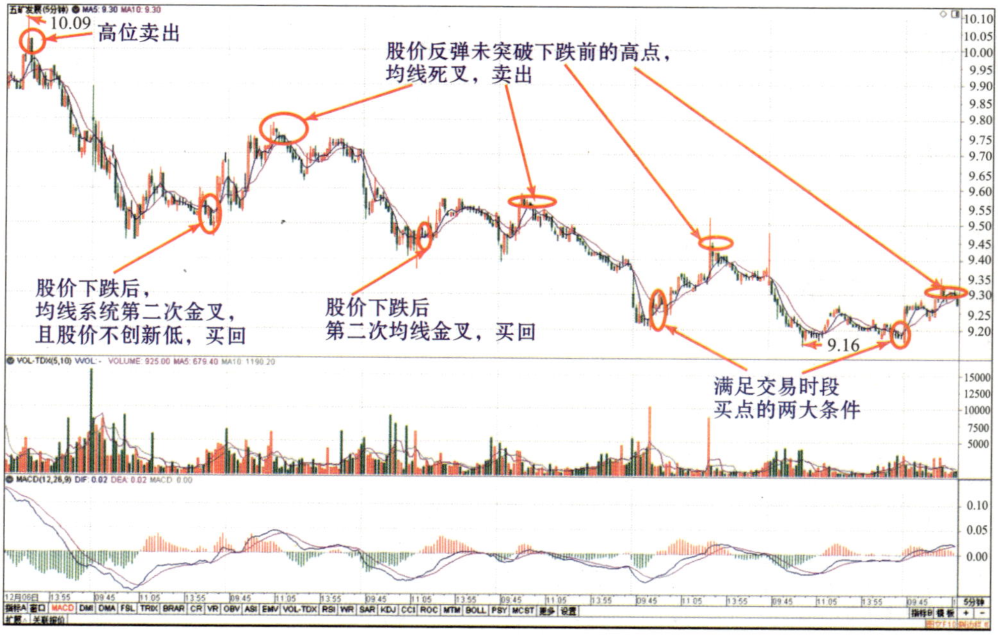

图 5－17　5 分钟 K 线级别上的逆向滚动操作

方法相同，如图 5 – 17 所示，下跌时股价不创新低，或者均线第二次金叉时为买点；反弹时不过前高，一般为均线系统第二次死叉时为卖点。5 分钟级别上的价差为 0.5%，在满足这个条件后可以随时买回。如果下跌走势良好，比如均线系统空头排列明确，则可等到均线金叉，或者第二次金叉，且 MACD 指标底部金叉时买回，这个价差是比较有保障的。需要说明，5 分钟级别上股价走势很快，有的时候对买点或者卖点来不及反应，所以这个级别上的操作原则是拿到确定性比较强的逆向滚动操作，并非试图去进行任何一个买卖点上的操作，否则一定会手忙脚乱。

如果你资金量较小，处于积累阶段，那么在大级别上的买点处可以全仓买进，然后利用 30 分钟和 5 分钟，甚至是日线级别的下跌阶段进行逆向滚动操作，这样可以高效利用资金的灵活性，快速降低持仓成本。根据股价走势终将完整，股价终将找回上涨节奏，那时成本极低的持仓就可以增加足够的持股耐心，甚至能等到鼎盛期的到来。如此操作，一年之中操作两三只股票足矣，而收益在一倍以上并非难事。

逆向滚动操作的作用有两个。第一，股价处于高位，主力的收益目标完成，随时可以出货，此时仓位不能增加，用于降低风险，并做好随时清仓的准备。所以，通过逆向滚动操作，先卖出。如果股价继续上涨，则不必买回，剩余的仓位额外获得些收益即可，因为收益目标早已完成；如果股价下跌，但从大级别走势上看仍有上涨空间，则在止跌企稳后将筹码再次买回。这样在不增加持仓风险的情况下，能获得更多收益。同时，一旦股价开始正式下跌，也能第一时间清仓。

第二，股价处于低位区间，这里是快速降低成本的极好位置。双向滚动操作是最好的方式，在股价震荡下跌时，利用分时级别进行逆向滚动操作。如果在资金积累阶段，完全可以满仓买进，并在下跌时快速降低持仓成本。这里的逻辑基础是：股价肯定会涨起来，因为大级别在低位，出现了买点，所以敢满仓；股价在低位必然会进行区间整理，目的是主力吸筹，所以下跌时进行逆向滚动操作，就会实现每天都有收益，即上涨时获得利润，下跌时降低成本。随着时间的推移，这不断出现的 1% 逆向滚动操作收益目标，便会累积出极大的利润空间，以及实现快速降低成本。

滚动操作是所有体量资金都会做的事，不同的是，大资金因为操作周期长，而且目的是资产稳定增值，所以滚动操作较少，都是在较大级别上的买点和卖点之间进行；小资金因其灵活，且为了快速地实现资产增值，滚动操作就显得极为重要，也因其操作的级别较小，具备了频繁滚动操作的机会。通过正向滚动操作和逆向滚动操作，解决了双向操作问题，不仅仅可以使小资金稳定增值，还能够大幅提高资金使用率和收益率。

第六章

将成本降为零

零成本意味着你将不再亏钱。无论建立操作体系、确定分析方法，还是精准买卖以及滚动操作，最终目的是实现零成本，将自己置于无往不胜的境地。零成本并非你账户上显示的成本，那不准确。比如你有100万元，赚了10万元，你只赢利了10%，可当你卖掉绝大部分仓位后，只留了10万元以下的仓位，账户就会显示你的成本是负的，这没太大意义。我所说的零成本只能以你计划参与某只股票操作的资金算。比如你有1000万元，打算用300万元做一只股票，则你必须在这只股票上赢利超过300万元才能实现零成本。当然，在此操作中，你可以将这300万元资金全部买进，用另外的300万元资金做滚动操作，或者只用这300万元计划资金操作，这没要求。只要实现了赢利超过300万元，那就可以坚定持有获得的利润，直到鼎盛期的到来。在此过程中可以继续用其他资金滚动操作，以便增加筹码，或者就用这利润进行逆向滚动操作增加筹码。这才是真正的零成本。

有两种方式可实现此目的：一是大级别低点投入，重仓参与，通过股价本身的上涨实现翻倍，并将成本降为零，这适合大资金；二是只做鼎盛期或者突破底部区间进入成长期的股票，通过正向滚动操作和逆向滚动操作，快速将成本降为零，这适合较小资金。大资金不能只做鼎盛期吗？当然可以，只是如此做风险就不能控制了。在操作个股时，我们无法判断鼎盛期一定到来，或者何时到来，所以大资金参与容易被高位套牢，因为一旦出现失误很难快速转身。小资金就不会有这种问题。对于大资金，操作风险释放殆尽的股票，用时间换取高额收益是恰当的方式。股价走势必然完整，大级别上的买点出现意味着上涨周期的开始，重仓参与是没风险的，需要的只是耐心持有而已。对于追求稳定增值的大资金，时间已经不是问题。对他们来讲，做股票非常简单，只需要三步：第一步，寻找大级别上出现买点的股票，并重仓买进；第二步，耐心持有；第三步，赢利后卖出。盈利一般都会至少一倍。盈利超过一倍则卖掉一半，实现成本归零。

第一节　大资金成本归零

我们按大资金的操作步骤，看其如何将成本归零。三步走策略非常简单。

第一步，寻找大级别上出现买点的股票。

月线级别上出现第一类买点或者第二类买点的股票非常好找。打开月线级别走势图，花两天时间把股票翻一遍就找全了。这个工作一个月只需做一次。

第一类买点：月线级别自高点下跌，均线系统空头排列，在第二次均线系统金叉时第一类买点出现。有的个股均线系统已经走平一段时间，这往往是大牛股的征兆。在出现明显阳克阴但不是大阳线的那个月，就是极好的重仓参与的时机。

第二类买点：疑似第一类买点已经出现，股价回调不再创新低，且出现了阳克阴K线的那个月，或者突破了底部整理平台上沿的那个月，第二类买点出现。这类股票要重仓参与，别怕下跌或者等待。

举几个例子，看这类股票是如何运行的，从中找到规律，也可培养自己的持股信心。这些股票很容易出现几倍上涨，我们只拿一两倍，将成本降为零即可。图6－1所示为月线级别上的第一类买点。

图6－1中的信息量比较大，我们分三部分说。

（1）月线级别上的第一类买点和第二类买点非常标准。在大级别走势中，资金无法产生骗线，股价实际走势就客观反映了资金的态度，所以买卖点完全可以信任。这和小级别上资金通过做盘产生骗线区别极大。

图6－1中，左侧的第一类买点是在均线系统自高点下跌后第二次金叉时出现的，第二类买点是股价突破底部平台时出现的。这非常标准。在第一类买点出现后，不到十个月，股价产生上涨接近两倍。在经过最长18个月后，股价产生最大十倍的涨幅。当然，我们不可能拿到最大涨幅，但拿到其中五倍的收益绰绰有余，时间至多一年半。这是对于不懂操作的业余选手而

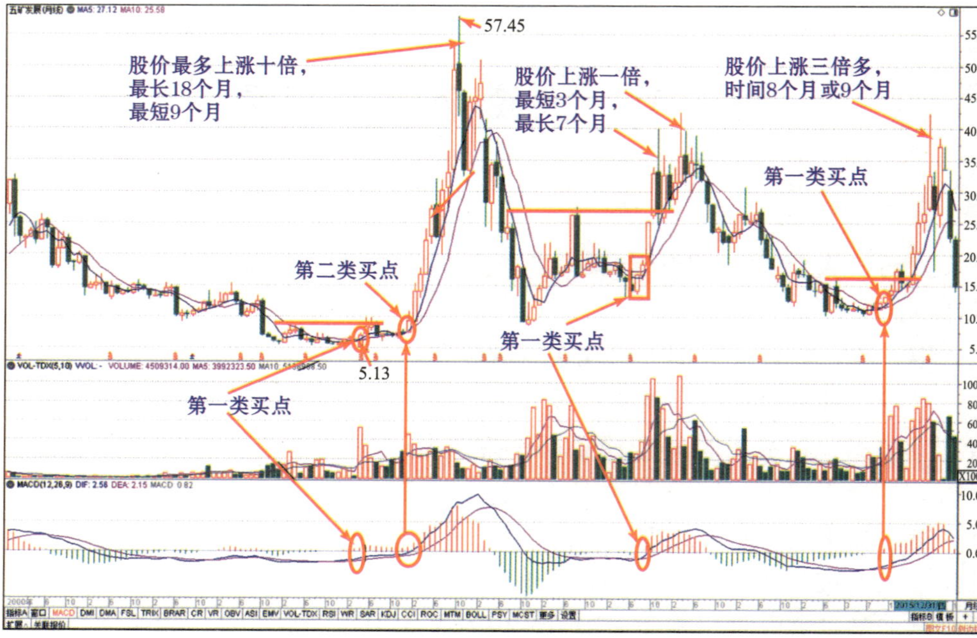

图6-1 月线级别上的买点

言的。如果你懂得滚动操作，这个时间收益绝对超过十倍。

如果在第二类买点出现时操作，以月收盘价计算，四个月上涨三倍，关键是这个收益可以全部拿到。这里不存在恐高的问题，我们要完全按照买卖信号操作。在这四个月的走势中，周线级别完全没有卖出减仓的提示，月线级别更没有，所以可以足额吃到这三倍的涨幅。如果操作 9 个月，则可以拿到至少 6 倍的收益，只多不少。在此过程中我们可以通过逆向滚动操作，至少多获得超过 50% 的额外收益。如果按照买入时的资产算，可以多获得超过一倍的增值。这个逆向滚动操作在周线级别上非常明显，完全可以抓住。2006 年 4 月—2007 年 10 月，五矿发展，大家可以仔细分析当时的走势。

能在第一时间发现月线级别上的第一类买点或者第二类买点吗？如前文所述，每个月花两天时间，寻找月线级别上可能出现第一类买点的股票，放入自选股跟踪即可。好股票是等出来的，不花时间跟踪，不了解其股性，出现买点你也不敢操作。

再看图 6－1 中右面的第一类买点，出现在 2014 年 9 月和 2014 年 10 月。如果你经验丰富，2014 年 9 月自然就能做出判断并重仓参与，最迟 2014 年 10 月份重仓买进。之后七个月时间翻倍，最长九个月时间，最高达到了 350% 的涨幅，三倍以上的收益肯定能拿到。如果能做逆向滚动操作，这个收益最少超过四倍。即便什么都不做，在九个月的时间中，三倍的收益轻松实现了成本归零。

月线级别时间跨度大，可直接反映股价整个上涨和下跌周期，所以每一个均线系统空头排列后的第二次金叉都可称为第一类买点。如果股价整理充分，则安全性更强；如果走势不太规范，对于大资金来讲，可以不做，因为大资金是为了追求稳定收益，不需要冒风险，而且完全可以寻找更规范的个股进行操作。

（2）图 6－1 中，中间的方块所示的第一类买点走势不太规范，均线系统没有下跌走缓的过程，存在一定的风险。这是在股价大涨十倍后的回调，跌幅巨大，时间跨度从月线级别上看不大，所以第一类买点出现后能持续多久，会不会稍微反弹便回落，进而长时间整理，都不清楚。尽管从图中我们知道第一类买点出现后股价上涨了超过一倍，且时间只用了三个月，最长也不超过七个月，但在操作时是无法预知后期走势的。所以，大资金没必要参与这类操作。当然，如果将计划参与的资金量降低，那倒可以收获点额外收益。因为月线级别上的第一类买点出现后，股价上涨是肯定的，只是对于走势不规范的股票，上涨幅度和持续时间不好判断而已。降低参与资金量后可以在出现下跌迹象时第一时间脱离接触。

（3）逆向滚动操作的方法在大级别上同样适用。在图 6－1 中，有三条横线，那就是颈线位，是股价突破底部的位置。这里是极易出现滚动操作机会的。我们看到在三次大的上涨周期出现时，都规律性地出现了回调确认过程，对于逆向滚动操作，这个波动收益非常容易得到。

第一次底部颈线位的调整时间有半年，逆向滚动收益率不低于 50%；中间那次逆向滚动操作持续三到四个月，收益率不低于 50%；第三次逆向滚动操作，持续时间两个月，收益率不低于 15%。关键是股价走势非常规范，这样的收益不需要太高的技巧就能拿到。在大级别走势中，这种规范走势不是特例，而是普遍存在的，甚至每只股票都会如此，这就是资金运作的规律。所以，资金量越大，操作越轻松，这并非说说而已。

第二步，耐心等待。

这一步非常简单，但极难做到，原因是前途未知。买进一只股票后，会不会上涨，何时上涨，一概不知，这是散户的根本性恐惧。散户思维和资金量大小无关，如果你的资金不是在股市赚的，即便手握数十亿元，也可能是散户思维，很可能会把资金越做越少，市场中那些破产或者被强制清盘的富豪不在少数。在月线级别上，当买进股票后，如图 6 - 1 所示，可能几个月就翻倍，一年产生七八倍的盈利，很光鲜，但是如果半年了还不涨，甚至在跌，一年了还没赚钱，甚至两年了都没多大起色，你还沉得住气吗？你会问自己，万一这只股票就是不涨，这时间不就浪费了？一两年时间可浪费不起啊！这就是散户思维，即便这类投资者做的是日线级别，也会耐不住寂寞，两周不涨就可能换股了。

真正理解“股价走势终将完整”，真正理解“资本逐利的本质”，真正理解“大级别走势无法产生骗线”，彻底领会滚动操作的作用，以及双向操作的方法，你才能告别散户思维，耐心持股就有了坚实基础。

持有大资金的优势是生活无忧，在没有时限的前提下，耐心持有应没有疑问。大级别上的买点出现后，上涨节奏回归是必然的，这就是“股价走势终将完整”的体现；处于低位的股票，只要没有退市风险，资本逢低布局也是必然的，这就是“资本逐利的本质”的体现，如果股价不上涨，这些逢低布局的资本也无法获利，所以主力资金只能通过这唯一的使股价上涨的方式获得利润；无论资金量多大，在时间面前都是渺小的，所以没有资金有能力在大级别上控盘，这就表明了大级别走势的客观性，它真实反映了资金的意图，在大级别上买点就代表了多方力量的真正占优。以上三点形成闭环，意味着在大级别走势上，买点出现，股价上涨是必然的，只是时间早一点晚一点而已。如此，等一年或者两年又如何？让每一只股票获利，让资产稳定增值，只做确定性的事，对于大资金是必需的。

第三步，获利后卖出。

欲使成本归零者，获利一倍后减半仓，或者在上涨态势明确时继续等到周线级别滞涨后减仓。对于大级别上的买点，上涨一倍几乎是标配，并不罕见。这里的关键是获利。很多投资者并不能持有到翻一倍，这需要磨炼和学习，但获利卖出是底线，也极容易做到。只要能让每一只股票赢利，时间就成了生蛋的鸡，复利在股市中的威力将彻底迸发。哪怕你做不到将成本降为零，只能做到在大级别上的买点出现后介入，盈利超过30%获利了结，你也能超过巴菲特的收益率。当然，与之相较，我们的资金量渺小太多，但这对于大资金足够了。这个时间不会超过一年，我还没发现在月线级别上的第一类买点出现后一年时间内波动幅度低于30%的，大家可以自己看看是否属实。

不获利绝不卖出，这是第三步的言外之意。时间永远是获利卖出的辅助，它成不了主角，所以不要有要等多久才能获利的想法，以及长时间等待会不会降低资金使用率的担心。要把复杂的问题变简单，大道至简。不获利，收益率便无从谈起，资金使用率也就失去了意义，只能变成资金使用率越高亏损越多的尴尬。无论时间多久，只有收益是正的，才能计算出收益率。收益率低没关系，因为是复利，时间长了自然会越变越高。确保赢利卖出，这是所有工作的目的，也是操作的根基。很多投资者，无论是持有小资金的还是大资金的，总在赢利后舍不得卖出，以为会有更多收益，结果不但不赢利，还会亏损卖出。如果每位投资者都敢于赢利后卖出个股，可以说股市中赚钱与亏损者的比例肯定颠倒，约百分之七十的人会赚钱，只有约百分之十的人亏损。

图6-1是五矿发展历史走势图，它揭示了资金运作规律，那么对于当前股价的运行是否有同样的启示呢？如图6-2所示，这是截至2021年12月31日五矿发展月线级别走势图，第一类买点出现不久，且回调确认了第一类买点的有效性，那么未来一年如何走呢？可以拭目以待。

将图6-2与图6-1进行对比，图6-1中最左侧的走势，与图6-2中右侧第一类买点和第二类买点出现前股价走势非常类似，股价也底部整理了很长时间，所以未来一到两年，走出几倍涨幅是必然的。这就是资本运作的规律，也是股价走势终将完整的再次展现。

继续看例子，如图6-3所示。

大级别上的买点出现后股价翻倍是标准，不是特例。对于大资金，要耐心持有到获得计划资金一倍以上的收益，然后减掉一半仓位，实现成本归零。之后的操作就简单了，等着鼎盛期到来，在月线级别滞涨、周线级别上第一类卖点出现时清仓。你都成本归零了，后面的持股信心自然更坚定。图6-3所示为中色股份历史走势图，图上有非常标准的月线级别上的买点。这里有几个细节需要注意。

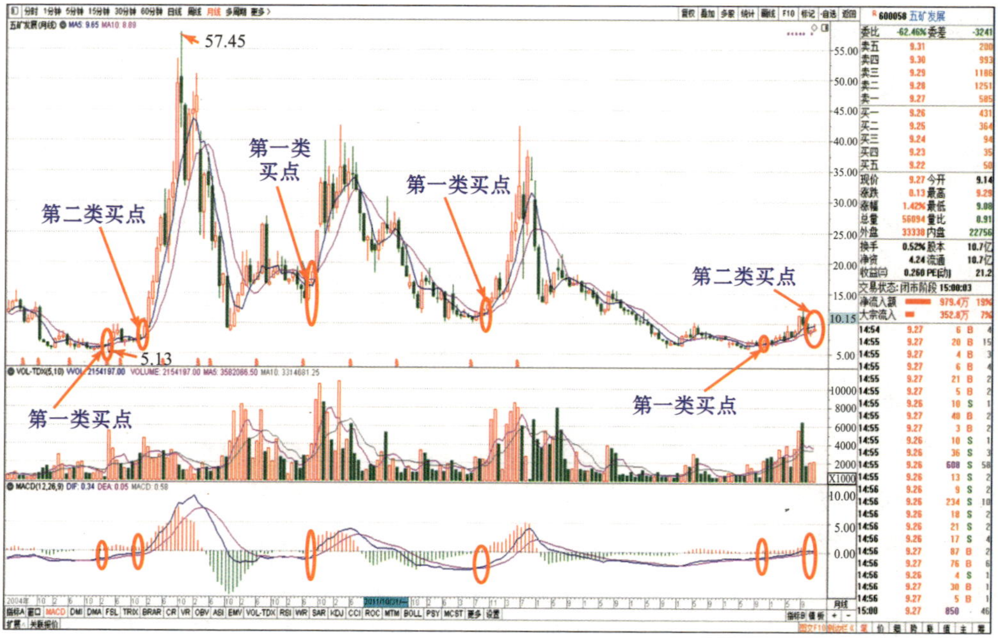

图 6-2　五矿发展月线级别走势（截至 2021 年 12 月 31 日）

（1）第一类买点 A 是均线系统空头排列后第二次金叉时出现的买点，很标准。从图 6-3 中看，后续似乎股价未上涨多少就出现了回落，且底部整理了很长时间，实际上，这是除权所致。2004 年 7 月 16 日除权，在月线级别上表现为一根大阴线杀跌。复权后可看出，股价并未出现明显回落，只是继续整理了较长时间而已。

有的人喜欢看复权之后的股价走势，无可厚非，但我不主张，我的操作体系也不使用复权之后的股价走势图。股市已经够复杂了，如果你看到的股价走势再不真实，那不是自找麻烦吗？比如，某只个股现价是 20 元，复权后股价最高是 21 元，那岂不是股价要创新高了？实际上，股价最高曾达到 100 元，后面空间还大着呢。真实的股价走势才能反映多空力量的真实对比，均线系统才能体现出市场真实的平均成本，我们的分析和操作才更客观。

在第一类买点 A 处买进的筹码，除权后不会亏损，因为相应筹码增加了，市值不会变化。当然，除非大牛市，一般除权的股票都会经历较长时间

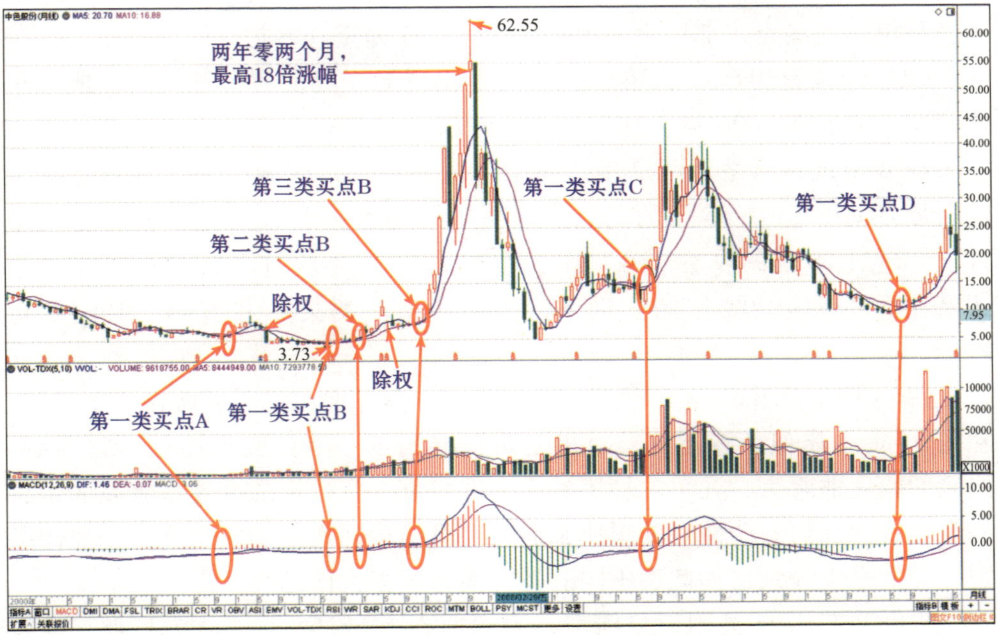

图 6-3　中色股份月线级别历史走势

的整理，用以修复均线或者相应的技术指标。股价走势终将完整，对应的技术指标走势也必然完整，尤其是趋势类指标，所以一只指标处于高位的股票，上涨幅度肯定受限。这好理解。对于散户，指标高位钝化一定会阻碍其大胆买进，而散户是市场中的主体，是主力的对手盘，如果主力想获得利润，诱导散户买进，那一定要把股价走势图做漂亮了，这样散户才会跟进，所以修复大众技术指标是必修课。操作中不必在意这些，只要看到满足操作条件后跟进即可。

图 6-3 中，第一类买点 B 是在除权后出现均线金叉时出现的，随后出现了第二类买点 B，表示第一类买点 B 被确认。在第一类买点 A 出现时，股价上涨到临近高点附近便出现回落，之后股价除权，第二类买点 A 并未出现。在大级别上不考虑除权也不影响后续操作，这是大级别的好处，真正反映市场资金的操作意愿。在第二类买点 B 出现后，股价真正的上涨开始了。

我们为什么不在月线级别上的第二类买点出现时再进行操作呢？因为月线级别时间跨度大，第二类买点并不必然出现。也就是说，在大级别上第一类买点非常可靠，不需要第二类买点的确认。如果有幸发现了第二类买点，甚至是第三类买点，那一定是捡到宝了，可立即重仓参与。

（2）继续看图6-3，第二类买点B出现后，股价四个月翻倍，成本很快归零。之后在2006年6月7日股价除权，通过6个月的指标修复，第三类买点B出现，再之后便是连续四个月的大涨，并在调整一个月后继续大涨，最终创出了62.55元的高点。即便从第一类买点A算起，两年零两个月，有超过18倍的收益，因为其中两次除权，实际收益可能超过25倍，这还是在不进行滚动操作的前提下。如果从第一类买点B算起，时间就更短了。

（3）继续看图6-3中的第一类买点C，很标准，三个月就完成了翻倍。和图6-1中相似位置不同，这里是可以参与的，因为股价在创出新高后，回调的幅度非常大，几乎吃掉了整个上涨幅度，所以第二次冲击新高的走势一定会有。任何一个高点的形成都需要经过至少两次的冲击，这不分操作级别，即便是大级别也如此，不同的是时间跨度很大而已。

股价冲击到43元附近便滞涨，表示前高点62.55元确认为高点，也表示股价要经过较长时间的下跌过程了。在实际操作中，月线级别如果能配合周线级别走势，收益会多很多。比如在第一类买点C出现之前的第一波反弹，股价从62.55元开始回落，直到5元附近才止跌，如此大的跌幅，出现大幅反弹是必然的。在月线级别上，这里只是均线系统的第一次金叉，但这个反弹是确定性极强的走势，所以此时观察周线级别便能抓住这个确定性利润，在周线级别上第一类买点非常清晰，这个收益也至少会有两倍。

（4）我们再看图6-3中的第一类买点D，这里经过了较长时间休整后，重新进入上涨周期。八个月时间从11元涨到27元，轻松实现成本归零。这里是卖出一半还是清仓？清仓。做出这个判断也不难。从最高点62.55元下跌后，股价反弹到43元附近重新下跌，在40元附近形成明显的区间整理，这是高位的区间整理。这次股价反弹到27元止住，并未进入前高点的区间整理内，表示股价还要继续下跌，这个判断在任何级别上都是适用的。

股价上涨后回调不再进入前一个区间整理内，这是第二类买点的条件，也是交易时段每一个买点的必然条件；股价下跌后出现反弹，反弹高点不进入前一个高点的区间整理内，或者是不创新高，这是第二类卖点形成的条件，也是交易时每一次卖出机会。任何操作级别都一样，这是多空力量对比的必然结果。

大级别上的第一类买点出现后，重仓参与，然后耐心等待，直到赢利后卖出。耐心等待有底气，赢利卖出是最低要求。如此把复杂的事变简单，周而复始。在图 6－3 所示的历史走势中，每一次第一类买点都能带来一年内一倍以上的收益，甚至几倍十几倍的涨幅，这不是特例，是常态。

图 6－4 是中色股份月线级别股价走势图，截止时间是 2021 年 12 月 31 日，又到了新的第一类买点出现的时刻，后市极可能复制前期走势。

如图 6－4 所示，中色股份当前月线级别上的第一类买点已经出现，且底部整理时间足够长，甚至不亚于大涨近二十倍时的底部整理，这是资金运作的最佳目标。从成交量在持续放出便能看出端倪，如果将其视作日线级别，可能很多散户都知道要上涨，所以对于大资金，把大级别走势作为重要参考，更能窥探市场资本的运作意图和股价的运行方向。

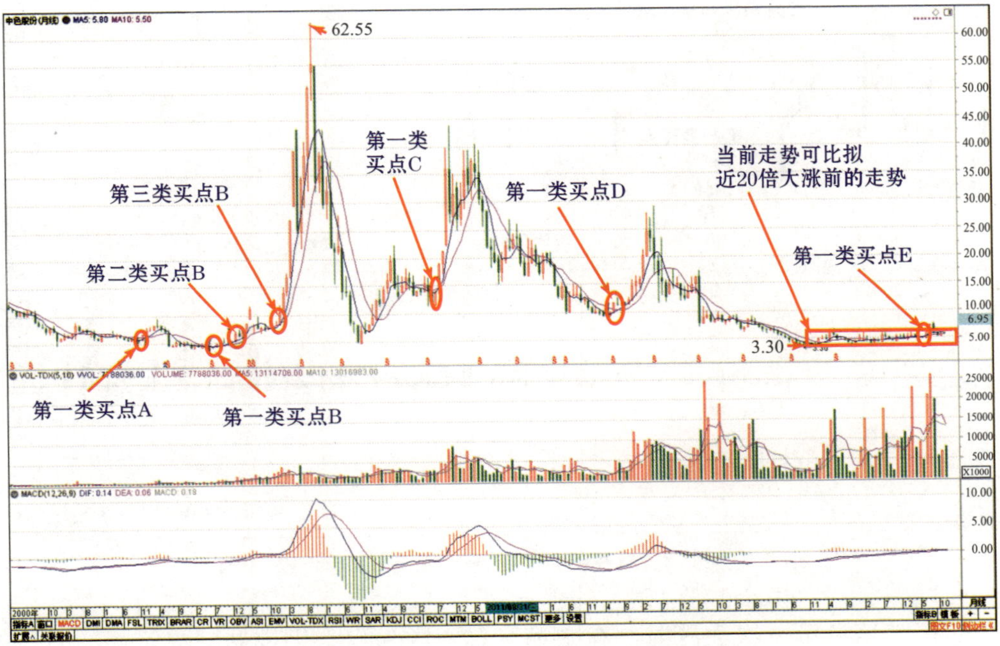

图 6－4　中色股份月线级别走势图（截至 2021 年 12 月 31 日）

继续看例子，仍旧按照三步走策略：第一步，选出月线级别上第一类买点出现的股票；第二步，耐心等待；第三步，赢利后卖出，或者赢利一倍时卖出一半，将成本归零，并等待鼎盛期的来临。

大家可以任意看曾经的牛股，无一例外，都是类似的走势，这就是资金运作的规律。股票存在牛股基因，就是说在历史走势中出现过大涨，表示资金愿意运作这样的股票，那么当再次出现买点时，大资金同样会运作。道理很简单，问问你自己：当你曾经在一只股票上赚过钱，在重新出现机会时你会不会做？当然会做。主力资金跟我们并无不同。所以选择历史上大涨过的股票，只要没有退市风险，再出现新的大级别上的第一类买点时，重仓参与即可。

如图 6－5 所示，拓维信息（002261）历史上出现过一次超过十倍的大涨，目前具备了第二次大涨的条件，这就是月线级别上第一类买点的作用。

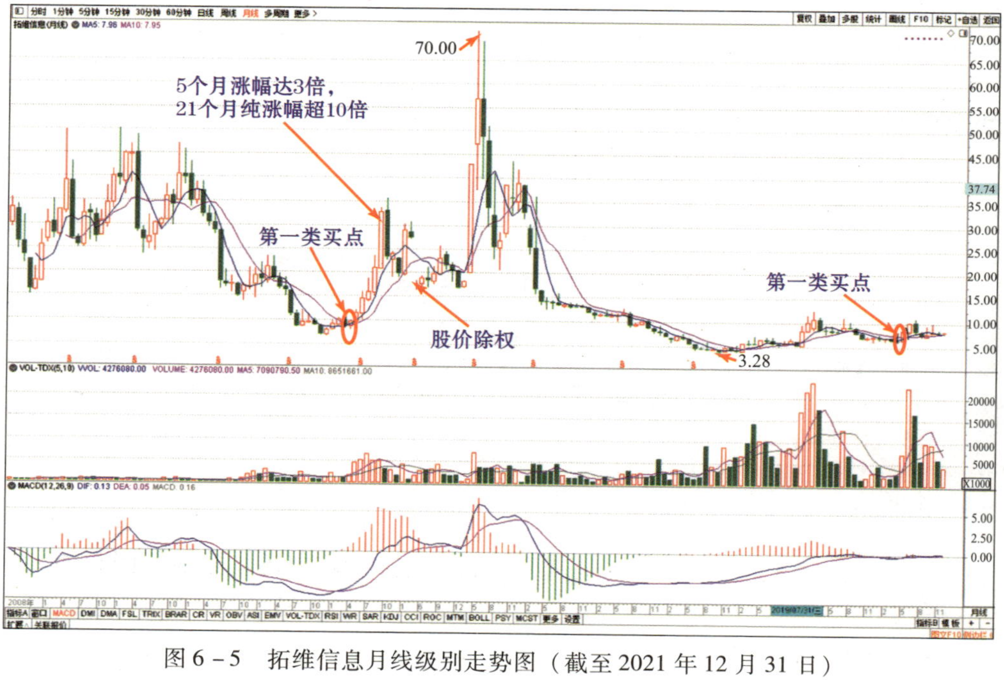

图 6－5　拓维信息月线级别走势图（截至 2021 年 12 月 31 日）

拓维信息第一次大涨时，在中途有过一次除权，仍遵循除权定律，股价休整了一年左右，各种指标修复良好，于是展开了新的大涨，直奔 70 元的最高价。整理期间如果能进行周线级别的逆向滚动操作，收益超过 15 倍也是可以的。大资金赚大钱，根本原因是大资金根据大级别操作，如果小资金能有大级别的操作，同样可以在一只股票上获得巨额收益，不过不一定能跑过小资金利用其灵活性在不同股票上腾挪所获得的收益，比如一年五倍，两年就有超过25倍的收益。当然，绝大部分人是做不到的，但不代表不可以做到。

继续看例子，走势仍旧相似，如图6－6所示。

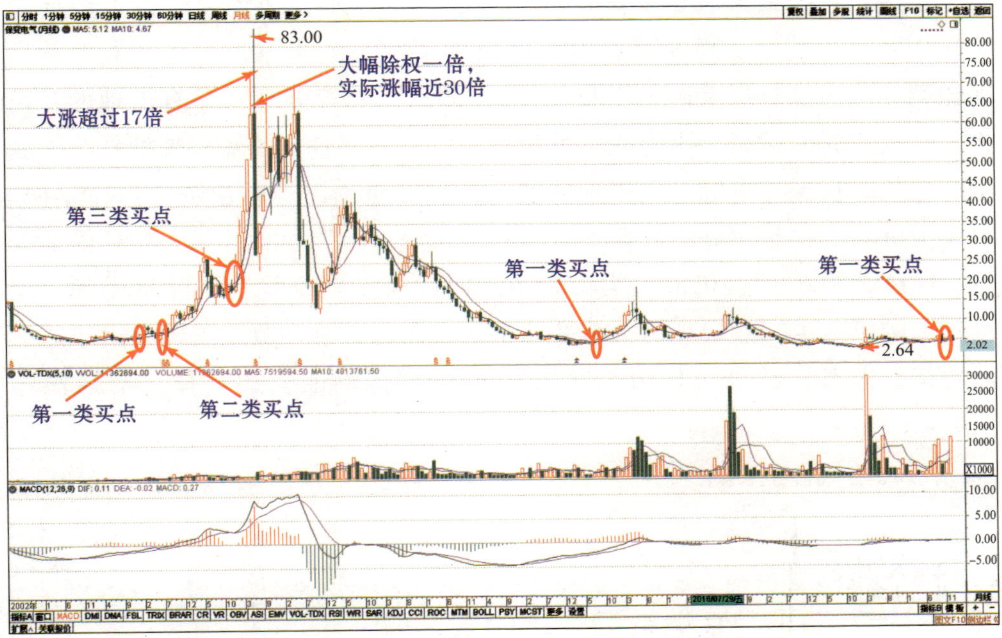

图6－6　保变电气月线级别走势图（截至2021年12月31日）

保变电气自上市以来只出现过一次大涨，涨幅最终近30倍，因为在中间出现了一次1∶1的除权。它的走势同样非常规范，图6－6最左侧第一类买点出现后，一年内涨幅达到一倍，一年零四个月，涨幅接近四倍。随后经过了半年时间的调整，进入鼎盛期后五个月再涨四倍，然后1∶1除权，之后再涨三倍。即便不进行逆向滚动操作，总体涨幅也接近30倍。如果进行周线级别上的逆向滚动操作，收益超过40倍很正常。大家打开周线走势图便知，时间近三年。如此看出，只要你抓住一只股票，在它还具备操作条件的情况下，不必急于换股，对于大资金更如此。

资金的运作规律是一旦进入上涨阶段，就会不断向前，无论持股不动还是在次级别上进行滚动操作都极合适。如果换股，一方面不一定有第一类买点出现不久的股票，另一方面股票的启动期是很慢的，动辄几个月时间，而在股价启动后，几个月翻几倍是常有的事，更何况活跃的股价走势对滚动操作也非常适合，可以大幅增加操作利润。

继续看图 6－6 上的第一类买点，十个月时间从 5.33 元到 18.77 元，有近三倍的涨幅。所以说，大资金简单使用三步走策略就能获得丰厚收益，不需要关注信息，只看股价实际走势。一定要从本质上理解“股价走势反映一切信息”这句话。现在保变电气又出现了第一类买点，而且底部盘整时间比第一次大涨有过之而无不及。“横有多长，竖有多高”是有道理的，因为底部盘整时间越长，主力成本累积越高，就需要越大的涨幅来抵消时间成本的消耗。从保变电气月线级别的底部历史巨量上已经看出资金运作端倪。对于大资金，这是很好的征兆。

继续看图 6－7，仍旧是类似走势。通过众多例子我们就能感受到，大级别上的第一类买点出现后大涨并非个例，而是普遍现象，是资金运作的必然规律。大家自己也可以分析大涨过的股票，验证上述规律，增强操作信心。

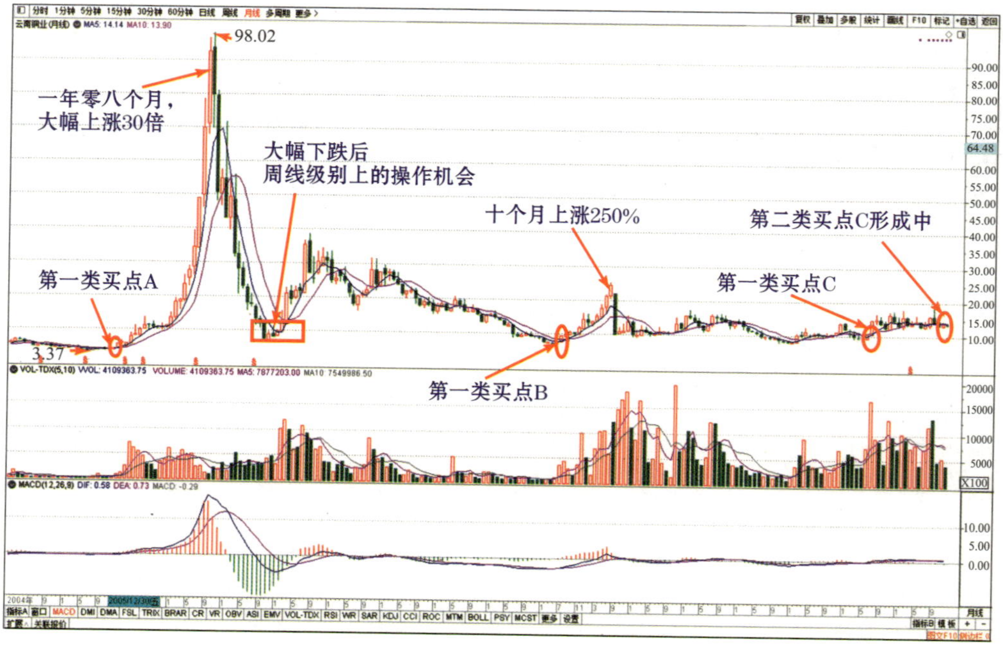

图 6－7　云南铜业月线级别走势图

云南铜业的走势同样十分规范，第一类买点 A 出现后，股价一路上行，连对第一类买点 A 的确认都省了。6 个月涨幅 130%，之后休整五个月，直接出现第三类买点，这与第二类买点重合了。第三类买点出现后八个月时间从 10 元涨到了 98 元，上涨接近 9 倍。对于大资金，这个过程非常轻松，没有任何需要卖出的迹象。我们要精准买卖，不出现卖点时不要自己吓唬自己，也别担心卖不掉，因为次级别走势会提前反映资金意图，即便大资金也有足够时间操作。大家看看云南铜业出现 98 元价格的那周走势，阴克阳 K 线形态非常明显，这是典型的 K 线卖出信号。对于连续上涨近 30 倍的个股，还有必要犹豫是否卖出吗？直接清仓走人。如果你资金很多，两周时间也足够卖出了。

股价创出新高后，出现单边下跌，几乎吃掉了所有涨幅，如此巨大的跌幅不出现大幅反弹才怪呢。但是从月线级别看这种反弹后一定还会二次探底，所以在月线级别不具备操作条件。这似乎是矛盾的，其实不然。你降维打击即可，从周线级别看，第一类买点清晰，操作条件满足，那就做呗。这就是先大后小分析的用途之一。我们既遵循了精准买卖的要求，也在确定赢利的时机抓住了利润。这个收益在半年左右的时间超过了三倍，何乐而不为呢？

再看图 6 – 7 中的第一类买点 B，出现后十个月，股价上涨超过一倍。对于大资金，岂不是成本归零很轻松？当然，无论你资金量多大，如果是散户思维，等不了这一年或者两年的时间，那再大的收益也与你无关。大资金思维才是你获得大幅收益的保障。

图 6 – 7 中，云南铜业在酝酿新的第二类买点，而且这次的底部整理时间非常长，甚至超过了涨幅 30 倍之前的底部整理。对于主力资金来讲，这是极高的时间成本，大幅度的底部放量已经表明其意图，所以新的上涨周期不可避免，新的大幅利润也将再次出现。

继续看图 6 – 8，对于大资金，可以即刻进入操作状态。每只个股的走势都反映了背后主力的性格，分析其历史走势，就能在下一次机会到来时做好应对。北方导航历史上有过两次大涨，每次都是十倍涨幅，而且走势非常适合进行滚动操作。对于大资金，在月线级别上建立计划参与的资金，在周线级别上进行正向滚动操作和逆向滚动操作，这样该股可以获得远超实际涨幅的利润。比如，你在该股上计划参与资金 1000 万元，则在月线级别上的第一类买点出现后买进 1000 万元，然后利用周线级别上的买点，使用其他不超过 1000 万元的资金进行滚动操作，则最后每一次的收益绝不止 10 倍，15 倍到 20 倍都可以。

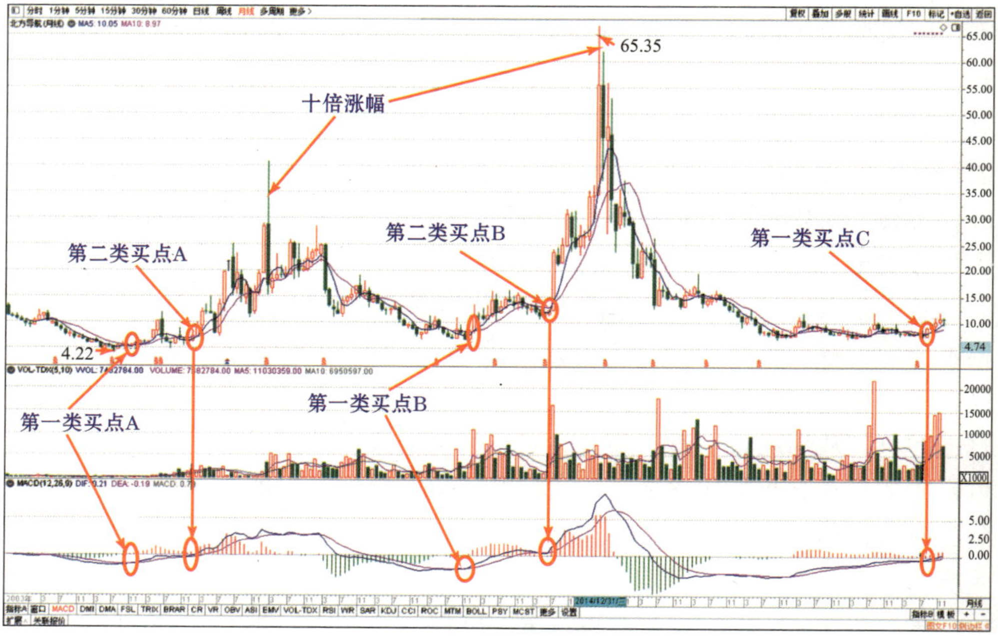

图 6－8　北方导航月线级别走势图（截至 2021 年 12 月 31 日）

看图 6－8，第一波走势和第二波走势很像，这是主力资金性格的体现，所以第三次上涨也会如此。从第一类买点 A 出现后到最高点出现，经历了两年半时间，在这期间股价有三次大幅波动，每一次的波动都能额外多出至少 50% 的利润，甚至可以翻倍。如何增加持股筹码？这样增加就对了。对于大资金，可以按照金额进行滚动操作，如此额外获得的利润就变成了新的持股筹码，原来持有的 100 万股，经过滚动操作就变成了 130 万股。当然，也可以用赚的钱在别的股票上建仓，这同样在增加筹码，只是增加的是别的股票的筹码。比如，原来持有 100 万股，经滚动操作后多出来 30 万股的资金，这些资金可以寻找新的产生大级别买点的股票建仓。这就是站在资金运作角度上的滚动操作。

看图 6－8 中的第二波上涨，在第一类买点 B 出现后，28 个月上涨超过十倍。其间同样有两次大幅波动，这就是滚动操作的机会，在周线级别上很清楚。截至 2021 年 12 月 31 日，北方导航新的第一类买点 C 出现不久，意味着上涨周期的启动，不必怀疑，这就是资金运作的规律。它的股性与前两次无异，所以做好滚动操作的准备，对于大资金，要跟踪两到三年时间，十倍收益是极有可能的。

对于大资金，按照这三步走策略，获得大幅资产增值并不难。现在月线级别上出现第一类买点的股票很多，这就是大牛市的前兆。而在牛市当中，或者牛市后期，是很难发现满足条件的个股的。当然，如果发现，那也是极好的操作机会。所以说我们要紧跟个股实际走势，不必太在意大盘环境，因为个股走势的集合就构成了大盘环境，但大盘环境却不能完全反映某只个股的走势，彼此之间的关系要捋清。

再看一个例子，图 6－9 所示为焦作万方月线级别走势图。

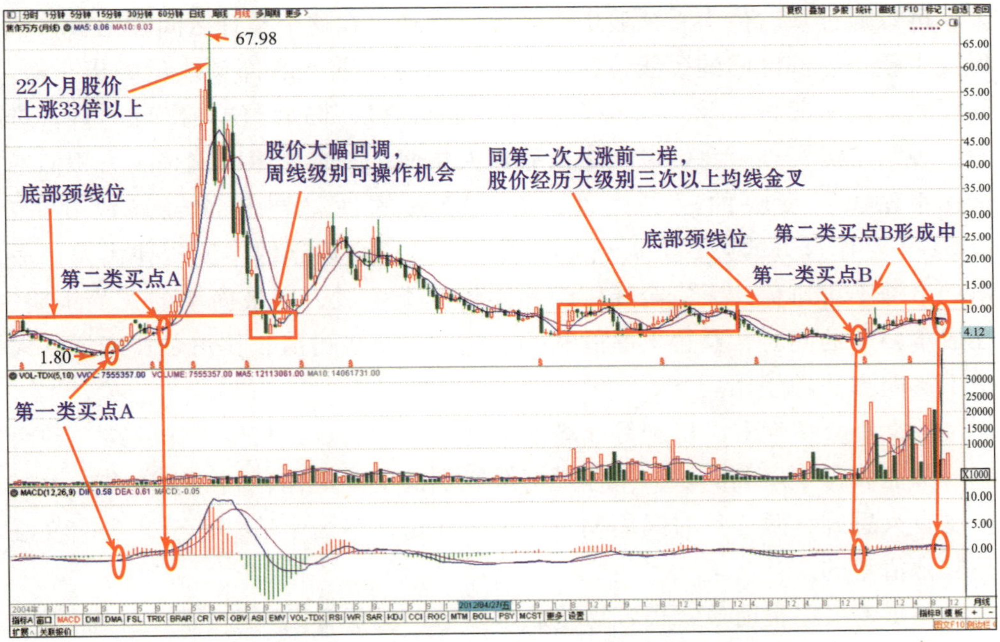

图 6－9　焦作万方月线级别走势图（截至 2021 年 12 月 31 日）

这只股票与前几只略有不同，底部盘整时间足够长，且在打磨底部时，均线系统出现过几次纠缠反复。严格来讲，第一类买点出现时均线系统已经出现超过了两次金叉，尽管在低级别走势中这很常见，但在月线级别上确实不多见。这就是主力的性格所致，因为由此带来的是巨大涨幅。焦作万方自上市起只有一次大幅上涨，从1.8元单边上涨到67.98元，中间只在底部颈线位处整理一次，幅度也不大，时间为六个月，之后便是鼎盛期。从大资金角度看，滚动操作都可以不做，而且这个利润没有被赶下车的可能，因为是一步到位的。

在2008年股灾期间，该股大幅调整到起涨点附近，可谓一步到位。这类股票出现大幅反弹是必然的，所以尽管在月线级别上没满足第一类买点出现的条件，但在周线级别上是完全可以操作的。这个波动幅度最大有五倍，在一年时间内拿到其中的三倍是轻而易举的，因为周线级别上的滚动操作机会更多。

继续看图6-9，中间的长方形是股价反复整理的区间，均线系统有过两次纠缠，这与第一类买点A出现前的走势非常类似，图6-9中未显示出来，可以通过从软件中看该股历史走势图发现。在这个整理区间的上沿，就形成了整个底部区间的颈线位，与第一次大涨之前的底部颈线位如出一辙。同样相似的是股价在第一类买点出现后上涨至底部颈线位处出现回调，进而出现第二类买点。我们说历史走势惊人相似，其本质原因就是主力相似的运作手法，它反映的就是人性，而一个人的性格岂是能轻易改变的？图6-9焦作万方的第二类买点B在形成，从资金运作的本质规律出发，后市的上涨不可避免。大资金要跟踪并操作此类个股，用最简单的三步策略，在成本归零的同时，获得丰厚的利润，使资产稳步增值，哪怕是资产量巨大也不影响方法的使用。

从大资金角度看，出现月线级别上的第一类买点，只要操作跟踪一到两年，都能获得丰厚利润。如果伴随周线级别的滚动操作，利润会更多。大资金要有大思维，两三年时间周期对于少则几倍，多则十倍，甚至更多的收益是非常值得的。

三步走策略很简单，很容易使成本归零，但要有大资金的思维，而不要手握大资金，却只有散户思维，买进不涨便哇哇乱叫，更别说持股少则几个月，甚至一到两年了。寻找月线级别上的第一类买点很容易，难的是第二步——耐心持有。要做好第二步，就需要对股价运行的本质有深入了解，要彻底理解本书中的操作体系和理论内涵，这样才能深信不疑。第三步的赢利后卖出是在第二步基础上的自然产物，但关键是你要有卖出的动作，不能只看到赢利却忘了卖出，变成了纸上富贵。所有操作的目的是卖出，只有走到了卖出这一步，才能说明操作的结束。

大资金看似好做，但需要理论深度，不是操作技巧。如果你不经历从小资金到大资金的过程，就不能深刻领会三步走简单操作的内涵。对于这些投资者，一定要严格按照文中所述操作，不要问为什么，否则一定会凭本事亏损的。

特别强调，上述几个实例可以跟踪三到五年，因为所属板块不同，上涨节奏一定会有差异，这样就给了我们时间差。当操作一只个股获得大幅收益后，另一只个股可能还未启动呢，这又成了操作机会。对于大资金，只要做到两只，收益就可能超过十倍。对于小资金，你如果能忍住三五年时间，获得三四次主要上涨的机会，就可以提前五年实现财务自由了。

第二节　小资金成本归零

对于小资金，需要练的是技巧，在实践中提升理论认识，通过不断赢利增强信心，最终变成大资金，轻松愉快地把钱挣了。小资金利用其灵活性，可以只做成长期或者鼎盛期的股票，通过双向滚动操作，快速降低成本，在成本归零后还可以持续增加持股筹码，大幅提高收益率。增加持股筹码通过以滚动操作资金为标的的方式进行。比如，滚动资金买进100万元，卖出时仍可为100万元，那么利润就变成了持股筹码。10元的股票买10万股，涨到20元，则卖出5万股，持仓便多出5万股。

股价走势进入成长期的标志是突破底部颈线位，进入鼎盛期的标志是在第一波上涨后整理两到六个月，再出现新的月线级别上的买点。这个过程无法避免，在上述所举例子中，每一次大涨都是在休整后进入鼎盛期的。比如图6－9中，第二类买点A出现时，股价在底部颈线位处休整了半年，之后是鼎盛期的到来。图6－8中，第二类买点A和第二类买点B，同样是在底部颈线位附近整理数月后产生的，后面的鼎盛期股价一骑绝尘。同样，在图

6-7 中，第一类买点 A 出现后上涨一波，然后休整了数月，再之后便是鼎盛期；图 6-6 中，第二类买点和第三类买点都是在休整数月后产生的，这也是鼎盛期到来的标志。所以，这就是资金运作规律。要做鼎盛期，就要找到第一类买点出现后开始明显上涨，或者在底部颈线位附近休整数月后出现第二类买点或者第三类买点的股票，这是指月线级别，这样的股票才极具安全性。有了安全保障，小资金就可以以周线级别上的买点为参考，在日线级别和 30 分钟 K 线级别上进行双向滚动操作，如此可快速降低成本并获得丰厚利润。

图 6-10 是北方稀土月线级别走势图，对大资金的买点不再赘述，和之前的例子相同。我们重点看鼎盛期到来前的整理。看图中北方稀土近期大涨时的走势，与历史走势中的两次大涨没什么大的区别。我从第一类买点 B 开始公开跟踪，股价大概在 10 元附近。突破第一颈线位后进入成长期，在 20 元附近的第二颈线位处进行几个月的整理，这便是在为鼎盛期蓄势。在实盘跟踪时多次提示鼎盛期的到来。小资金平时的工作就是找在颈线位处整理的股票，那是进入鼎盛期的必要条件。

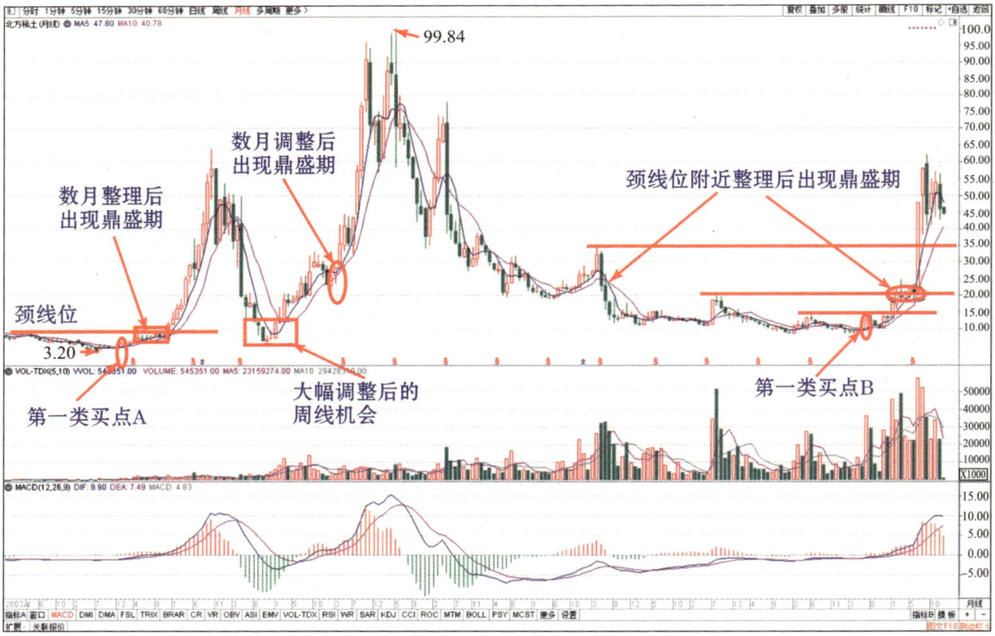

图 6-10　月线级别鼎盛期前的整理

从先大后小的理念出发，在月线级别进入颈线位整理期后，可以仔细观察周线级别走势，并根据周线级别上的买点建仓，然后在日线和30分钟走势上等机会滚动操作，利用小资金灵活的优势可以进行双向滚动操作，以待鼎盛期的到来。将图6－10中的第一类买点B前后股价走势放大，观察周线级别走势，见图6－11。

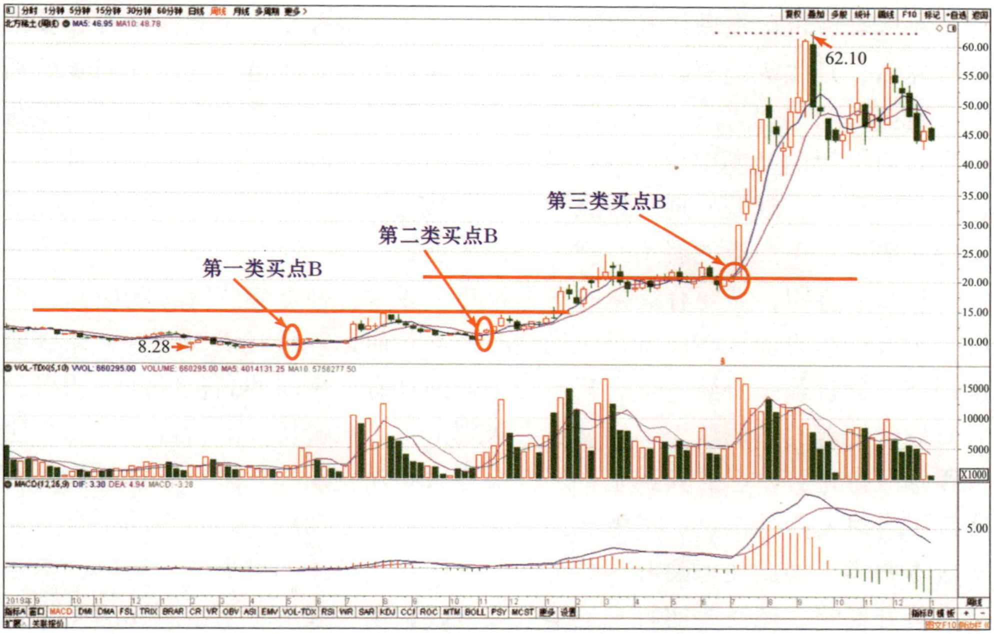

图6－11　北方稀土周线级别走势图

将图6－11与图6－10对比，在第一类买点B出现后，股价运行到第一颈线位处开始调整，此时便可将其列入观察目标，我们寻找的正是此类股票，静等周线级别上第二类买点的出现。如果股价突破颈线位，在第二条颈线位处开始整理，那就可能会出现鼎盛期了，所以耐心等第三类买点的出现。此时的操作可以按照日线级别上的买点进行，因为有月线级别的安全保障，可以进行双向滚动操作。

万一鼎盛期不来呢？那会不会造成高位站岗？不会。小资金的优势在于灵活，可根据股价所处位置进行灵活交易。如果股价处于低位，比如在第一颈线位处整理，第二类买点出现后可以满仓，并用逆向滚动操作的方式快速降低成本；如果是在第二颈线位处整理，可以先小单试错，在第三类买点出现时重仓。在此期间，日线级别上的买点不难把握，因为参与的仓位小，不会产生心理压力。一旦破位下行，可快速减仓，等待新的买点。这就是小资金的优势。

大级别上的第一类买点出现后，股价将进入整个上涨周期，所以第一波上涨后的回调都属于空中加油，大级别走势很少出现骗线。有了这层安全保障，小资金就可以在周线及以下级别上等待买点操作了。少则两个月，多则半年左右，月线级别上就可能出现买点，那时可重仓跟进，这时在周线级别上一定会提前出现买点。寻找这类股票长时间跟踪，就会出现时间差，即在做完一只个股的鼎盛期后，另一只股票的鼎盛期也临近了。只要每个月翻一遍股价走势图，就能发现月线级别上在颈线位处整理的股票，去跟踪观察，等待大级别上第二类或者第三类买点的出现。

只做鼎盛期，需要有娴熟的操作技巧，能对各种走势进行有效应对，否则一定会引起恐慌，在股价稍作调整时便落荒而逃。从日线级别看，鼎盛期出现前，股价最少上涨一倍，甚至两三倍的都有，满眼的高位区间。如果没有对股价走势的本质认识，不能从大级别上了解股价所处的阶段，不能沉住气跟踪股价走势，忍受其调整，那就很难做到鼎盛期。如果有幸在股价突破底部平台时发现并跟进，可能在鼎盛期到来前，已利用区间整理的机会实现了成本归零，如此便可耐心等待了，但这毕竟是可遇不可求的。所以，不要空有美好愿望，还需要实打实地学习和实践，彻底理解本书中所述的操作方法，并加以实践，方成正果。

再看一个例子，领会鼎盛期到来前的股价整理，并做出操作上的应对，如图 6－12 所示。

每一只股票大涨前都会出现月线级别上的第一类买点，而在鼎盛期到来前会出现颈线位附近的区间整理，这就是资金运作的规律。对于大资金，从第一类买点开始做，尽管时间长点，但安全，且能有足够时间使成本归零，并积攒足够筹码。小资金从区间整理开始，相对会节约些时间，通过几只股票间的时间差，能在鼎盛期之间来回切换。

图 6－12 中，五矿稀土出现月线级别上的第一类买点 A 后，上涨到颈线位附近，进行六个月的整理，然后向上突破，形成了鼎盛期，这是 20 多倍的上涨，时间一年半左右。同样，第一类买点 C 出现后，股价上涨到颈线

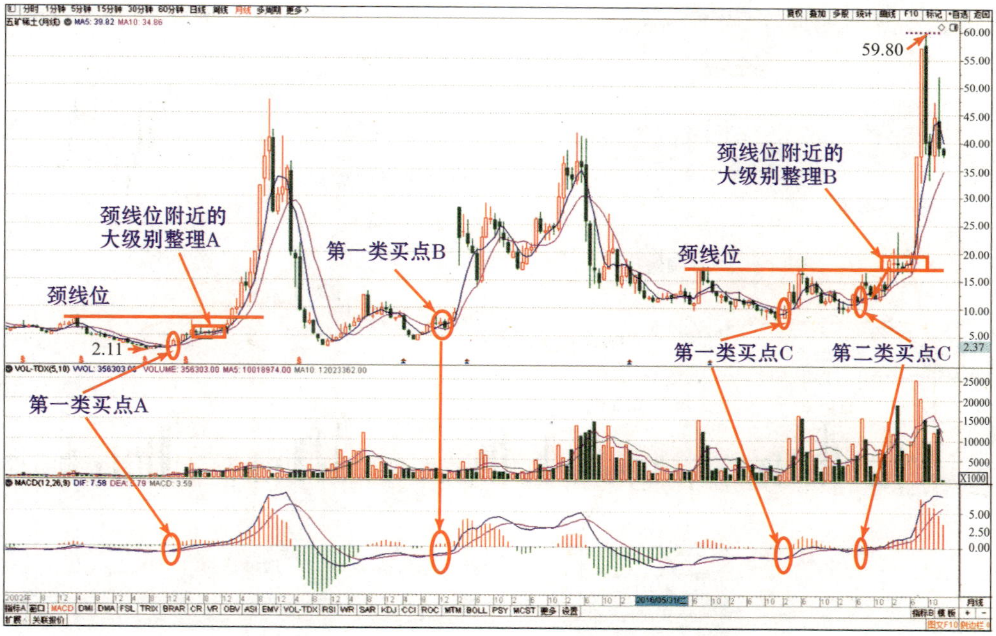

图 6－12　五矿稀土月线级别鼎盛期前的整理

位附近，出现回调，并在调整结束时出现第二类买点 C。当再次涨到颈线位附近后，整理了 5 个月，出现第三类买点，并展开了鼎盛期行情。对于小资金，就盯住颈线位附近的这几个月的整理，阳克阴出现，意味着鼎盛期的来临。这在周线和日线级别上会很清楚，可以及早重仓参与。

将图 6－12 中第一类买点 C 出现后的走势放大，看周线级别上的买点，见图 6－13。

周线级别上的买点非常清晰，无论是只做鼎盛期，还是作为小资金操作的参考，都极有用。第一类买点出现后，股价在颈线位处回调是常规操作，要抓住资金运作的本质规律。志存高远的主力，一定会在压力大的地方通过时间或者空间来清理浮筹。散户是很难经受几个月的整理的，或者在赢利时股价稍作回调便被赶下车了。一方面，这表示对股价走势不甚了解；另一方面，这表示完全不会操作。如果能有滚动操作的思想，在颈线位附近的整理就具备了确定性收益，时间价值在此时就能体现得淋漓尽致。

图 6－13 中，第二类买点出现后，在两条颈线位的整理都具有很好的操作价值。不要说是在看图说话，因为没必要。如果你理解了精准买卖的意

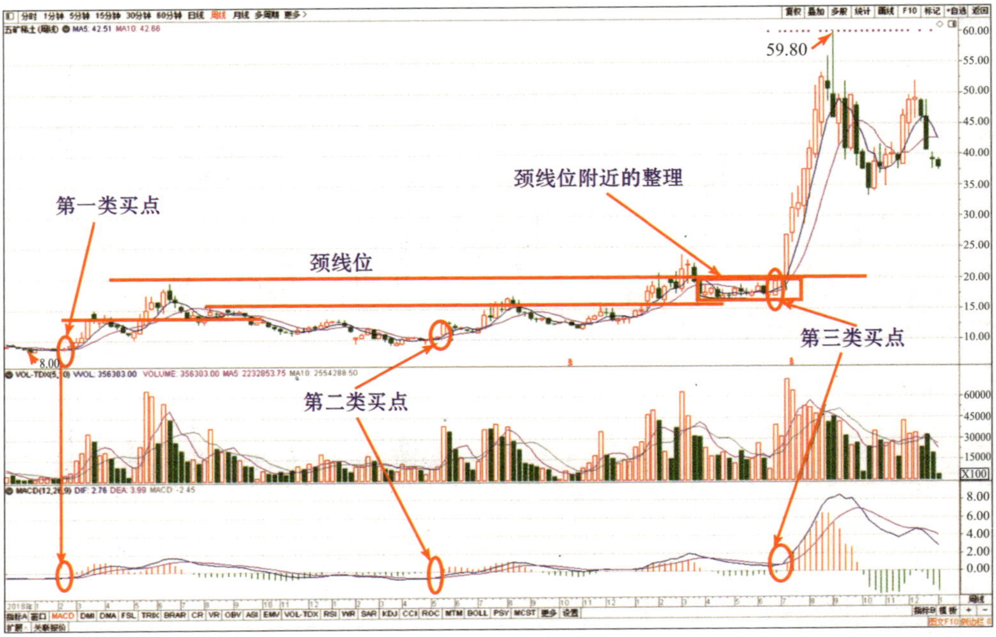

图 6－13　五矿稀土周线级别走势图

义，你就会对这样的操作了然于胸。既然月线级别上的第一类买点出现，那么周线级别上的买点就可以大胆操作，当股价上涨到颈线位出现回调时，就可以在日线或者 30 分钟级别上进行逆向滚动操作，且在周线级别上出现新的买点时加仓，进行正向滚动操作，这里是非常安全的。别管后市股价如何走，因为没用，股价走势出现什么信号就对应着操作，如此收益水到渠成，鼎盛期也会不期而遇。

上述两只股票和所有其他个股走势没有本质区别，我们平时的工作就是寻找颈线位附近出现整理的股票，密切跟踪，等待新的买点出现。

图 6－14 所示为时代新材月线级别走势。

从月线级别看，时代新材处于第一类买点出现后颈线位附近，具备整理后继续上涨的潜力。如前几个例子所示，在颈线位附近整理两到六个月便可能出现鼎盛期，当然，当前时代新材还没出现整理迹象，所以既可以操作，又可以作为重点跟踪的目标股，等待周线级别上的买点。历史上该股曾有超过 27 倍的上涨，所以值得期待其鼎盛期的到来。再看看其周线级别走势，更清楚一些，见图 6－15。

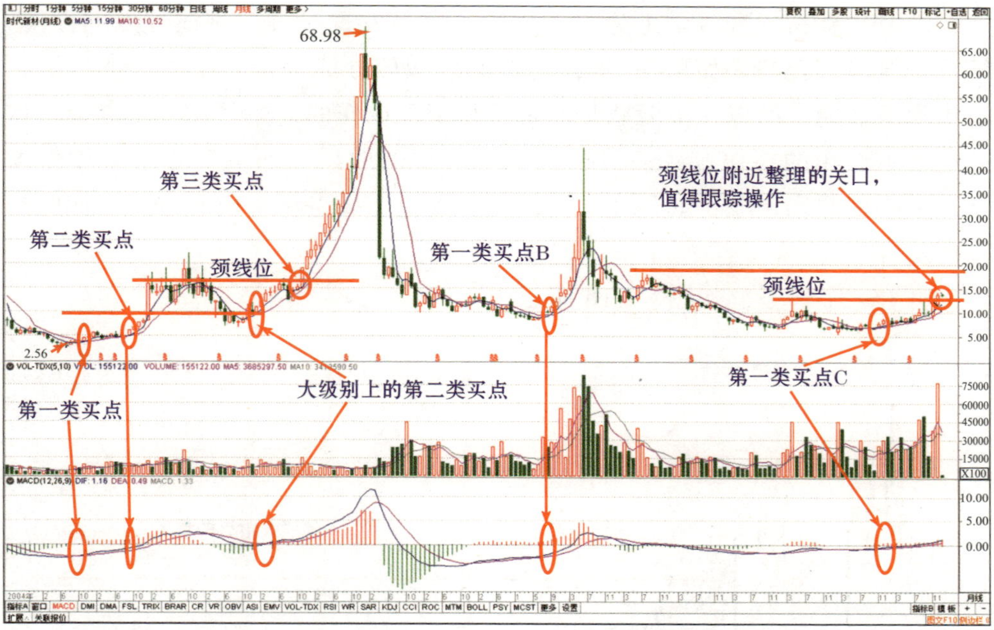

图 6－14　时代新材月线级别走势（截至 2021 年 12 月 31 日）

图 6－15　时代新材周线级别走势图（截至 2021 年 12 月 31 日）

从时代新材周线级别走势中，我们更容易发现股价在颈线位处的停留，结合月线级别走势，如果在 18 元附近的颈线位处能停留几个月，那么极可能出现鼎盛期，所以这类股票是非常值得跟踪操作的，尤其对于小资金。这就是资本运作的规律。我们只要找到了类似的股票，那就安心应对操作即可，不必猜测未来股价如何走，管他呢，无论怎么走都有应对方式，如此操作便从容了。

再看一个例子，如图 6－16 所示。

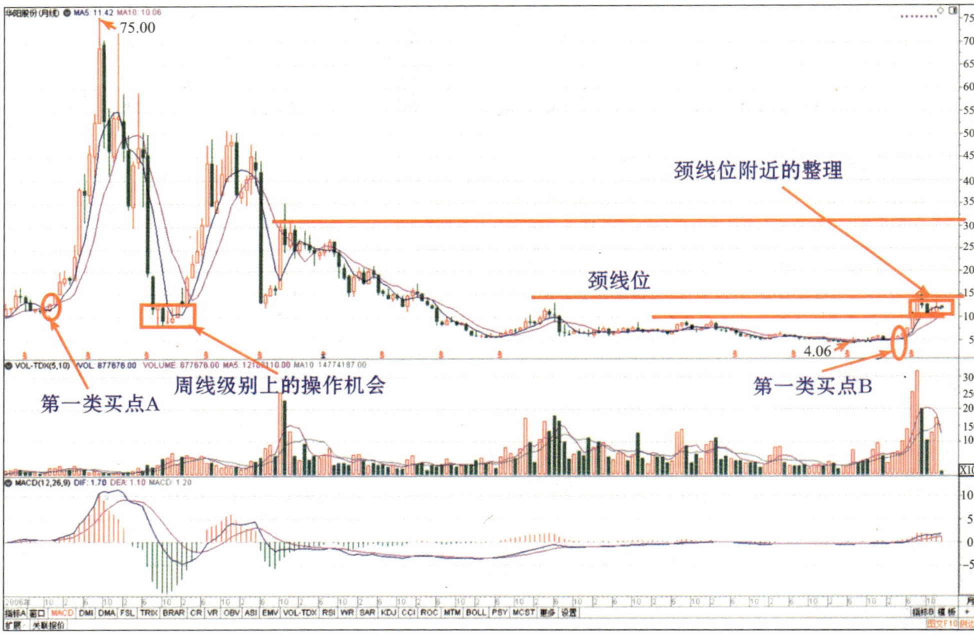

图 6－16　华阳股份月线级别走势图（截至 2021 年 12 月 31 日）

华阳股份历史上也出现过大涨，具备牛股基因，且已经在底部整理很长时间。图中近期开始出现月线级别上的第一类买点，并出现上涨。现在在重要颈线位处已经整理了四个月，这很符合鼎盛期到来前的走势，所以值得跟踪。这类股票一定要放在自选股中，密切跟踪其周线级别走势，等待新的买点出现。既然要做鼎盛期个股，那么在出现大级别买点前先不要操作，比如截至 2021 年 12 月 31 日华阳股份就还不具备操作条件。此时你应该做其他的正处于鼎盛期的股票，而把华阳股份作为目标，等待它鼎盛期的出现，届时再重仓参与。

月线级别看宏观，具体操作还要看周线级别走势，这里就不截图了。按照先大后小的分析顺序，把该股放入自选股，并标注可进行操作的方式，比如该股可进行鼎盛期操作的跟踪。

再看最后一个例子，方大炭素月线级别走势图，如图6－17所示。

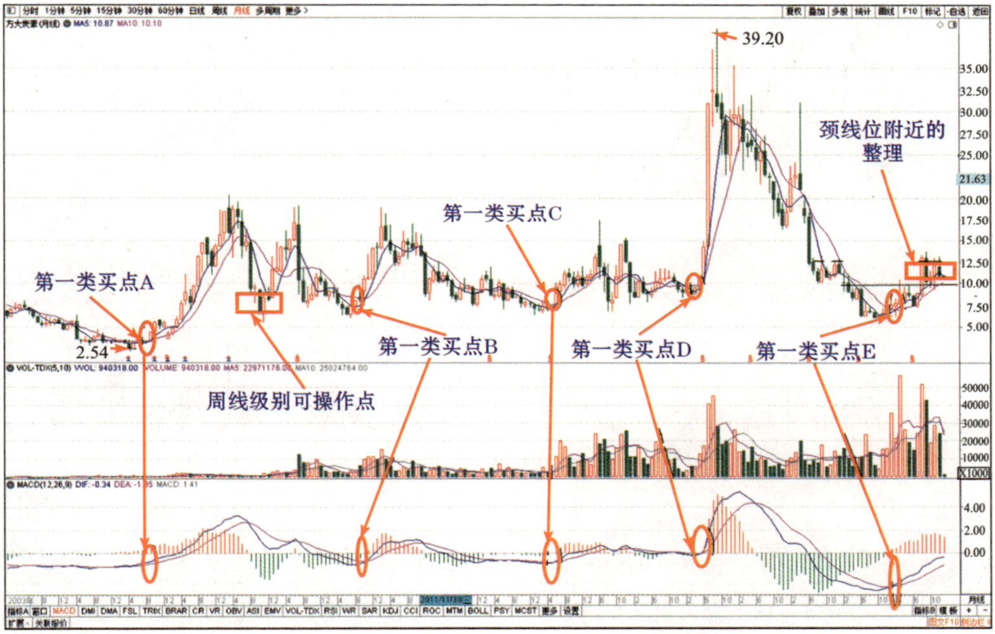

图6－17　方大炭素月线级别走势图（截至2021年12月31日）

方大炭素是极具操作价值的股票，它的波动幅度很大，有很多翻倍的机会。图中当前该股在第一类买点E出现后开始上涨，并在颈线位附近进行标准整理，这是明显的蓄势，或称为空中加油，从月线级别的底部放量可见一斑。在这么大级别的走势中，无法产生骗线，底部放量就代表了真实的主力意图。这类股票，非常值得我们耐心等待新的买点出现。

我们无需猜测股价后期走势，你只要知道资本是逐利的，无论散户还是主力的资本，都必须要在股价上涨后才能赢利。所以，只要股价处于底部，出现了不可作假的底部放量，就意味着主力资金的参与。如果股价不涨，主力也无法获利，仅基于此，我们就可以耐心等待股价上涨节奏的回归。这就是我所说的资本运作的本质规律。

我们看方大炭素的周线级别走势图会更清晰，只要我们抓住周线级别上的买点，并通过日线和 30 分钟 K 线走势把握好双向滚动操作的机会，就能在迅速降低成本的同时，耐心等到鼎盛期的到来，如图 6－18 所示。

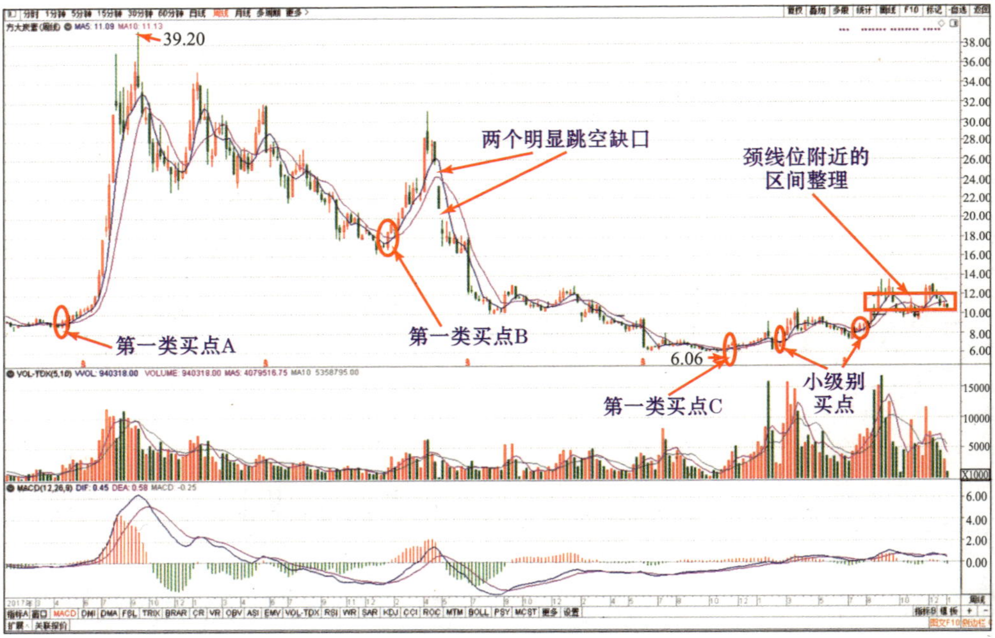

图 6－18　方大炭素周线级别走势图（截至 2021 年 12 月 31 日）

方大炭素在周线级别上，颈线位附近的区间整理很清晰。这就是蓄势，一旦突破，则鼎盛期到来。从图中看到，周线级别有两个明显跳空缺口，这一定会补的，所以方大炭素的上涨目标会在 20 元和 26 元，这也是翻倍的收益。这样的股票才是值得跟踪操作的，对于小资金尤其如此。耐心等待买点出现，和其他例子一样，这就是资本运作的本质规律。

至此本书结束。它适合有一定基础的投资者，且旨在实现财务自由。它与我的第一本书《股市赢家密码》一脉相承。第一本书可让投资者从业余进入职业殿堂，这本书是能让投资者实现财务自由，或者进入大资金行列。站在大资金的角度体会资本运作的规律，并利用之，可以获得超出主力资金本身的收益。

先大后小，精准买卖，降低成本，滚动操作。这是本书的方法论，适合各体量资金和各操作级别，可谓一法通则万法通。仔细体会其中要义，并不断实践，便能迅速使资产增值。如若做得认真，实现财务自由前一年翻倍都不是难事，甚至赶上大环境配合，一年三五倍的收益也并非不可能。

书中最后十只目标股，适用于2023—2027年。对于大资金，只要做到其中两只，便能获得不低于十倍的收益；对于小资金，做到其中三四只处于主要上涨阶段的股票，就能提前五年实现财务自由。重要的是，在未来五年中这十只目标股是极可能出现大级别上涨的，这可是少则三倍，多则十倍，甚至更大幅度的上涨。那可以为阅读此书的读者带来可观收益。通过目标股未来走势来验证本书理论的可操作性，更能增强学习本书的投资者的执行力。

后记

整理了几篇文章，可解决投资者操作中遇到的思维乱象，反驳一些股市中似是而非的，却对投资者影响深远，似乎无法辩驳的谬论。

一、“上涨卖，下跌买”是永恒定律

定律指的是“道”，是最本质的内容。股市中赢利的根本就是六个字：上涨卖，下跌买。如果你未赢利，代表这六个字你没领悟好，或者没操作好。只要开始赢利，你就会发现终究逃脱不了这六个字，这就是股市中的“道”。

有人喜欢追涨杀跌，偶尔赚钱后与我辩驳，说“上涨买，下跌卖”才是正道，而且股市中不乏笃信这种理念的人。他们认为上涨表示股价转强，当然应该买进，跟着强势股赚钱；下跌表示股价转弱，不卖出等着亏钱吗？还称之为顺势而为，或者止损。这有什么不对吗？似乎没有。但绝大多数人说的和做的不一致，不是操作思想上的错误，是执行时出错了。即便这样，你仔细研究也会发现，这仍旧执行的是“上涨卖，下跌买”。

我且问两个问题便可理解。如果你手中已有筹码，股价上涨后你是卖呢还是买呢？除非你不想赚钱，才会追高买进拉高成本呢！如果你手中没有筹码，你是股价跌无可跌时买呢，还是涨起来后追高呢？对这一点很多人会有异议，认为股价涨起来才说明下跌结束，此时买才好！对的，我也这样认为，但这也是“下跌买”的一种，只不过“下跌买”的时机不同而已。这一点还好理解，很多人不理解的是个股强势上涨后是否可以买进的问题。有人觉得股价创新高才更值得买，且不论你这样做能否长期稳定赢利，你只要看看是在什么情况下下的单就知道了。你仔细观察下单时的股价走势就会知道，基本都是在止跌回升时才买进的，所不同的是股价在不同周期中所展现的形态。所谓的“上涨买”是从日线级别上判断的，而真正的交易在分时图上仍旧是按照“下跌买”的原则进行的，这几乎是深入骨髓的操作，同时也是赚钱的根本操作。比如你在交易的瞬间依据的是不是1分钟K线上出现了买点，或者是5分钟K线上出现了买点，再或者是30分钟K线上出现了买点等等？当然，不排除有人胡乱买进，那与真正赚钱无关，不在此讨论范畴。

至此你会发现，“上涨卖，下跌买”是道，是根本，而其他的操作思想只是对这个“道”的不同诠释，属于“术”的级别。比如，顺势而为中，“势”表示趋势，即上涨趋势形成买进，下跌趋势形成卖出。但是“势”的形成必需两个点，第二个点就是股价下跌后止跌回升的节点，此点确立便可买进也是符合“下跌买”的本质属性的。同样，下跌趋势的确立是股价上涨后不过第一个点出现回落形成第二个点，此时应该卖出，这不也是符合“上涨卖”吗？而对于“追涨杀跌”的正确操作，是追在起涨点，而杀在起跌点上，不是相反——追在最高点，却杀在最低点。即便如此，对于追涨杀跌的股票，在利用分钟级别K线指导买卖交易时仍遵循“上涨卖，下跌买”的本质规律。

大家先不要急着与我辩驳，你先看看你的操作便知，当然除非你的操作是乱套的，是杂乱无章的，那我说什么你可能都认为是错的，因为你距离真正做股票还太远。

“道”明白了，接下来就是如何执行“道”。下跌买，跌到何时买？怎么买？买多少？上涨卖，涨到何时卖？怎么卖？卖多少？我们做股票解决的无非就是这三个问题。知道如何交易只是第一步，只能确保自己在股市中有饭吃，但要想吃得饱，吃得好，不为吃饭发愁，那还需要进一步的知识储备。

这些疑问在本书中都得到了很好的解决，精准买卖就在为此做准备。

二、投资境界的划分

我把炒股分为几大境界，即感知、初探、不惑、洞玄、知命。

感知：顾名思义，你可以感知到股市的脉动，这是由业余跨向职业的第一道门槛。通过努力学习，你建立了自己的操作体系，告别了原来的盈亏不自知、听天由命的状态，开始感知到股市的脉动，并不断地获得利润，开始敬畏股市，开始小心谨慎了。

初探：指的是对股市运作规律的深入研究。当感知到股市运行有规律后，你便开始深入研究，试图掌握其内在规律，也让自己的盈利变得更稳定些，希望由此逐步步入财务自由的殿堂。此过程是对操作体系不断完善的过程，操作上表现为开始有了操作周期的概念。收益也不再局限在浮动盈亏上，而把它看作一个周期内的最终收益情况。

不惑：通过对股市的深入研究，终于进入不惑，意思是对股票的运行不再迷惑，可以在自己的逻辑体系中客观解释股市的运行规律，无论上涨还是下跌，都能理解其内在机理，并能在此基础上合理进退，始终将自己放在主动的位置。此时，资金量开始不断增大，能够实现资产的稳定增值，且收益颇丰。

洞玄：随着资金量的持续增加，尽管对股市运行规律已然了解，但资产收益率却遇到了瓶颈，此时才发现，了解股价运行规律也仅仅是停留在了技巧上，是所谓的“术”，而在技巧之外竟还有如此广阔的天地，这才进入到玄之又玄的境地。最明显的特征是开始懂得了资金管理，开始明白张弛有度，开始不再陀螺似的忙着赚钱，懂得了去欣赏生活，去“采菊东篱下，悠然见南山”！到了这个境界，也基本实现财务自由了！

知命：意思是知天命，当然指的是在股市中。进入洞玄境界后实现了财务自由，但并不意味着你可以掌握自己的命运，因为股市中的风险无处不在。此时你才会发现，股市真的就是经济的晴雨表，如果你把注意力仅放在股市上，会发现真的会“不识庐山真面目，只缘身在此山中”。当你跳出股市后，便进入了知命境界。所谓知命境界，是指不再受股市波动影响，而是从整个社会经济的角度定义自己的投资行为，炒股不再是炒股，而成了投资的一个选项。此时你会发现，你所投资的品种，和该上市公司在经济生活中所处的行业、发展前景，以及股价所处的阶段和资金的动向确实密不可分。真是奇妙，这种理解竟然又回到了初始，因为感知境界也无非是从这几个方面选择股票的，但是所不同的是，此时的投资不再是把握股价的涨跌，而是关注整个经济生活的节奏，进而反映在对股价大的节奏把握上。

大家发现没？真正的投资家，不给你讲个股，不给你讲什么时候买、什么时候卖这种基础问题，他讲的是行业，讲的是前景，讲的是当前股市所处的阶段。这就是对整个投资节奏的把握。

知命境界还可分为知命初境、知命中境、知命上境，以及最高的知命境巅峰。这就像弹钢琴，不意味着你考到最高级就成为郎朗了。对经济生活节奏有准确判断，并将其熟练运用到投资行为中，才能够真正进入知命境巅峰，这就是我说的把握节奏是炒股的最高境界。当然，我了解这些并不意味着我已达到此境界。目前我只处于洞玄上境或者知命初境，因为我虽然能把握大的节奏，但在具体落实中也会出现因急躁而错失机会的情况，可能与年龄有关吧。

以上是对职业人士的境界划分，至于那些连稳定赢利都没有的人，只能是普通群众，还没有进入到修行当中，与职业投资者是无法类比的。

三、底部放量是新资金进场的唯一标志

有人看到巨量就害怕，还说，这么大的量散户是做不出来的，那只能是主力在出货，所以放巨量是不妙的，是要跑的。这是不全面的。

成交量是怎么来的？顾名思义，成交量是对成交的金额或者成交笔数的统计。何为成交？卖出的人和买进的人在交易价格上达成协议，于是股票易手，这叫成交。也就是说，有多少买进的资金，必然对应着多少卖出的资金。成交量大小说明什么问题呢？成交量小，说明买进的人和卖出的人都不多，都不愿意以当前价格成交。进一步说，卖出的人认为股票当前价格过低，不舍得卖，这样即便买方愿意买进也无济于事；再或者，买方认为当前股价过高，不愿意买进，这样即便卖方愿意卖出，成交也有限。所以成交量小，说明多空双方意见达成了一致。从这个逻辑出发，可以知道成交量放大，说明买卖双方发生了分歧，成交量越大，说明分歧越大。具体点说，卖方认为股价过高，可以卖出了，而买方认为股价过低，还会更上一层楼，愿意买进。这就是分歧。这种分歧越大，说明卖出的人越多，买进的人同样越多，成交量自然越大。

这是成交量的由来。股价所处位置不同，同样的成交量却代表了完全不同的含义。由上可知，放出巨量，说明多空双方分歧严重，卖出和买进的人

都非常多，最终产生巨量。从股价所处的位置去分析，因为相对位置代表了市场中的获利筹码，是否获利对主力和散户的标准是一致的，如果股价位置很低，散户没有获利，主力同样不可能获利。

放量表示有大量资金在买进，股价处于低位，谁可能大量买进呢？只有主力资金。散户因为没有组织力，不会在同一时间大量买进，同时因为主力资金不会在底部卖出，所以就不可能与散户达成交易；另外，股价处于低位，上涨态势并未显现，散户不会有建底仓买进的意愿，而且还是大量散户的行为，如此他们就不再是散户了。在底部，散户担心继续下跌，止损卖出是多数人的选择，在主力资金诱导下更会如此。所以底部放量只有唯一的解释——主力资金开始建仓，这是新资金进场的唯一标志。

反之，如果股价在高位，放量的唯一可能是主力在卖出，散户看到股价在涨追高买进。只要从量能产生的本质出发，从散户和主力控制的资金体量不同的角度就能很好理解上述现象。

四、“止损”的话术陷阱

止损是忽悠力度最大的说辞，很多投资者亏就亏在了这里。

止损问题出在哪？简单来说，如果你要止损，从理论上就不可行，你必然会越止越损。下面说两个原理级别的存在。

第一，从长远来看，股价上涨和下跌的概率各占50%。不需要怀疑，统计学统计过的。

第二，对任何一个普通投资者，亏损比赚钱更容易。

这也是原理，因为有交易费用啊。同时，止损后再回到原来的市值，需要赚得更多才行。比如，你亏损50%，回到原来的市值就要赢利100%。所以说亏损比赚钱容易，一旦在你的操作体系中存在止损，你就不可能真正赢利。

买进一只股票，上涨时不舍得卖出，下跌了要止损，你说会不会越止越损？有人说赚钱了可以卖掉啊。好的，赢利10%卖掉，亏损10%止损，按照上面两个原理，这样也是亏损的，因为有手续费，而且同样的涨幅所赚的钱抵不过同样的亏损。还有人说，我赚20%止盈，亏损10%止损，那我问这部分人，你怎么知道你所做的股票能赚20%？万一到18%就不涨了呢？

结果跌下来又从赚钱变成止损了。还有人说，我可以一看到它下跌就卖掉啊。好的。如果你有这个想法，在股票涨5%的时候出现回落你就卖掉了，因为你会想万一不涨了呢。如果你不卖掉，真的跌了又从赚钱变止损了。如果你卖掉了，那么止损呢？亏损10%止损吗？那不还是亏损吗？因为上涨和下跌的概率是一样的。

有人说，我可以按照技术指标止损啊。你可以试试，结果是一样的，比如说股价跌破10日均线止损，或者跌破20日均线止损等等。你别看股价上涨时沿着10日均线或者30日均线上涨很漂亮，然后觉得跌破这样的均线就要卖出了，那要看你从何时买进的，而且无论买卖，这样做是需要你用十次八次的错误才能换来上涨，可这么多次的错误，早已把你的利润吞噬掉了，更何况在这么多次的操作失误中，你哪来的信心会觉得下一次股票就大涨呢？早放弃了。

所以，止损如玫瑰，看着漂亮，满身刺，碰不得。不止损怎么办？看着亏吗？想什么呢！当然不是。解决这个问题很简单，第一，不要买高位的股票，没有一只股票值得追高；第二，在大级别上的买点买进，不赚钱不走，或者只操作大级别上出现买点的股票，一旦出现浮亏，心里也不慌，也不用止损，等一段时间就回来了。这样股票赚钱了，就可以随时卖掉。赚钱了可以卖掉，亏损了又不用止损，这样的操作不就永远赢利了吗?!

由此可见，止损问题从一开始就要解决。如果在大级别上的买点参与操作，利用逆向滚动操作就可以解决掉股票下跌时担心的问题。没有了止损的概念，才能有降低成本的想法。股票下跌时不能止损了事，同样的卖出行为，一种是为了在更低位置买回，降低持仓成本，是主动式进攻，而止损是在走逃跑路线，处于被动挨打状态，孰优孰劣一目了然。